전도서 강해
전도자의 노래

전도서 강해
전도자의 노래

조용기 지음

초판 인쇄 2012년 1월 27일
초판 발행 2012년 1월 31일

발행처 서울말씀사
편집인 한상인
등 록 제11-105호

서울 강서구 가양동 1487 가양테크노타운 306
Tel. 02-846-9222
Fax. 02-846-9225
http://www.slogos.co.kr

본서의 저작권과 판권은 서울말씀사 소유이며
무단전재, 복제를 금합니다.

| 전도서 강해 |

전도자의 노래

조용기 지음

서울말씀사

머 | 리 | 말

　전도서는 이스라엘의 왕 솔로몬이 노년에 지은 지혜서입니다. 솔로몬은 본서에서 인생의 헛되고 헛됨을 노래합니다. 그래서 얼핏 보면 전도서는 굉장히 회의적이고 비관주의적인 책으로 생각될 수도 있습니다. 그러나 우리가 솔로몬으로 하여금 전도서를 기록하게 하신 하나님의 섭리를 깨닫는다면 복되고 참된 삶을 살아가는 데 필요한 교훈을 얻게 될 것입니다.
　솔로몬은 하나님께 받은 지혜를 통해 부와 명예, 권세를 그 누구보다도 많이 누렸던 사람입니다. 그런 그가 '사람이 해 아래에서 하는 일이 모두 헛되다'고 노래한 이유는 아무리 세상에서 호의호식하며 살아도 하나님을 잃어버린 인생은 결국 헛된 인생이 되고 만다는 것을 절실히 깨달았기 때문입니다. 이러한 솔로몬의 깨달음의 이면에는 하나님의 뜻을 따르고 하나님의 영광을 위해 사는 사람은 알차고 보람된 인생을 살게 된다는 교훈이 담겨 있습니다. 하나님 없는 사람에게는 인생이 허무한 노래이지만, 예수님의 십자가로 구원을 얻고 하나님을 마음 중심에 모시고 사는 사람에게는 인생이 의미와 보람이 넘치는 아름다운 노래인 것입니다. 이러므로 하나님의 뜻에 순종하여 우리 인생을 아름다운 노래가 되게 하라는 것이 바로 전도자의 메시지요, 전도자의 노래입니다.

  이 강해집을 읽는 모든 분들이 전도서에 기록된 솔로몬의 간절한 고백을 마음에 잘 새겨서 하나님과 동행하는 아름답고 복된 인생을 살아가시기를 간절히 축원합니다.

2012년 1월
여의도순복음교회 원로 목사 조 용 기

차 | 례 |
Contents

머리말 • 04
전도서 서론 • 08

Chapter 1 모든 것이 헛됨 • 15
1. 해 아래 모든 수고가 헛됨(1:1-11)
2. 지혜가 많으면 번뇌도 많음(1:12-18)

Chapter 2 즐거움이 헛됨 • 51
1. 쾌락 추구의 헛됨(2:1-11) 2. 모두에게 정해진 운명(2:12-17)
3. 수고한 열매의 헛됨(2:18-26)

Chapter 3 범사의 기한과 때 • 91
1. 때를 정하신 하나님(3:1-8) 2. 만족과 감사(3:9-15)
3. 흙으로 돌아가는 인생(3:16-22)

Chapter 4 학대, 수고, 동무 • 129
1. 위로 없는 학대(4:1-3) 2. 수고와 재주로 시기 받는 자(4:4-6)
3. 혼자보다 둘이 나음(4:7-12) 4. 왕보다 나은 자 (4:13-16)

Chapter 5 하나님을 경외함 • 153
1. 하나님께 나아감(5:1-7) 2. 학대하는 관료와 가난한 자(5:8-9)
3. 부요함의 헛됨(5:10-12) 4. 재물의 헛됨 (5:13-17) 5. 존귀의 헛됨(5:18-20)

Chapter 6 재물과 욕망 • 193

1. 재물의 한계(6:1-6) 2. 만족함이 없는 욕망(6:7-9) 3. 인생의 수수께끼(6:10-12)

Chapter 7 지혜자와 우매한 자 • 215

1. 고난의 교훈(7:1-6) 2. 네 가지 위험(7:7-10) 3. 지혜의 필요성(7:11-12)
4. 하나님의 주권 아래 있는 인생 (7:13-14) 5. 인생에서 만나는 위기(7:15-18)
6. 지혜의 필요성과 어려움(7:19-24) 7. 인간의 죄성(7:25-29)

Chapter 8 왕과 악인들 • 275

1. 왕의 권위(8:1-8) 2. 악인의 종말(8:9-13)
3. 사람이 알 수 없는 하나님의 행사(8:14-17)

Chapter 9 사람의 지혜와 하나님의 섭리 • 313

1. 모든 사람의 결국(9:1-6) 2. 만족스런 삶의 추구(9:7-10)
3. 때와 우연(9:11-12) 4. 인정받지 못한 지혜(9:13-18)

Chapter 10 어리석은 사람 • 345

1. 지혜자의 마음(10:1-4) 2. 주권자의 허물(10:5-7) 3. 행동의 어리석음(10:8-11)
4. 어리석은 사람의 말과 행동(10:12-15) 5. 지도자의 자질(10:16-20)

Chapter 11 지혜로운 삶 • 383

1. 믿음의 모험(11:1-8)
2. 즐거운 인생(11:9-10)

Chapter 12 청년의 때에 기억할 것 • 411

1. 결단의 촉구(12:1-8)
2. 사람의 본분(12:9-14)

전 | 도 | 서 | 서 | 론

1. 명칭

본서의 명칭은 히브리어 성경의 '코헬레트'('전도자' 라는 뜻)에서 유래된 것으로서 헬라어 성경인 70인역(LXX)에는 '에클레시아스테스'로, 우리말 성경인 개역개정판 성경에는 '전도서'로 번역되어 사용되고 있습니다(전 1:1, 2, 12; 7:27; 12:8-10). '전도자'로 번역된 히브리어 '코헬레트'는 '모으다'라는 뜻을 가진 '카할'이라는 단어에서 파생되었으며, 그 의미는 '지혜의 말씀을 가르치기 위해 사람들을 모으는 자'로 볼 수 있습니다.

2. 기록자 및 기록 연대

본서에는 기록자의 이름이 직접적으로 언급되어 있지 않습니다. 하지만 "다윗의 아들 예루살렘 왕"(전 1:1)이라는 구절, 본서의 전체적인 내용, 그리고 이스라엘 역사상 최고의 부귀영화를 누리고 한 때 우상 숭배에 빠졌다가 회개한 왕이라는 점을 고려하면 솔로몬이 본서를 기록했음을 알 수 있습니다. 따라서 전통적으로 본서를 기록한 사람은 솔로몬으로 받아들여지고 있습니다. 솔로몬은 청년기에 아가서를 썼으며, 중년에 지혜를 가르치는 잠언을 지었고, 노년기인 주전 935년경에 본서를 기록한 것으로 알려져 있습니다.

3. 주제 및 기록 목적

본서의 주제는 '인생의 헛됨과 하나님을 경외하는 삶으로의 초청'이라고 할 수 있습니다. 고대에는 인간이 이해할 수 없는 세상사와 그 가운데에서 살아가는 허무한 인생에 대한 회의를 토로한 염세주의적인 책들이 많았습니다. 언뜻 보면 전도서도 부정적이고 절망적인 묘사들로 가득 차 있는 것처럼 보입니다. 그러나 전도서는 세속적인 사람들에게 하나님 없는 인생은 모든 것이 헛되고 무익하다는 것과 오직 하나님만이 인생의 참된 생명과 영원한 가치를 주신다는 사실을 밝힘으로써 하나님을 경외하며 하나님의 뜻대로 살게 하기 위한 목적으로 기록되었습니다.

4. 특징

전도서는 5권의 시가서(욥기, 시편, 잠언, 전도서, 아가) 중 네 번째 책으로서 장막절에 낭독되었으며, 다음과 같은 특징을 가지고 있습니다.

첫째, '하늘'의 영역과 '땅'의 영역을 나누고 있습니다(전 5:2). 하늘 아래, 곧 땅이라는 제한된 생활공간에서 사는 인간은 세상의 모든 지혜와 지식과 경험으로도 하늘에 계신 하나님께서 하시는 일에 대하여 다 밝혀낼 수 없습니다. 따라서 인간은 겸손히 하나님을 의지해야 합니다. 그리할 때 의미 있고 참된 기쁨이 넘치는 인생을 살 수 있습니다.

둘째, '보는 것'과 '깨닫는 것'을 구분하고 있습니다. 세상 사람들은 사람의 감각을 통해 얻는 정보만 가지고 살지만, 하나님의 자녀들은 눈에 보이고 귀에 들리고 손에 잡히는 감각에 의지하지 않고 그 가운데에서 하나님께서 주시는 깨달음을 가지고 살아가야 합니다.

셋째, 본서는 우리 인생의 한계와 어려움을 분명히 보여 주는 동시에 그 가운데에서 기쁨을 잃지 말고 믿음으로 살 것을 권고하고 있습니다. 세상 사람들은 고통과 어려움을 당하면 하나님을 찾지 않고, 심지어 하나님은 없다고 말하기도 합니다. 물론 하나님의 자녀들도 인생에서 시련과 역경을 겪고 해답을 알 수 없는 문제에 봉착합니다. 하지만 하나님의 자녀들은 항상 창조주 하나님을 기억하고 하나님을 경외하며 믿음을 가지고 살아갑니다.

5. 본서의 교훈

전도서는 하나님을 믿지 않은 세상 사람들의 인생이 어떠한가를 기록한 책으로서 다음과 같은 교훈을 주고 있습니다.

첫째, 타락하고 세속적인 생활을 하는 세상 사람들에게 그러한 삶의 결과를 분명히 가르쳐 주고 있습니다. 하나님을 경외하지 않고 온갖 세상적인 것들을 가지고 사는 인생은 모두 헛될 뿐입니다. 또한 그러한 삶의 허무를 벗어 버리려고 애쓰더라도 인간적인 노력은 무용지물에 불과하게 됩니다.

둘째, 하나님의 자녀가 비현실적인 낙관주의에 빠지지 않도록 권면하고 있습니다. 하나님의 자녀도 세상 사람들과 마찬가지로 해 아래 사는 인생입니다. 세상에서 겪는 일들에 대해서 무관심한 채 깨달음도 없이 무조건 잘될 것이라는 막연한 기대감만을 가져서는 안 됩니다. 하나님의 자녀는 눈에 보이는 현실의 어려움을 만났을 때, 또 인생이 풀리지 않는 수수께끼와 같음을 볼 때에도 흔들리지 않는 믿음을 가져야 합니다.

  위에서 살펴본 바와 같이 전도서는 하나님의 자녀에게는 인생의 허무와 현실의 어려움을 극복하는 믿음을, 하나님을 모르는 세상 사람들에게는 인생의 헛됨을 깨닫고 창조주 하나님께로 돌아올 것을 가르치고 있습니다. 그러므로 전도자의 가르침대로 우리는 하나님만이 모든 것을 아시고 주관하신다는 믿음을 가지고 하나님을 경외하며, 하나님께서 우리 인생들에게 허락해 주신 것들을 기쁨과 감사함으로 받아 누리며 살아야 할 것입니다.

전도자의 노래

Chapter 1

모든 것이 헛됨

1. 해 아래 모든 수고가 헛됨(1:1-11)
2. 지혜가 많으면 번뇌도 많음(1:12-18)

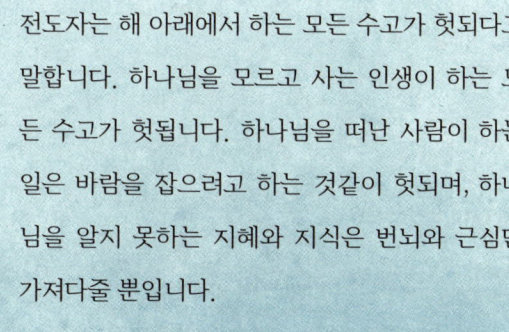

전도자는 해 아래에서 하는 모든 수고가 헛되다고 말합니다. 하나님을 모르고 사는 인생이 하는 모든 수고가 헛됩니다. 하나님을 떠난 사람이 하는 일은 바람을 잡으려고 하는 것같이 헛되며, 하나님을 알지 못하는 지혜와 지식은 번뇌와 근심만 가져다줄 뿐입니다.

1. 해 아래 모든 수고가 헛됨 (1:1-11)

¹다윗의 아들 예루살렘 왕 전도자의 말씀이라 ²전도자가 이르되 헛되고 헛되며 헛되고 헛되니 모든 것이 헛되도다 ³해 아래에서 수고하는 모든 수고가 사람에게 무엇이 유익한가 ⁴한 세대는 가고 한 세대는 오되 땅은 영원히 있도다 ⁵해는 뜨고 해는 지되 그 떴던 곳으로 빨리 돌아가고 ⁶바람은 남으로 불다가 북으로 돌아가며 이리 돌며 저리 돌아 바람은 그 불던 곳으로 돌아가고 ⁷모든 강물은 다 바다로 흐르되 바다를 채우지 못하며 강물은 어느 곳으로 흐르든지 그리로 연하여 흐르느니라 ⁸모든 만물이 피곤하다는 것을 사람이 말로 다 말할 수는 없나니 눈은 보아도 족함이 없고 귀는 들어도 가득 차지 아니하도다 ⁹이미 있던 것이 후에 다시 있겠고 이미 한 일을 후에 다시 할지라 해 아래에는 새것이 없나니 ¹⁰무엇을 가리켜 이르기를 보라 이것이 새것이라 할 것이 있으랴 우리가 있기 오래 전 세대들에도 이미 있었느니라 ¹¹이전 세대들이 기억됨이 없으니 장래 세대도 그 후 세대들과 함께 기억됨이 없으리라

1절 | 다윗의 아들 예루살렘 왕 전도자의 말씀이라

본서의 저자인 전도자가 자신에 대해 소개하고 있습니다. '다윗의 아들'이며 '예루살렘 왕'으로서 본서를 기록한 사람은 바로 솔로몬입니다. 솔로몬은 아버지 다윗에 이어 이스라엘의 왕이 된 후 기브온에 있는 산당에서 일천 번제를 드렸습니다. 일천 번제를 마친 날 밤 야훼 하나님께서 솔로몬의 꿈에 나타나셔서 "내가 네게 무엇을 줄꼬 너는 구하라"(왕상 3:5)고 말씀하셨습니다. 이에 솔로몬이 "제가 젊은 나이에 이 많은 백성을 돌보고 백성들의 잘잘못을 잘 판단하여 올바르게 이끌려면 지혜가 필요합니다. 지혜를 주옵소서."라고 대답하자, 하나님께서 이 말에 크게 감동하셔서 "네가 이것을 구하도다 자기를 위하여 장수하기를 구하지 아니하며 부도 구하지 아니하며 자기 원수의 생명을 멸하기도 구하지 아니하고 오직 송사를 듣고 분별하는 지혜를 구하였으니 내가 네 말대로 하여 네게 지혜롭고 총명한 마음을 주노니 네 앞에도 너와 같은 자가 없었거니와 네 뒤에도 너와 같은 자가 일어남이 없으리라"(왕상 3:11-12)고 축복해 주셨습니다. 그리고 솔로몬이 구하지 않은 부귀와 영광도 더하여 주셨습니다.

솔로몬이 백성들을 잘 다스릴 수 있도록 지혜를 구한 것은 먼저 하나님의 나라와 그의 의를 구한 것입니다. 그래서 하나님께서

그 외의 모든 것을 솔로몬에게 더하여 주신 것입니다. 성경은 지혜를 얻는 것이 금이나 은을 얻는 것보다 낫다고 말씀합니다(잠 3:14).

지혜는 사리를 잘 판단해서 문제를 해결하는 능력입니다. 지혜가 있으면 어떠한 문제를 만나도 잘 해결해 나갈 수 있기 때문에 당장 수중에 금과 은이 없다 해도 걱정할 필요가 없습니다. 지혜로 모든 문제를 순조롭게 해결하면 금이나 은은 자연적으로 따라옵니다. 지혜가 없어서 어리석게 행동하고 말하는 사람은 무슨 일을 해도 실패하지만, 지혜로운 사람은 무슨 일을 해도 성공을 할 수 있습니다.

이와 같이 지혜는 우리의 삶에 큰 유익이 되지만, 원한다고 해서 마음대로 얻을 수 있는 것이 아닙니다. 지혜는 선천적으로 가지고 태어나는 것이기 때문입니다. 한 부모에게서 태어난 자식 중에도 어떤 자식은 굉장히 지혜롭고 어떤 자식은 미련하고 둔합니다. 자랄 때에도 부모를 힘들게 하지 않고 부모의 마음을 미리미리 알아서 잘해 나가는 자식이 있는가 하면, 사사건건 문제를 일으켜 부모를 고생시키고 부모의 가슴에 못을 박는 자식도 있습니다. 이처럼 지혜는 타고나는 것이지만 후천적으로도 지혜를 얻는 길이 있습니다.

후천적으로 지혜를 얻는 방법은 바로 예수님을 믿는 것입니다. 우리가 예수님을 믿으면 거듭나게 됩니다. 거듭난다는 것은 혈통으로나 육정으로나 사람의 뜻으로 나지 아니하고 오직 하나님께로부터 나서 하나님의 자녀가 되는 것을 말합니다(요 1:12-13). 주님을 믿고 성령으로 거듭난 사람에게는 아버지 하나님께서 신령한 지혜를 주십니다. 세상 사람들이 예수 믿는 사람들에게 "예수쟁이들은 말 잘한다."라고 말하는데, 예수 믿는 사람들이 말을 잘하는 것은 하나님께로부터 지혜를 받았기 때문입니다. 예수님을 믿기 전에는 꿀 먹은 벙어리처럼 말 한마디 못하던 사람도 하나님께서 지혜를 주시면 청산유수처럼 말을 잘하게 됩니다.

물론 예수님을 믿는다고 해서 모두 하루아침에 지혜로워지는 것은 아닙니다. 그러면 우리가 지혜를 얻기 위해서 어떻게 해야 할까요? 이에 대하여 성경은 "너희 중에 누구든지 지혜가 부족하거든 모든 사람에게 후히 주시고 꾸짖지 아니하시는 하나님께 구하라 그리하면 주시리라"(약 1:5)고 말씀합니다. 우리가 하나님께 지혜를 구하면 하나님께서 후히 주시는 것입니다. 그런데 무조건하고 구하기만 하면 안 됩니다. 하나님께 지혜를 구할 때에는 성경 말씀을 읽고 듣고 묵상해야 합니다. 왜냐하면 하나님의 말씀이 곧 지혜의 말씀이기 때문입니다. 말씀을 많이 읽고 그 말씀이 마음에 소화가 되면 우리 삶에 비상한 지혜를 얻게 됩니다. 말씀을 통해 얻는 지혜는 우리의 삶 가운데 다가오는 모든 문제를 해결해 주는 만능 열쇠입니다.

우리 예수 믿는 사람들은 후천적으로 성령과 말씀 가운데 지혜를 얻는 축복을 받은 사람들입니다. 솔로몬이 구약 역사에서 전무

후무하게 지혜로운 사람이었다면 오늘날 우리는 예수님 믿고 거듭난 새사람으로 하나님의 놀라운 지혜를 받았기 때문에 솔로몬보다 더 지혜로울 수 있습니다. 더욱이 솔로몬은 인생 말년에 너무 많은 이방 여자들을 아내로 삼다가 그만 우상을 숭배하는 죄를 저지르고 말았습니다. 한 명의 아내만 있어도 귀가 따가울 정도로 이 말 저말을 다 듣고 영향을 받는데, 솔로몬은 무려 천 명이나 되는 처첩을 두었고 그 여자들이 들여온 이방 신들과 우상을 받아들였기 때문에 하나님께 대한 신앙의 정절도 지키지 못하고 하나님께서 주신 지혜도 온전히 지킬 수 없었습니다. 십계명 중에 첫째와 둘째 계명이 '내 앞에 다른 신을 두지 말고, 우상에게 절하지 말라.'는 것인데, 솔로몬은 이 두 계명을 모두 범했습니다. 우리는 솔로몬보다 더 지혜로운 자로서 하나님의 계명을 크게 즐거워하여 그 계명을 지키는 사람이 되어야 합니다.

2절 | 전도자가 이르되 헛되고 헛되며 헛되고 헛되니 모든 것이 헛되도다

전도자 솔로몬이 전하는 이 말씀은 인간적인 철학이나 논리가 아닙니다. 그가 삶 가운데 뼈저리게 체험하고 그 가운데서 절실히 느낀 것을 전하고 있는 것입니다. 결국 그가 체험하고 깨달은 것은 하나님을 모르는 인생, 곧 타락한 인생에게는 그 시작부터 끝까지 모든 것이 헛되다는 것이었습니다. 그러므로 그는 "헛되고 헛되며 헛되고 헛되니 모든 것이 헛되도다"라고 반복하여 말하고 있습니다.

솔로몬은 하나님께서 주신 전무후무한 지혜를 가지고 있었으며 엄청난 부귀영화와 하늘을 찌르는 권력을 누려 보았지만 거기서 인생의 의미와 가치를 찾을 수 없었습니다. 그런데 솔로몬만이 아니라 제2차 세계 대전이 끝난 후 당시 세계적인 철학의 주류인 실존주의 철학자들도 인간 존재와 삶이 헛되다고 말했습니다. 그들은 인간 존재와 그 삶에 대해 "절망이다. 절망이다. 모든 것이 절망이다."라고 말했습니다. 그들이 이와 같이 말한 것은 단지 전쟁과 재앙을 만났던 당시의 상황 때문이 아니라, 인간이라는 존재 자체가 죄에서 해방되지 못하고 죄책과 정죄의 수렁에 빠져 있기 때문입니다.

하나님을 모르고 사는 사람은 그 마음속에 죄책을 안고 삽니다. 인간의 힘으로는 죗값을 갚을 수 없기 때문에 죄의 포로가 되어 죄책과 정죄에 얽매여 살아가는 것입니다. 그래서 하나님을 모르는 철학자들조차도 인간의 모습 속에서 죄책과 정죄의 절망을 발견할 수 있었습니다. 마치 에덴동산에서 선악과를 따 먹고 타락한 아담과 하와가 자신의 죄를 감추기 위해서 나뭇잎으로 치마를 만들어 입었지만 죄책에서 해방될 수 없었던 것같이 인간은 죄책과 정죄의 절망 가운데서 헤어날 수 없는 것입니다.

또 철학자들은 인간이 허무와 무의미의 절망에 빠졌다고 말했습니다. 인간이 세상에서 아무리 열심히 살아도 자기 힘으로는 삶의 영원한 의미와 가치를 찾을 수 없기 때문입니다.

철학자들은 사람이 죽음과 무의 절망에 빠졌다고 말했습니다. 살아 있는 동안 아름다운 음성으로 노래를 하던 사람도, 철권을 휘두르고 무력을 행사하던 사람도 어느 누구 할 것 없이 죽어서 한 줌의 흙으로 사라져 버리기 때문입니다. 그들의 말처럼 인간은 절망의 강을 뛰어넘을 수가 없고, 어디서 와서 왜 살며 어디로 가는지를 모르는 존재입니다. 마치 어느 날 갑자기 세상에 툭 던져져서 삶이라는 연극을 하다가 어디로 가는 줄도 모르고 퇴장해 버리는 것과 같습니다. 이처럼 인간은 아무리 열심히 살았다고 할지라도 결국 아무것도 아니기 때문에 실존주의 철학자들은 인간에게는 절망밖에 없다고 말한 것입니다.

하나님을 버리고 에덴동산에서 타락한 인간은 어디를 보나 절망입니다. 전도자가 말한 것처럼 헛되고 헛되며 헛되고 헛되니 모든 것이 헛된 것입니다.

3절 | 해 아래에서 수고하는 모든 수고가 사람에게 무엇이 유익한가

해 아래에서 사는 사람이 해 위에 계신 하나님을 깨닫지 못한 채

인본주의적인 생각과 태도를 가지고 아무리 열심히 수고를 해도 남는 것은 아무것도 없습니다. 그저 이마에 주름이 지고 밤낮 뼈마디가 쑤시고 눈은 침침하고 귀도 둔해지며 백발이 성성해지고 기력이 약해지다가 어느 날 갑자기 세상을 떠나 상여에 실려 가게 될 뿐입니다. 또한 우리가 이 세상에 태어나서 잘살아 보겠다고 애쓰고 살아도 종국에는 손에 쥐고 갈 수 있는 것이 아무것도 없습니다.

어느 재벌이 죽었는데 관 뚜껑을 닫을 수가 없었습니다. "내가 이제까지 벌어 놓은 돈은 다 어떻게 하고 간단 말이냐? 나는 못 간다!" 하면서 관 밖으로 손을 내밀어서 관 뚜껑을 닫지 못했다고 합니다. 물론 우스갯소리지만 평생에 아무리 큰 재산을 모아 놓아도 머리에 이고 가지도, 등에 지고 가지도 못합니다. 빈손으로 세상에 왔으니 그저 빈손으로 세상을 떠나는 것이 인생입니다. 그러므로 사람이 해 아래서 하는 모든 수고가 자기에게 아무런 유익이 없습니다.

그러나 놀라운 것은 예수 믿는 사람의 인생은 헛되지 않다는 것입니다. 우리 예수 믿는 사람은 주 안에서 살면서 주를 위해서 수고한 것이 하나도 빠짐없이 열매로 맺혀 차곡차곡 쌓입니다. 우리가 이 세상을 떠날 때 주님께서 우리를 영접해 주시고 우리가 세상에서 수고한 열매를 천국에서 다 누리게 해 주십니다. 그러므로 믿지 않는 사람의 수고는 헛되지만 믿는 사람의 수고는 가치가 있습니다.

4절 | 한 세대는 가고 한 세대는 오되 땅은 영원히 있도다

과거에 있던 한 세대가 가고 새로운 세대가 일어납니다. 그러나 새로운 세대도 세월과 함께 사라지고 또다시 새로운 세대가 일어납니다. 땅과 산은 그대로 있고 강도 여전하지만, 사람은 영원히 있지 않으며 한번 떠나 버리면 다시 돌아오지 못합니다. 모든 인생은 풀과 같고 그 영화는 꽃과 같습니다. 아무리 풀이 푸르고 꽃이 아름다워도 찬바람 불고 서리가 내리면 꽃은 떨어지고 풀은 시들어서 흔적도 없게 됩니다. 성경은 "내일 일을 너희가 알지 못하는도다 너희 생명이 무엇이냐 너희는 잠깐 보이다가 없어지는 안개니라"(약 4:14)고 말씀합니다. 우리는 오늘 하루 동안 어떠한 일이 일어날지 알 수도 없습니다. 인간은 아무리 수고하고 산다고 해도 영원히 살 수 없고 잠시 살다가 지나갈 뿐입니다.

제가 오산리기도원에 갈 때마다 절실히 느끼는 것이 천국 가신 최자실 목사님의 빈자리입니다. 목사님이 안 계신 기도원을 보면 제 마음이 텅 빈 것 같습니다. 지금도 제가 가면 흰 모자에 흰 옷을 입은 목사님이 학같이 너울너울 춤을 추면서 "금식, 금식, 금식합시다."라는 말로 저를 맞아 주실 것 같습니다. 목사님 생전에는 목사님께 기도를 받으면 금식하라는 호령이 떨어질까 봐 겁이 났습니다. 목사님이 기도원에 계실 때는 대성전에 가면 하도 많은 사람들이 금식을 해서 퀴퀴한 냄새가 진동을 했습니다. 금식을 하면 속에서 냄새가 나오기 때문입니다. 그런데 지금은 대성전에 들어가도 성도들이 먹을 것 다 먹고 말끔하게 치장하고 앉아 있어서 향긋한 냄새가 납니다. 지도자가 금식하라고 거듭 강조하면 전부 금식하는데 지금은 최 목사님만큼 금식을 강조하는 지도자가 없어서 그렇습니다.

불광동에서 목회할 때는 새벽 기도를 인도하러 나가기가 얼마나 싫었는지 모릅니다. 그러면 최 목사님이 저를 깨우려고 방문을 두드립니다. 그래도 제가 안 일어나면 목사님이 방문을 확 열고 들어와서 찬물에 적신 수건을 얼굴에 덮어씌워 버립니다. 제가 깜짝 놀라 일어나서 "차라리 날 죽여요. 새벽 기도 데려가려면 날 죽여요!"라고 짜증스럽게 말하면, 목사님이 제 등을 쓸어 주면서 "내가 사람을 왜 죽이나? 교인들은 교회에 나와 있는데 주의 종이 새벽 기도 안 나오면 어떻게 하나? 내가 조 목사라면 내가 할 텐데 조 목사가 아니니까 못하잖아. 어서 나가요."라고 달랩니다. 그럼 제가 새벽 기도 인도하러 나가면서 '누가 새벽 기도를 만들어 가지고서 이렇게 사람을 잡나!'라고 원망했었습니다. 그때는 하루 종일 쫄쫄 굶으면서 심방하고 철야하고 집에 돌아와서 녹초가 돼서 쓰러지는 날이 부지기수였습니다. 그리고 방은 난방이 안 돼서 얼마나 추운지 밤새도록 울다가 지쳐서 겨우 잠이 들면 오장육부가 다 얼어붙는 것 같았습니다. 내복이라도 있으면 그나마 낫겠지만 내복도 없으니 몸이 얼어서 새벽에 일어날 수가 없었습니다. 지금은 그게 다 추억입니다.

그런데 최자실 목사님의 세대도 지나가 버렸습니다. 저는 목사님과 30년간 동역하면서 목사님은 영원히 사실 줄로 생각했습니다. 그러나 순식간에 천국에 가 버리셨습니다. 지금 오산리기도원의 묘지에 누워 계신데, 저는 기도원에 가도 묘지에는 잘 안 갑니다. 1년에 한 번쯤밖에 가지 않습니다. 왜냐하면 살아 생전에 하나님을 위해서 일하던 목사님의 이미지가 제 마음에 그대로 남아 있어서 목사님의 묘지를 보면 굉장히 충격을 받기 때문입니다. '헛되고 헛되며 헛되고 헛되니 모든 것이 헛되도다' 라고 탄식한 전도자와 같은 마음이 드는 것입니다. 그러나 우리 믿는 사람들은 이 땅을 떠나면 저 천국에 올라가 예수님 품에 안긴다는 것을 생각하면 이 땅에서의 이별도, 아픔도 다 이겨 낼 수 있습니다. 그리고 이 세상에서 겪는 일들은 결국 다 지나가는 것이기 때문에 지금 아무리 큰 고통을 당해도 염려할 필요가 없습니다.

미국의 월슨 대통령은 제1차 세계 대전이 끝나자 세계 평화를 이루기 위해서 국제연맹을 만들고자 했습니다. 그러나 미국 상원에서 월슨 대통령의 뜻을 거부해 버렸습니다. 월슨 대통령은 자신의 노력이 수포로 돌아가자 속이 상한 나머지 병을 얻어 결국 죽을 지경에 이르렀습니다. 이때 나폴레온 힐이라는 유명한 철학자가 죽어 가는 월슨 대통령을 찾아와서 이렇게 말했습니다. "대통령님, 100년만 지나면 대통령님이 국제연맹을 만들려고 했던 노력이나 성공 여부는 아무런 의미가 없습니다. 그러니 너무 속상해 하지 마시고 편안히 가세요." 나폴레온 힐의 말처럼, 한 세기가 지난 지금 우리 가운데 윌슨 대통령이 국제연맹을 만들어서 세계 평화에 이바지하려고 했던 노력이나 수고를 기억하는 사람은 많지 않습니다.

이순신 장군의 난중일기를 읽어 보면 왜적을 무찌르기 위해 고군분투하는 장수의 모습과 함께 어머니를 염려하는 아들의 모습을 볼 수 있습니다. 그 당시 이순신 장군의 절박함은 말로 다 할 수 없었을 것입니다. 그러나 지금 우리가 읽어 보면 그저 소설처럼 느껴질 뿐입니다. 이순신 장군이 목숨을 걸고 싸우던 한산도 앞바다에 가 보아도 전쟁의 흔적조차 찾아볼 수 없습니다. 이순신 장군도, 병사들도, 왜적도 다 사라지고 없습니다.

이러므로 우리는 삶 가운데 무슨 일을 만나든 멀리 바라보아야 합니다. 천국을 바라보고 살아야 합니다. 아픔도 슬픔도 다 지나가고, 천국에 올라간 성도는 영원한 안식을 얻을 것입니다.

5-6절 | 해는 뜨고 해는 지되 그 떴던 곳으로 빨리 돌아가고 바람은 남으로 불다가 북으로 돌아가며 이리 돌며 저리 돌아 바람은 그 불던 곳으로 돌아가고

해를 한번 보십시오. 해는 아침에 동쪽에서 떴다가 저녁에 서쪽으로 집니다. 그 옛날 삼국시대에도, 고려 시대에도, 해가 떴다가 지고, 조선 시대 500년 동안에도, 6·25전쟁 당시에도, 어제와 오늘도 해는 떴다가 지기를 반복하고 있습니다. 바람도 이와 같습니다. 바람이 다른 세계에서 불어왔다가 또 다른 세계로 가는 것이 아니고 동서남북 가릴 것 없이 여기저기서 불어왔다가 다시 그 불던 곳으로 돌아갑니다. 어제 불었던 바람이 오늘 다시 불어오지 않는 것이 아니고 매일 반복해서 불어오는 것입니다. 이러한 자연의 법칙은 사람을 둘러싼 모든 환경에서도 동일하게 나타납니다.

7절 | 모든 강물은 다 바다로 흐르되 바다를 채우지 못하며 강물은 어느 곳으로 흐르든지 그리로 연하여 흐르느니라

사람은 왔다가 사라지지만 강물은 끊이지 않고 흐릅니다. 한강을 보십시오. 쉬지 않고 인천 앞바다로 흘러들어 갑니다. 그런데 강물이 쉼 없이 흘러들어도 바다는 넘치지 않습니다. 왜냐하면 바닷물은 수증기가 되어 하늘로 올라갔다가 비가 되어 들과 산에 내리고, 빗물은 다시 모여 강물이 되어 흐르기 때문입니다. 이러한 순환은 무한히 반복되는데, 이것 또한 새로운 것이 아니라 옛날부터 계속되는 일입니다.

8절 모든 만물이 피곤하다는 것을 사람이 말로 다 말할 수는 없나니 눈은 보아도 족함이 없고 귀는 들어도 가득 차지 아니하도다

만물은 자연의 법칙을 따라 똑같은 일을 반복하므로 피곤해집니다. 한 가지 일을 계속하면 피곤해지는 것은 사람만이 아니라 만물도 마찬가지인 것입니다.

미국 뉴욕의 한 버스 운전사가 어느 날 아침 많은 승객들을 태우고 가다가 갑자기 정해진 노선과 다른 길로 달리기 시작했습니다. 깜짝 놀란 승객들의 신고를 받은 경찰이 급히 버스를 뒤쫓아 와서 운전사를 연행한 다음 그 이유를 물었습니다. 버스 운전사는 매일 똑같은 길만 운전하다 보니까 싫증이 나서 그랬다고 대답했습니다. 몇 년 동안 반복해서 같은 길만 다닌 버스 운전사는 너무도 피곤하고 지루한 나머지 다른 길로 가지 않고는 견딜 수가 없었던 것입니다.

근로자들도 마찬가지입니다. 요즘 공장에서 근로자들이 일하는 것을 보면, 대부분 분업화되고 전문화되어서 한 사람이 한 가지 일만 계속 반복합니다. 볼트에 너트를 조이는 일을 맡은 사람은 아침에 출근해서 기계처럼 너트를 조이는 일만 계속하다가 점심 먹고, 다시 돌아와서 퇴근할 때까지 너트를 조이는 일을 합니다. 이처럼 똑같은 일만 반복하면 인간의 개성이나 창의력은 점점 약해지고,

기계처럼 똑같은 일을 반복하는 일에 지쳐 그만두고 싶어집니다.

이 세상의 환경도 늘 똑같고 반복되므로 싫증을 느끼게 됩니다. 아무리 멋진 구경을 해도 계속 보면 지겹고 새것이 보고 싶어집니다. 음악도 마찬가지입니다. 한동안 유행하다가도 시간이 지나면 새로운 음악이 나오고, 새로운 음악도 시간이 지나면 유행이 끝나고 맙니다.

9절 | 이미 있던 것이 후에 다시 있겠고 이미 한 일을 후에 다시 할지라 해 아래에는 새것이 없나니

새로운 것이 없다는 것이 바로 비극입니다. 왜냐하면 낡은 것을 계속하는 것은 사람을 지치고 피곤하게 만들기 때문입니다. 다시 말하면 인생이 지치고 피곤한 것은 인생이 낡은 것을 반복하기 때문이라는 것입니다. 그런데 어떻게 보면 이 말은 틀린 것 같습니다. 옛날에는 비행기가 없었는데 지금은 비행기가 있습니다. 옛날에는 텔레비전이 없었는데 지금은 텔레비전이 있습니다. 옛날에는 휴대폰이 없었는데 지금은 스마트폰이라고 해서 웬만큼 익숙해지지 않으면 사용하기 쉽지 않을 정도로 발전되고 새로운 핸드폰이 있습니다. 이처럼 옛날에 없던 것이 지금은 많이 있기 때문에 전도자가 "이미 있던 것이 후에 다시 있겠고, 이미 한일을 후에 다시

하며, 해 아래에는 새것이 없다."고 말한 것을 이해하기 어렵습니다. 그러나 달라진 것은 문명의 도구일 뿐이며 궁극적으로 인생을 새롭게 하지는 못합니다.

'이미 있던 것이 후에도 다 있다' 라는 말의 의미는 사람이 사는 이치를 말하는 것입니다. 사람이 태어나면 부모의 돌봄을 받으며 자랍니다. 그리고 열심히 공부해서 취직도 하고 사랑하는 사람을 만나 결혼도 합니다. 부모는 자식을 잘 키워 놓으면 훗날에 좋은 일이 있겠지 싶어서 야단법석을 떨며 키워 보지만, 결혼한 자식들은 뒤도 안 돌아보고 훨훨 날아갑니다. 그렇게 출가한 자식은 제 자식을 낳아 부모가 자기에게 했던 것처럼 야단법석을 떨면서 키웁니다. 자기 부모처럼 훗날에 자식들이 잘됐을 때를 생각하며 초등학교, 중학교, 고등학교, 대학교를 보냅니다. 그런데 자기 자식도 결혼하면 자신이 부모에게 했던 것처럼 자기 살길을 찾아 떠납니다. 그제야 부모의 마음을 알고 효도하려고 부모를 찾지만 정작 부모는 세상을 떠나고 없으니 이래저래 상심하게 됩니다.

제가 어릴 적에 살던 시골집 처마 끝에는 제비 둥지가 있었습니다. 그 둥지에 제비가 알을 낳습니다. 그리고 새끼가 알을 깨고 나오면 밤낮으로 바삐 날아다니며 먹이를 물어다가 새끼들을 먹입니다. 그렇게 자란 새끼들은 날개를 파닥파닥하다가 어느 날 둥지를 떠나 버립니다. 그러면 새끼들을 먹여 키우느라고 뼈만 앙상하게 남은 제비 부부가 빈 둥지에 앉아서 지지배배 지지배배 웁니다. '품어 주고 안아 주고 먹여 주고 알뜰살뜰 다 키워 놨더니 그 공로는 갚지도 않고 다 달아나 버리고 우리만 이렇게 외롭게 남았네.'라며 우는 것입니다.

자식들은 부모처럼 살지 않겠다고 다짐하고 부모가 자기에게 해 준 것보다 더 멋있게 자식을 기르면서 이상적인 인생을 살아 보겠다고 하지만, 살아 보면 다 똑같습니다. 부모가 살아온 것의 반복일 뿐입니다. 한국에서 미국으로 이민을 가도 마찬가지고, 오스트리아로 이민을 가도 마찬가지입니다. 하늘 아래 어느 곳에 가도 인생살이는 다 똑같습니다. 이미 있던 것이 후에 다시 오고, 이미 한 일을 후에 다시 합니다. 인생에서 벌어지는 일과 사람이 하는 일은 그대로 반복되는 것입니다. 이처럼 해 아래에는 새것이 없고 해 아래에서 살아가는 인생 역시 새로울 것이 없다는 것은 인간에게 큰 절망입니다.

그러나 해 아래 세계에는 새것이 없을지라도 해 위 하나님 나라에 가면 새 하늘과 새 땅과 새 예루살렘이 있습니다. 하나님 나라의 모든 것이 새것인 이유는 천국은 항상 새로운 곳이기 때문입니다. 부부가 신혼 초에는 얼마나 서로 아끼고 사랑합니까? 그런데 몇 년 살다 보면 서로에게 싫증을 느끼고 의무감만 남습니다. 그러나 천국에서의 사랑은 계속해서 새롭습니다. 영원히 기쁘고 즐겁고 사랑이 넘쳐 납니다.

하나님 나라는 항상 새롭기 때문에 기대가 넘칩니다. 새 옷을 사거나 새로운 곳을 여행하거나 새집을 샀을 때처럼 기대가 꽉 들어차 있습니다. 새로운 것에 대한 기대가 넘치는 천국은 영원히 살아도 피곤하지 않습니다. 항상 기쁨과 행복이 넘쳐 납니다.

10절 | 무엇을 가리켜 이르기를 보라 이것이 새것이라 할 것이 있으랴 우리가 있기 오래 전 세대들에도 이미 있었느니라

아담과 하와 이후로 지금껏 사람들이 사는 것은 이전 세대들의 삶의 반복입니다. 옷이 달라지고 집을 짓는 법이 달라지고 교통수단이 달라졌지만, 이런 것은 우리가 살아가는 방식만 달라진 것이지 삶 자체는 같습니다.

인생은 늘 반복되는 것이기 때문에 우리 안에는 피곤함이 가득합니다. 만일 다시 태어나서 지금 이 자리에 오기까지 살아온 길을 그대로 다시 한 번 살아야 한다면 살고 싶다고 할 사람이 거의 없을 것입니다. 왜냐하면 그것은 너무도 피곤한 일이기 때문입니다. 그러므로 우리는 항상 주 안에서 새로워져야 합니다. 새로워지지 않으면 인간은 살 수 없습니다.

우리가 새로워질 수 있는 길은 예수 믿고 하나님 앞에 나오는 길밖에 없습니다. 새 옷으로 갈아입는다고 할지라도 새로워지지 않습니다. 새 집으로 이사를 가도 여전히 옛것의 반복입니다. 여행

을 간다고 해서 새로워지지 않습니다. 이 세상에 새로운 것이 아무 것도 없기 때문입니다. 오직 그리스도 안에 있을 때 새로운 피조물이 됩니다. 이전 것은 지나가고 새것이 됩니다. 예수 믿고, 성령 충만 받고, 말씀 읽고, 감사하고, 찬송하면 늘 마음이 새롭습니다. 새로운 삶에 대한 기대로 가슴이 두근두근하고 기쁨과 행복이 넘쳐 나게 됩니다.

11절 이전 세대들이 기억됨이 없으니 장래 세대도 그 후 세대들과 함께 기억됨이 없으리라

지나간 세대는 기억되지 않습니다. 6·25전쟁 때 나라를 위해서 목숨을 바친 많은 군인들과 경찰들이 있지만 지금 세대가 기억하지 않습니다. 지금까지 한국의 정치, 경제, 교육, 문화, 과학, 종교 분야에 위대한 지도자들이 있었어도 그들이 죽고 난 다음 아무도 기억하지 않습니다. 저도 마찬가지입니다. 최자실 목사님이 어느 사이엔가 우리의 기억 속에서 멀어진 것처럼 저도 세상을 떠나면 이내 사람들의 기억 속에서 지워질 것입니다. 우리가 이전 세대를 기억하지 않는 것처럼 우리도 죽고 나면 우리를 기억할 사람이 없는 것입니다.

저는 얼마 전에 최자실 목사님 무덤에 갔다가 다른 무덤의 비

석에 적힌 이름들을 보면서 많은 분들을 회상했습니다. 거기에 묻힌 분들은 다른 사람들에게는 의미가 없을지 몰라도 저에게는 의미가 있습니다. 왜냐하면 전부 다 내 양들이었기 때문입니다. 그중에는 몹시 애를 먹이던 분도 있고, 열심히 봉사하던 분도 있고, 교회에 늘 충성하던 분도 있습니다. 그러나 함께한 추억이 많아도 정작 그분들은 이제 아무 말이 없습니다. 살아 있다면 반갑게 저를 맞이하고 밥이라도 한 끼 먹고 가라고 붙잡았을 테지만, 그저 마른 풀들이 바람에 날리고 말라 버린 잔디만 무덤을 덮고 있을 뿐 아무 소리도 들리지 않습니다. 모두가 다 지나가 버렸습니다.

이와 같이 해 아래에서 사는 인생은 허무합니다. 죽으면 그뿐, 아무도 기억하지 않습니다. 그러므로 우리는 세상에 미련을 두지 말고 오직 하나님께 기억되는 삶을 살아야 합니다. 예수 믿고 구원받아 하나님의 영광을 위해 사는 삶이 하나님께 기억되는 삶입니다. 세상일에 얽매여 발버둥 치는 것은 참으로 어리석고 무의미한 일입니다. 예수 그리스도 안에서 성령님과 동행하며 사십시오. 그리할 때 매일매일 새로운 기쁨이 솟아나고 참으로 의미 있고 가치 있는 삶을 살 수가 있습니다.

2. 지혜가 많으면 번뇌도 많음 (1:12-18)

12나 전도자는 예루살렘에서 이스라엘 왕이 되어 **13**마음을 다하며 지혜를 써서 하늘 아래에서 행하는 모든 일을 연구하며 살핀즉 이는 괴로운 것이니 하나님이 인생들에게 주사 수고하게 하신 것이라 **14**내가 해 아래에서 행하는 모든 일을 보았노라 보라 모두 다 헛되어 바람을 잡으려는 것이로다 **15**구부러진 것도 곧게 할 수 없고 모자란 것도 셀 수 없도다 **16**내가 내 마음속으로 말하여 이르기를 보라 내가 크게 되고 지혜를 더 많이 얻었으므로 나보다 먼저 예루살렘에 있던 모든 사람들보다 낫다 하였나니 내 마음이 지혜와 지식을 많이 만나 보았음이로다 **17**내가 다시 지혜를 알고자 하며 미친 것들과 미련한 것들을 알고자 하여 마음을 썼으나 이것도 바람을 잡으려는 것인 줄을 깨달았도다 **18**지혜가 많으면 번뇌도 많으니 지식을 더하는 자는 근심을 더하느니라

12-13절 나 전도자는 예루살렘에서 이스라엘 왕이 되어 마음을 다하며 지혜를 써서 하늘 아래에서 행하는 모든 일을 연구하며 살핀즉 이는 괴로운 것이니 하나님이 인생들에게 주사 수고하게 하신 것이라

이스라엘 왕 솔로몬은 다시 한 번 자신을 전도자라고 말합니다. 솔로몬은 야훼 하나님께로부터 무한한 지혜를 받았기 때문에 그 지혜를 다른 사람에게 가르쳐 줄 수 있었습니다. 이처럼 하나님께서 주시는 지혜를 받아야 다른 사람을 전도할 수 있고 가르칠 수도 있지, 자기도 모르는 것을 남에게 가르치고 깨닫게 할 수는 없습니다. 이렇게 볼 때 우리 믿는 사람들은 하나님 아버지를 알고, 하나님의 아들 예수 그리스도를 알고, 우리 가운데 계신 성령님을 알고, 십자가의 보혈의 공로와 그 구원의 은혜를 알기 때문에 전도자가 될 수 있습니다. 그러나 성도라 하더라도 하나님 아버지에 대해 제대로 알지 못하고 예수 그리스도의 십자가 대속의 은총과 성령의 역사를 바로 알지 못한다면 그 전도자의 역할을 잘할 수 없습니다.

솔로몬은 하나님을 모르는 사람들의 인생은 모든 것이 헛될 뿐임을 잘 알고 있었습니다. 그래서 헛된 삶, 헛된 세상일을 전부 파헤치고 고발했습니다. 그는 세상 사람들이 하는 일이 속 빈 강정과 같다는 것을 밝히 드러냈습니다. 그리고 자기가 아는 하나님을 전

도하는 것이 바로 자신이 감당해야 할 역할이라는 것을 깨달았습니다.

전도자가 와서 전하지 아니하면 캄캄한 데 앉아 있는 사람은 도를 깨달을 길이 없습니다. 그러므로 오늘날 예수 믿고 주 안에서 전도자가 된 우리는 때를 얻든지 못 얻든지 어둔 세상에서 방황하는 사람들에게 예수 그리스도를 전하고 구원의 복음을 전해야 합니다.

제가 후쿠오카에 있는 김여수룬 목사님 교회에 가서 성회를 인도한 적이 있습니다. 그때 저녁 집회를 마치고 사무실에 있는데 어떤 분이 면담을 청했습니다. 그분은 제가 후쿠오카 시민 회관에서 성회를 인도한다는 소식을 듣고 참석하려고 했는데 담임 목사님이 가지 못하게 했다고 합니다. 그러나 사모하는 마음이 커서 담임 목사님의 반대를 무릅쓰고 참석했다가 그날 10년 동안 앓던 두통이 깨끗이 나았습니다. 제가 설교하면서 "우리가 아픈 것은 하나님의 뜻이 아닙니다. 예수님께서 그 병을 십자가에서 다 청산해 주셨습니다."라고 선포하고 신유의 기도를 했는데, 그때 머리에 손을 얹고 기도하자 두통이 감쪽같이 나은 것입니다.

또 다른 한 분은 설교 테이프를 듣고 병이 나았습니다. 그분은 폐암에 걸려서 죽음을 기다리다가 제 성회에 와서 안수를 받고 나았던 분입니다. 그런데 그 후에 폐렴에 걸려서 입원을 하게 되었습니다. 그분은 병실에서 제 설교 테이프를 들으며 병자를 위한 기도 시간에 가슴에 손을 얹고 기도를 했는데 열이 내리고 폐렴이 깨끗이 나았습니다. 그래서 성회에 다시 참석했습니다. 하나님의 말씀은 능력이 있기 때문에 테이프에 녹음된 말씀을 듣더라도 놀라운 기적의 역사가 나타납니다. 그래서 제 설교 테이프를 듣다가 병이 나은 사람이 굉장히 많습니다.

김여수룬 목사님의 아들은 심한 중이염에 걸려서 백약이 무효하고 병원에서 온갖 치료를 다 받아도 낫지 않았습니다. 그런데 어느 날 사모님이 제 설교 테이프를 틀어 놓고 아들과 함께 듣다가 병자를 위한 기도 시간에 제가 "중이염에 걸려 고생하는 사람이 오늘 나음을 받았습니다!"라고 선포한 말을 듣고는 아들이 그 즉시 나았습니다. 이러한 역사는 예수님의 능력으로 병 낫는 것을 모르고 있다가 말씀을 제대로 깨닫자 하나님의 은혜가 임하여서 나타난 것입니다.

우리는 다 전도자로서 다른 사람에게 복음을 온전히 깨닫게 해주어야 할 사명이 있습니다. 전도자 솔로몬이 그토록 지혜로웠어도 하나님에 대하여 몰랐던 부분이 있습니다. 그는 예수 그리스도에 대해서 몰랐습니다. 그는 야훼 하나님만 알았고 그 아들 예수님이 오셔서 우리를 위해 십자가에 못 박혀 피 흘려 죽으시고 부활하심으로 인간을 구원하시는 진리는 몰랐습니다. 그러므로 우리는 하나님을 아는 면에서 솔로몬보다 더 큰 지혜를 얻었습니다. 더욱이 우리는 예수 그리스도를 통한 오중복음과 삼중축복을 알고 있기 때문에 더욱 강력한 전도자가 될 수 있습니다.

솔로몬은 하나님의 은혜를 전하기보다 이 세상을 사는 것이 허무하다는 것을 전하는 전도자였습니다. 긍정적인 전도자라기보다 부정적인 전도자였습니다. 희망의 전도자라기보다 절망의 전도자였습니다. 하나님을 모르고 사는 이 세상 삶은 모든 것이 헛되고 절망밖에 없음을 밝히는 전도자였습니다.

솔로몬은 예루살렘에서 이스라엘 왕이 되어 마음을 다하고 지혜를 써서 하늘 아래에서 행해지는 모든 일들과 사람의 일생을 살펴보고 이 모든 것이 괴로움뿐이라는 것을 깨달았습니다. 이것은 하나님께서 타락한 인생들에게 주사 수고하게 하신 것입니다. 아담과 하와가 에덴동산에서 타락하지 않았다면 그 후손인 우리는 하나님의 축복을 누리며 기쁘고 즐겁게 살았을 것입니다. 그러나 우리의 조상 아담과 하와가 하나님을 배반하고 하나님 없이 인간의 힘으로 이 세상을 살려고 하다가 그만 괴롭기 한이 없는 삶을 살게 된 것입니다.

제가 며칠 전에 꿈을 꿨는데 정말 이상한 꿈이었습니다. 꿈에서 저는 목사가 아니고 평범한 직장인이었습니다. 아내도 지금의 아내가 아니고 자식도 지금의 자식이 아니었습니다. 더군다나 자식 중에 하나는 장애가 있었습니다. 그래서 그 장애를 고쳐 보겠다고 직장을 구해 열심히 일을 하고 돈을 모아서 병원비를 댔습니다. 하지만 결국 병원비를 다 감당하지 못해서 집도 팔고 차도 팔고 나중에는 인도네시아 자카르타에 가서 거지가 되어 길가에 버려진 바나나 껍질을 주워 먹고, 다른 사람이 먹다 버린 파인애플을 주워 먹고 살았습니다. 제가 '인생이 이렇게 괴로울 수가 있나!' 라고 생각하다가 꿈에서 깨어났는데, 꿈인 걸 알고 얼마나 가슴을 쓸어내렸는지 모릅니다. 꿈에서도 이렇게 인생은 괴롭습니다.

젊었을 때는 잘 모르지만 나이가 들어 갈수록 인생의 괴로움을 절실히 깨닫게 됩니다. 못사는 사람은 못사는 사람대로 괴롭고, 잘사는 사람은 잘사는 사람대로 괴롭습니다. 욥은 "사람은 고생을 위하여 났으니 불꽃이 위로 날아가는 것 같으니라"고 말했습니다(욥 5:7). 이 세상 사람치고 고통스럽지 않은 사람이 하나도 없습니다. 이것은 우리 조상 아담과 하와가 타락한 결과요, 인류가 하나님을 떠난 결과입니다. 하나님 없는 세상은 가시와 엉겅퀴가 나는 저주받은 세상이요, 이마에 땀을 흘려야 먹고사는 수고로운 세상이요, 서로 다투고 짓밟는 고통스러운 세상입니다.

14절 내가 해 아래에서 행하는 모든 일을 보았노라 보라 모두 다 헛되어 바람을 잡으려는 것이로다

해 아래에서 인생이 하는 모든 것이 헛된 것은 사람의 수명이 제한적이기 때문입니다. 사람은 보통 70세에서 80세밖에 살지 못합니

다. 아무리 아름다운 집을 지어 놓아도 결국 집 지은 자는 세상을 떠나야 합니다. 아무리 큰 사업체를 일으켜 놓더라도 사업체는 남지만 그것을 이룬 사람은 가 버립니다. 아무리 좋은 그림을 그려도 그림은 남지만 그것을 그린 사람은 가 버립니다. 인간의 발자취는 남아 있을지라도 그것을 남긴 인간은 사라져 버리는 것입니다.

우리는 사람이 해 아래에서 행하는 모든 일이 다 헛되어 바람을 잡으려는 것과 같음을 잊어서는 안 됩니다. 내 남편도 내가 소유하지 못하고, 내 아내도 내가 소유하지 못하고, 자식도 내 자식이 아니고, 나도 내 것이 아닙니다. 우리는 잠시 있다가 사라지는 안개입니다. 그렇기 때문에 이 땅에 살면서 예수를 구주로 모시지 않고 하나님 품에 안기지 않은 인생은 아무것도 아닙니다. 벌써 끝난 인생입니다.

이 세상에는 참된 가치를 지닌 것이 아무것도 없으며 거짓되고 헛된 것뿐입니다. 우리 인생에서 영원한 것, 참으로 가치 있는 것은 예수 그리스도를 마음속에 모시고 하나님 아버지의 뜻을 따라 사는 것밖에 없습니다.

15절 | 구부러진 것도 곧게 할 수 없고 모자란 것도 셀 수 없도다

이 세상에 구부러진 것, 즉 악한 일들을 사람이 다 바로잡을 수 없습니다. 창세로부터 지금까지 선생들이 가르치고, 훌륭한 종교인이 가르치고, 법을 만들어 지키게 해도 사람의 잘못된 행동을 다 바로잡지 못했습니다. 인간 세상은 항상 구부려져 있습니다. 인간 속에 있는 악한 것들이 끊이지 않고 세상에 쏟아져 나오기 때문입니다. 또한 이 세상에 어그러진 것을 셀 수 없습니다. 가정이 어그러지고, 기업이 어그러지고, 학교가 어그러지고, 부조리와 부정부패가 끊이지 않습니다. 이와 같은 것들을 사람이 아무리 애를 써도 바로잡을 수 없으니 인간은 참으로 무력한 존재입니다.

16절 내가 내 마음속으로 말하여 이르기를 보라 내가 크게 되고 지혜를 더 많이 얻었으므로 나보다 먼저 예루살렘에 있던 모든 사람들보다 낫다 하였나니 내 마음이 지혜와 지식을 많이 만나 보았음이로다

솔로몬은 예루살렘에 살았던 모든 사람들보다 더 많은 지혜를 얻었다고 말합니다. 하나님께서 솔로몬에게 전에도 없었고 후에도 없는 지혜를 주셨기 때문입니다.

열왕기상 3장 16절부터 28절을 보면 솔로몬의 지혜가 얼마나 놀라운 것이었는지 알 수 있습니다. 두 여자가 한 집에서 사흘 간격을 두고 자식을 낳아서 기르게 되었습니다. 그런데 그중 한 여자가 잠결에 자기 아이를 깔아서 죽이고 말았습니다. 그리고는 그 죽

은 아이를 다른 여자의 아이와 바꿔치기 했습니다. 이 일로 두 여자가 싸움이 붙었는데 결론이 안 나오니까 솔로몬 왕을 찾아가 재판을 받았습니다. 솔로몬 왕은 이 문제를 간단히 해결했습니다. 신하에게 칼로 아이를 잘라서 두 여자에게 나눠 주라고 했습니다. 그러자 아이의 진짜 엄마는 제 자식이 죽게 되니 차라리 거짓말을 한 가짜 엄마한테 주라고 했고, 가짜 엄마는 제 자식이 아니니까 둘로 나누라고 했습니다. 이렇게 해서 솔로몬은 아이의 엄마가 누구인지 단번에 밝혀냈습니다.

또한 전해 오는 말 중에 이런 이야기도 있습니다. 어떤 사람이 솔로몬 앞에 진짜 꽃과 가짜 꽃을 두고 어느 것이 진짜 꽃인지 분별해 보라고 시험을 했습니다. 솔로몬은 창문을 열라고 했습니다. 그러자 금세 벌이 날아 들어오더니 한쪽 꽃에만 앉았습니다. 이렇게 해서 솔로몬은 진짜 꽃을 밝혔습니다.

이처럼 지혜가 많은 사람은 인생에 문제가 다가올 때 간단히 해결합니다. 그러나 미련한 사람은 문제를 해결하지 못하고 점점 더 복잡하게 만듭니다. 그러므로 주님께서 금이나 은을 구하지 말고 지혜를 구하라고 말씀하신 것입니다. 주님께 지혜를 얻어 문제를 잘 해결하다 보면 자꾸 발전하게 됩니다. 그러므로 지혜로운 개인이나 지혜로운 민족은 흥하고 미련한 개인이나 미련한 민족은 망합니다.

지식은 공부하면 얻을 수 있습니다. 그러나 지식이 아무리 많아도 지혜가 없으면 그 지식은 쓸모가 없습니다. 지식은 목수의 연장과 같습니다. 그러나 지혜는 물건을 잘 만드는 목수와 같습니다. 아무리 연장이 많아도 잘 만들 줄 아는 지혜가 없으면 연장은 무용지물입니다.

부모들이 자식을 일류 대학에 보내려고 애를 많이 쓰지만 일류 대학을 졸업한다고 해서 무조건 인생에서 성공한다는 보장은 없습니다. 학교에서 1등을 하던 사람이라고 해서 사회에서도 1등을 하지는 않습니다. 사회에서 성공하려면 지혜가 있어야 하는데, 학교에서는 지식을 얻을 뿐 지혜를 얻는 것이 아닙니다. 그렇다면 지혜는 어디에서 얻을 수 있습니까? 지혜는 하나님께 얻습니다.

예수님을 믿으면 지혜를 얻습니다. 예수님이 지혜의 근본이 되시기 때문입니다. 예수 그리스도를 믿고 하나님께 기도하면 성령께서 우리에게 지혜를 주셔서 문제를 해결하고 성공적인 인생을 살도록 도와주십니다. 그러므로 예수 믿는 개인이나 민족은 머리가 되고 꼬리가 되지 않습니다. 위에 있고 아래에 있지 않으며, 남에게 뀌어줄지언정 꾸지 않습니다.

17절 내가 다시 지혜를 알고자 하며 미친 것들과 미련한 것들을 알고자 하여 마음을 썼으나 이것도 바람을 잡으려는 것인 줄을 깨달았도다

전도자는 지혜를 알고자 애썼습니다. 그리고 미친 것과 미련한 것이 무엇인지 알고자 했습니다. 전도자는 많은 지혜로 온갖 것을 다 생각하다 보니 이제는 미친 것은 무엇이며 미련한 것은 무엇인가 알아보고 싶었던 것입니다. 그러나 전도자는 그것 또한 바람을 잡으려는 것같이 허무하다는 것을 깨달았습니다. 왜냐하면 미친 사람도 죽고 미련한 사람도 죽어 한 줌의 흙으로 돌아가 버리기 때문입니다. 따라서 미친 사람이나 미련한 사람에 대해 아는 것도 소용없는 일입니다.

18절 지혜가 많으면 번뇌도 많으니 지식을 더하는 자는 근심을 더하느니라

전도자는 지혜와 지식이 많으면 근심과 번뇌가 많다고 말합니다. 왜냐하면 세상 돌아가는 일이나 이치를 아예 모르면 편안하게 사는데 아는 것이 화근이 되어 자꾸 괴롭기 때문입니다. 사실 신문이나 뉴스에 나오는 것이 무슨 말인지 모르면 아예 안 보게 됩니다.

그러나 알기 때문에 자꾸 보게 되고 신경이 쓰이는 것입니다. 이처럼 알면 알수록 그 일에 개입하게 되고, 자꾸 파헤치고 들어가다 보면 번뇌가 많아집니다. 그렇다고 해서 지식도 얻지 않고 지혜도 없이 산다고 해도 그것 역시 괴로운 일입니다. 이처럼 인생은 알아도 괴롭고 몰라도 괴롭고, 지혜로워도 괴롭고 지혜롭지 않아도 괴롭습니다. 그러나 하나님을 믿는 사람은 하나님의 영광을 드러내고 살아야 하기 때문에 지혜와 지식에 부족함이 없어야 합니다. 하나님의 백성들은 지식과 지혜를 자신의 만족과 유익을 위해서 사용하지 않기 때문에 가치가 있습니다.

우리가 하나님을 위해 사용한 모든 것은 하나님께서 다 갚아 주시고 하늘나라의 상급이 됩니다. 우리가 교회에 나와 예배를 드리고 하나님께 십일조를 드리고 전도하고 주의 사업을 한 것은 남지만, 그 외에 먹고 자고 한 것은 흔적도 없이 사라집니다. 오직 하나님을 섬기기 위해서 사는 것만이 영원히 남습니다. 하나님을 배제한 채 인간적으로 한 것은 영원하지 못하며 가치가 없습니다. 그러므로 이 세상에서 자신을 위해 살면 남는 것이 없습니다. 구제를 할 때에도 예수 그리스도의 이름과 사랑으로 구제하면 하나님께 칭찬과 상급을 받아 영원히 남지만, 자신의 이름으로 자기가 좋아서 구제한 것은 잊혀지고 맙니다. 십일조도 하나님의 뜻에 따라서 드려야 하나님께서 받으십니다. 예를 들면 십일조는 우리가 성찬을 받는 곳에 드려야 합니다. 아브라함이 멜기세덱에게 떡과 포도주를 받고 난 다음, 롯을 구하면서 얻은 전리품의 십분의 일을 멜기세덱에게 주었습니다. 여기서 멜기세덱은 예수님을 상징합니다. 그러므로 우리는 예수님의 몸과 피를 뜻하는 떡과 포도주를 받는 곳, 즉 성찬을 받는 교회에 십일조를 드려야 하는 것입니다.

무엇을 하든지 하나님 뜻대로 해야 가치가 있고 영원히 남습니다. 하나님의 뜻을 제쳐 두고 내 기분대로, 내가 좋다고 생각하는 대로 하는 것은 결국에는 아무런 의미가 없습니다. 우리는 하나님께서 좋다고 하는 것을 해야 합니다. 내가 좋아서 하는 것은 하나님과 상관이 없습니다. 아무리 좋은 일을 해도 하나님의 뜻에 맞지 않은 좋은 일은 헛일이 되고 맙니다.

과거에 사람이 한 일 중에 지금 뭐가 남아 있습니까? 10년 전, 20년 전에 죽어서 무덤에 들어간 사람들을 한번 살펴보십시오. 그들이 살아 생전에 먹고, 입고, 마시고, 부귀영화와 공명을 누린 것 가운데 무엇이 남아 있습니까? 말 한마디로 하늘에 나는 새도 떨어뜨린다는 권력자의 무덤에 가서 보십시오. 아무것도 남아 있지 않습니다. 그러나 하나님을 위해서 산 사람은 그렇지 않습니다. 기도원에 있는 최자실 목사님의 무덤에 가 보십시오. 다른 사람들과 똑같이 조그마한 무덤에 누워 계십니다. 물론 최 목사님이 42세가 되기까지는 자기 자신을 위해 살았으니 아무것도 남은 것이 없습니다. 그러나 42세 부터 74세까지는 주를 위해서 살았기 때문에 하나님께 인정받고 상급을 받아 무한한 가치가 있게 된 것입니다.

세상의 가치 없는 일을 아무리 많이 했어도 하나님 앞에서는 아무 소용이 없습니다. 하나님의 영광을 위해서 일한 것만이 가치가 있습니다. 그러므로 우리는 이 세상에서 사는 동안 오직 하나님의 뜻대로 하나님께서 기뻐하시는 일을 하여 참으로 보람되고 가치 있는 인생을 살아야겠습니다.

전도자의 노래

Chapter 2

즐거움이 헛됨

1. 쾌락 추구의 헛됨(2:1-11)
2. 모두에게 정해진 운명(2:12-17)
3. 수고한 열매의 헛됨(2:18-26)

전도자는 사람이 인생을 살면서 얻을 수 있는 많은 즐거움도 헛되다고 말합니다. 하나님께서 주시는 기쁨 외에 세상에서 찾는 쾌락에는 반드시 공허와 고통이 따르기 때문입니다. 지혜가 많은 사람도 어리석은 사람도 영원히 기억되지 못합니다. 인생의 참된 가치와 행복은 오직 하나님께로부터 나옵니다.

1. 쾌락 추구의 헛됨 (2:1-11)

1 나는 내 마음에 이르기를 자, 내가 시험 삼아 너를 즐겁게 하리니 너는 낙을 누리라 하였으나 보라 이것도 헛되도다 2 내가 웃음에 관하여 말하여 이르기를 그것은 미친 것이라 하였고 희락에 대하여 이르기를 이것이 무슨 소용이 있는가 하였노라 3 내가 내 마음으로 깊이 생각하기를 내가 어떻게 하여야 내 마음을 지혜로 다스리면서 술로 내 육신을 즐겁게 할까 또 내가 어떻게 하여야 천하의 인생들이 그들의 인생을 살아가는 동안 어떤 것이 선한 일인지를 알아볼 때까지 내 어리석음을 꼭 붙잡아 둘까 하여 4 나의 사업을 크게 하였노라 내가 나를 위하여 집들을 짓고 포도원을 일구며 5 여러 동산과 과원을 만들고 그 가운데에 각종 과목을 심었으며 6 나를 위하여 수목을 기르는 삼림에 물을 주기 위하여 못들을 팠으며 7 남녀 노비들을 사기도 하였고 나를 위하여 집에서 종들을 낳기도 하였으며 나보다 먼저 예루살렘에 있던 모든 자들보다도 내가 소와 양 떼의 소유를 더 많이 가졌으며 8 은금과 왕들이 소유한 보배와 여러 지방의 보배를 나를 위하여 쌓고 또 노래하는 남녀들과 인생들이 기뻐하는 처첩들을 많이 두었노라 9 내가 이같이 창성하여 나보다 먼저 예루살렘에 있던 모든 자들보다 더 창성하니 내 지혜도 내게 여전하도다 10 무엇이든지 내 눈이 원하는 것을 내가 금하지 아니하며 무엇이든지 내 마음이 즐거워하는 것을 내가 막지 아니하였으니 이는 나의 모든 수고를 내 마음이 기뻐하였음이라 이것이 나의 모든 수고로 말미암아 얻은 몫이로다 11 그 후에 내가 생각해 본즉 내 손으로 한 모든 일과 내가 수고한 모든 것이 다 헛되어 바람을 잡는 것이며 해 아래에서 무익한 것이로다

1절 | 나는 내 마음에 이르기를 자, 내가 시험 삼아 너를 즐겁게 하리니 너는 낙을 누리라 하였으나 보라 이것도 헛되도다

전도자 솔로몬은 이번 장에서 쾌락주의에 대해 말합니다. 그는 사람이 누릴 수 있는 모든 쾌락을 누려 본 다음 그러한 쾌락이 정말 가치가 있는지 알아 보고자 했습니다. 그러나 결국 그것도 헛되다는 것을 깨달았습니다.

중국의 진시황제는 양자강에 배를 띄워 놓고 기생들과 함께 밤새 풍류를 즐기고 술을 마셨습니다. 그리고 아침 안개가 낄 때에야 지친 몸으로 왕궁에 돌아갔는데 그 마음이 말할 수 없이 허전했습니다. 그래서 그가 지은 시 중에 육체의 쾌락을 크게 누리고 보니 그 뒤에 남는 것은 강물보다 더 깊고 넓게 흐르는 슬픔밖에 없다는 구절이 있습니다. 육체로 즐거움을 느낀 후에는 마음속에 허무함이 더 깊이 다가오는 것입니다.

저는 학창 시절에 모처럼 영화를 볼 기회가 생기면 얼마나 기대를 하고 극장에 갔는지 모릅니다. 그런데 영화에 심취해서 본 다음 집에 돌아올 때는 영화는 영화일 뿐이라는 허무한 마음이 들었습니다. 남는 것은 아무것도 없고 마음이 텅 빈 것 같았습니다.

제가 마음의 허무함을 느낀 적이 또 있었는데, 그것은 집안에 잔치가 있을 때였습니다. 잔칫날이 되면 사람들이 준비하느라 야

단법석을 떨고 많은 손님들이 오고갑니다. 더욱이 옛날 시골 잔치는 여간 시끌벅적하지 않습니다. 천막을 치고 가마니를 깔고 부엌에서 부지런히 음식을 만들어서 나르고 손님 맞고 상 차리고 치우고 복잡합니다. 그런데 잔치가 끝나서 그 많던 손님들도 다 떠나고 텅 빈 집에 식구들만 우두커니 앉아 있으면 허무하기 짝이 없습니다. 이렇듯 마음에 큰 희락을 맛보고 난 다음에는 허무하기 짝이 없는 것입니다.

저는 옛날에 운 적이 많이 있습니다. 제가 초등학교 5학년 때 우리 식구들이 다 부산으로 이사를 갔습니다. 그런데 저만 할아버지, 할머니와 함께 시골에 남았습니다. 형제들이 떠나기 전에는 학교에 갔다 오면 집 안이 아홉 형제로 복작복작하고 한시도 쉬지 않고 뛰고 구르고 싸우고 매일같이 야단이었습니다. 그런데 그날은 제가 학교에 갔다 오니 아무도 없었습니다. 그 적막한 경상남도 울주군 삼남면 교동리 31번지에 어린애라고는 저 혼자밖에 없게 되었습니다. 그렇게 되니 마음이 너무너무 고독하고 영혼 깊숙한 데까지 얼마나 외롭고 쓸쓸했는지 모릅니다. 그래서 부모님과 동생들이 있던 방에 가서 문을 열어 보고, 다 같이 모여서 밥 먹던 곳에 가 봐도 아무도 없고 산중에 바람만 휘휘 불고 새들만 울어 댔습니다. 너무도 가슴이 먹먹해서 이삿짐을 싣고 떠난 차가 남긴 바큇자국을 따라 걷고 또 걸어 보기도 했습니다. 그날 저녁, 노을이 진 하늘에 떼를 지어 날아가는 새들을 보면서 새들도 무리를 지어 가는

데 나만 혼자라는 생각이 드니 설움이 복받쳐 올라 통곡을 하고 울었습니다. 그때 마음속으로 '인생이란 결국 이렇게 허무한 것이구나!' 하면서 더 울었습니다.

'생자필멸이요, 회자정리' 라는 말에서 보듯, 살아 있는 사람은 반드시 죽고, 만난 사람은 반드시 헤어집니다. 우리의 인생은 결국 혼자입니다. 남편도 가고, 아내도 가고, 자식도 가고, 친구도 가고, 결국은 나도 혼자 떠나는 것입니다. 누가 같이 죽어 줄 수도 없습니다. 죽을 때는 다 혼자입니다. 그러나 예수 믿는 사람은 죽을 때 결코 혼자가 아닙니다. 우리가 이 세상에 숨이 끊어지려고 할 때 하늘 문이 열리고 예수 그리스도께서 하늘에서 내려다보십니다. 그리고 주의 사자들이 와서 우리들을 환영하며 데리고 갑니다. 그러므로 주를 믿는 사람은 이 세상 사는 동안에 비록 혼자 있어도 외롭지 않습니다. 또한 늘 가슴속에 하나님이 계시기 때문에 죽음의 날이 와도 혼자 죽음의 길을 걸어가지 않고 주님과 함께 가는 것입니다.

그래서 예수 믿다가 죽은 사람의 몸은 나긋나긋하고 부드럽습니다. 예수 믿다가 죽은 사람은 염을 할 때 힘들지 않습니다. 그러나 예수 안 믿고 죽은 사람은 몸이 얼마나 딱딱하게 굳어 있는지 수의를 입힐 수가 없습니다. 최자실 목사님과 함께 사역을 할 때 장례가 나면 최 목사님은 여자라서 힘이 없고 약하기 때문에 염은 제가 맡아서 했습니다. 특히 예수 믿지 않고 죽은 사람을 염하려면 보통 힘이 드는 게 아닙니다. 몸이 너무 굳어서 몸을 펴려면 뼈가 뚝뚝 부러집니다. 죽을 때 마귀가 와서 캄캄한 지옥의 길로 데려가려고 하니까 '안 죽는다! 못 죽는다!' 하고 온몸에 잔뜩 힘을주고 죽기 때문에 몸이 굳어져 버리는 것입니다.

전도자는 세상의 쾌락을 다 누려 보았지만 쾌락이 끝나고 나니 그 반작용으로 그만큼의 슬픔이 찾아왔습니다. 술로 쾌락을 삼고 즐거워해도 술이 깨면 머리가 아프고 마음이 허전하고 고통스럽습니다. 마약으로도 잠시 쾌락을 누릴지는 몰라도 깨고 나면 말할 수 없는 고통이 몸과 마음에 찾아옵니다. 그러므로 우리는 세상의 쾌락을 찾지 말고 주님 안에서 성령이 주시는 기쁨을 받아 누리며 살아야겠습니다.

2절 | 내가 웃음에 관하여 말하여 이르기를 그것은 미친 것이라 하였고 희락에 대하여 이르기를 이것이 무슨 소용이 있는가 하였노라

전도자는 웃음에 대해서 말하기를 미친 것이라고 했습니다. 왜냐하면 사람이 하루 종일 싱글벙글 웃고 다니면 미친 사람밖에 되지 않기 때문입니다. 웃는 것도 이유가 있어야지, 이유도 없이 웃고 다니면 정신이 올바른 사람이 아닙니다. 쾌락을 즐기며 웃는 웃음은 쾌락이 헛된 것이기 때문에 그 웃음도 헛된 것이 되고 맙니다.

또한 이 세상에서 찾은 희락도 알맹이가 없는 빈껍데기에 불과합니다. 세상의 쾌락과 희락이 지나고 나면 텅 빈 동굴처럼 마음이 공허해지고 남는 것이 아무것도 없게 됩니다.

3절 | 내가 내 마음으로 깊이 생각하기를 내가 어떻게 하여야 내 마음을 지혜로 다스리면서 술로 내 육신을 즐겁게 할까 또 내가 어떻게 하여야 천하의 인생들이 그들의 인생을 살아가는 동안 어떤 것이 선한 일인지를 알아볼 때까지 내 어리석음을 꼭 붙잡아 둘까 하여

전도자는 지혜를 잃지 않으면서 세상 사람들처럼 술로 인생을 즐기고 세상 사람들이 좋아하는 것을 다 해 보자고 생각했습니다. 지혜로우면 무엇이 좋고 나쁜지를 잘 알기 때문에 섣불리 행동하지 않습니다. 그러나 술에 취하면 지혜도 지식도 다 잃어버려서 막말을 하고 무절제한 행동을 하게 됩니다. 처음에는 사람이 술을 마시지만, 술을 계속 마시다 보면 술이 사람을 먹게 됩니다. 알코올 중독자가 되고 맙니다. 알코올 중독자보다 더 불쌍한 사람은 없습니다.

제가 프랑스 파리에서 집회를 마치고 세느 강변을 지날 때에 있었던 일입니다. 저는 그곳에서 보통 사람은 마시지도 못할 비싼 술을 마시고 안주로는 빵 한 조각을 뜯어먹으면서 벌벌 떨고 있는 사람들을 많이 보았습니다. 저는 프랑스에서 그 사람들처럼 알코

올 중독으로 거지가 된 사람들을 많이 보았습니다.

술은 쾌락을 주는 것 같지만 결국 인생을 파탄으로 몰아넣습니다. 술은 악마의 발명품입니다. 술은 하나님이 발명하신 것이 아닙니다. 그래서 술로 인생에 도박을 걸어서는 안 됩니다. 어떤 사람들은 사교술이라고 하면서 조금씩 마시는 게 뭐가 문제냐고 하지만 결국 알코올에 의존해서 살게 됩니다.

마귀가 사람에게 쓰는 속임수 중에 술 취함으로 마음에 즐거움을 얻을 수 있다고 하는 것이 가장 큰 속임수입니다. 이 마귀의 꾐에 우리가 속지 말아야 합니다. 술은 보지도 말고 만지지도 말아야 합니다.

4-8절 | 나의 사업을 크게 하였노라 내가 나를 위하여 집들을 짓고 포도원을 일구며 여러 동산과 과원을 만들고 그 가운데에 각종 과목을 심었으며 나를 위하여 수목을 기르는 삼림에 물을 주기 위하여 못들을 팠으며 남녀 노비들을 사기도 하였고 나를 위하여 집에서 종들을 낳기도 하였으며 나보다 먼저 예루살렘에 있던 모든 자들보다도 내가 소와 양 떼의 소유를 더 많이 가졌으며 은금과 왕들이 소유한 보배와 여러 지방의 보배를 나를 위하여 쌓고 또 노래하는 남녀들과 인생들이 기뻐하는 처첩들을 많이 두었노라

전도자는 어리석은 자가 하는 것처럼 이 세상의 부귀영화, 공명을 다 누려 본 다음 거기에 참 쾌락이 있는지 알아보고자 했습니다. 그래서 자신이 가진 큰 권세와 부를 이용해서 자기 사업을 크게 했습니다. 어마어마한 궁전과 집들도 짓고, 포도원도 가꾸고, 동산도 짓고, 과수원도 만들어 각종 과실나무도 심고, 또 수목이 울창한 삼림에 물을 주기 위해서 못들도 팠습니다. 노예시장에서 노예를 사 오고, 종들끼리 결혼시켜서 그들이 낳은 자식으로 종의 수를 늘렸습니다. 또한 자기보다 먼저 예루살렘에 있던 모든 왕들보다 소와 양 떼도 더 많이 소유히고, 은금과 보배를 모으고, 백성들에게 세금을 거두어서 재산을 산더미처럼 쌓아 놓았습니다. 노래하는 남녀와 풍류를 즐기고 많은 처첩들을 두었습니다. 옛날 사람들은 부자가 되면 처첩을 많이 거느렸는데, 솔로몬은 자그마치 후궁 700명에 첩 300명을 두었으니 그 이름을 다 알지도 못했을 것입니다.

9절 내가 이같이 창성하여 나보다 먼저 예루살렘에 있던 모든 자들보다 더 창성하니 내 지혜도 내게 여전하도다

솔로몬이 하나님을 알지 못하는 세상 사람들처럼 쾌락을 좇아 살았어도 하나님께서는 그에게서 지혜를 빼앗아 가시지 않았습니

다. 오히려 하나님께서는 솔로몬이 큰 지혜를 가지고 세상 사람들이 좋아하는 것을 다 해 보게 하셨습니다. 그 모든 경험을 통하여 그 속에 영원한 가치와 진정한 의미가 있고 새로운 기쁨과 행복이 있는지 알아보게 하신 것입니다.

10절 | 무엇이든지 내 눈이 원하는 것을 내가 금하지 아니하며 무엇이든지 내 마음이 즐거워하는 것을 내가 막지 아니하였으니 이는 나의 모든 수고를 내 마음이 기뻐하였음이라 이것이 나의 모든 수고로 말미암아 얻은 몫이로다

전도자는 자기가 얻고자 하는 것을 위해 많은 고생을 감수했습니다. 아무리 왕이라도 일을 많이 하면 고생을 많이 할 수밖에 없습니다. 집을 지을 때도 온갖 간섭을 다 해야 하고 신경을 써야 합니다. 포도원을 지을 때나 연못을 팔 때도 그렇고 세금으로 거두어들인 재물을 관리하고 수많은 소 떼와 양 떼를 기르려면 정신이 없습니다. 보통 애를 써야 하는 것이 아닙니다. 그러나 그렇게 고생해서 얻은 것이 내 몫이 되면 마음에 기쁨이 되기도 합니다.

11절 그 후에 내가 생각해 본즉 내 손으로 한 모든 일과 내가 수고한 모든 것이 다 헛되어 바람을 잡는 것이며 해 아래에서 무익한 것이로다

그러나 전도자는 모든 일과 모든 수고가 다 헛되어 바람을 잡으려는 것과 같다고 말합니다. 큰 집을 지은 것이 무슨 의미가 있고, 아름다운 동산에 많은 가축을 기르고 많은 재물을 모아 놓은들 무슨 의미가 있느냐는 것입니다.

사람은 삶의 의미를 찾지 못하면 살 수가 없습니다. 사람은 짐승과 달라서 많이 가졌다고 해서 사는 것이 아닙니다. 사람은 삶에 의미가 있어야 살 수 있습니다. 아무리 고생스러워도 고생하는 의미가 있으면 견딜 수가 있습니다. 또한 인간은 가치를 찾는 존재입니다. 자신이 가치 있다고 생각하는 일을 하면 아무리 고생을 해도 고된 줄을 모릅니다. 그러나 내가 하는 일에 아무 가치와 의미가 없다고 생각되면 그때부터 하는 모든 일이 고통스럽고 괴롭습니다. 그래서 사람은 조그마한 의미와 가치를 깨달아도 감동을 받고 눈물을 흘립니다. 죽도록 고생을 하고 사는데 남편에게 온갖 욕을 다 듣고 발길로 차이고 얻어맞고, 자식은 자식대로 방탕하게 살면 고생하며 사는 보람도 없고 의미와 가치를 찾을 수 없으니 괴롭기 그지없습니다. 하지만 가난하고 어려운 집에 시집가서 많은 고생을 해도 남편과 자식들이 고마워하면 그것이 큰 의미가 되어서 모

든 고생을 다 이겨 낼 수 있습니다. 이처럼 삶의 의미와 가치는 살아가는 데 큰 힘이 됩니다.

그렇다면 우리 믿는 사람들에게 가장 큰 의미와 가치는 무엇입니까? 바로 하나님이십니다. 하나님이 우리 삶에 가장 큰 의미와 가치가 되십니다. 온갖 고생을 해도 하나님을 위해서 하면 의미가 있고, 하나님을 위해서는 죽어도 가치가 있습니다. 왜냐하면 하나님이 다 인정해 주시고 천국에서 다 갚아 주시기 때문입니다.

예수 믿는 사람은 이 세상과 이 우주에서 참 의미를 찾은 사람입니다. 예수님을 믿고 하나님을 섬기기 위해서 사는 사람이 가장 근원적이고 위대한 의미와 가치를 발견한 사람입니다. 우리가 하나님 앞에 엎드려 기도하는 것은 영원한 의미와 가치를 향해서 기도하는 것이고, 우리가 찬송하는 것은 영원한 의미와 가치를 향해서 찬송하는 것이며, 우리가 시간을 내어 교회에서 봉하는 것도 우리의 인생에 있어 가장 중요한 의미와 가치를 위해서 하는 것입니다.

이 세상에 있는 모든 것은 한낱 휴지 조각에 불과합니다. 이 세상의 모든 것이 종국에는 하나님의 손에 의해 우주의 휴지통에 던져 버려질 것입니다. 그러니 평생 수고하며 재산을 쌓아 놓는다고 해도 아무런 소용이 없게 되는 것입니다. 부모가 어마어마한 재산을 남겨 주고 죽었다고 한들 자손들이 고맙게 생각할까요? 자기 스스로 땀 흘려서 모은 것이 아니기 때문에 고맙게 생각하지 않습니다. 오히려 스스로 애써 땀 흘려 모으는 재미조차 빼앗겨 버렸으니 그로 말미암아 다가오는 것은 방종밖에 없습니다. 사람이 좋은 음식 못 먹고 화려한 옷을 못 입고 움막집에서 가마니를 깔고 산다고 해서 무조건 불행한 것만은 아닙니다. 가족이 서로 아끼고 사랑하고 의지하고 살면 비록 조그마한 움막집에 산다고 할지라도 인생의 의미와 가치를 찾을 수 있습니다.

오사카에 가면 주예수그리스도교회에 나오는 거지 부부가 있습니다. 그 거지 부부는 오사카 시내에 있는 어느 다리 밑에 가마니를 깔고 그 위에 움막을 쳐 놓고 자식들과 함께 삽니다. 그런데 이 부부는 거지지만 주일에 교회에 나오면 동냥한 돈의 십일조를 꼭 가지고 나옵니다. 부인은 치아도 다 빠지고 머리도 수세미처럼 되고 헤지고 때에 찌든 옷을 입고 있지만 남편은 그런 부인을 끔찍이 위합니다. 교회에 나와 계단을 오를 때는 아예 부인을 안고 올라옵니다.

제가 한번은 부인에게 하루 종일 뭘 하냐고 물어봤습니다. 부인은 동냥하러 나간 남편을 기다리다가 남편이 밥을 얻어 오면 그 밥을 끓여서 같이 밥을 먹는다고 했습니다. 그리고 남편이 낚시를 해서 물고기를 잡아 오면 그것을 요리해서 둘이 맛있게 먹는다고 했습니다. 제가 그 얼굴을 보니 불행한 기색이 하나도 없었습니다. 제가 그렇게 살면서 불행하지 않느냐고 부인에게 물어봤더니, 사랑하는 남편이 있고, 또 구걸하러 나간 남편을 기다리는 게 얼마나 좋은데 왜 불행하냐고 오히려 저한테 되물었습니다. 그 두 사람은 가진 게 아무것도 없으니 걱정할 것도 없습니다. 주식에 투자를 해 놨어야 주가 때문에 걱정을 하고, 부동산을 사 놨어야 시세 때문에 걱정을 할 텐데 아무것도 없으니 걱정할 것이 없습니다. 기도는 또 얼마나 열심히 하는지 모릅니다. 제가 무엇을 위해서 기도하냐고 물었더니, 오사카에 있는 모든 사람들이 예수 믿고 구원받게 해 달라고 기도한다고 했습니다. 제가 오사카에 갈 때마다 그 부부를 보면 마음에 크게 감동이 옵니다. 서로 손을 잡고 교회에 와서 기도하고, 예배를 마치고 갈 때도 손잡고 집에 갑니다. 한번은 강가에서 물고기 몇 마리를 낚아서 목사님 드린다고 들고 왔습니다. 찬송도 열심히 하고, 성경도 열심히 읽고, 전도는 또 얼마나 열심히 하는지, 그다음에 제가 오사카에 갔을 때는 아예 거지 부대를 교회에 끌고 왔습니다. 제가 어떻게 이 사람들을 전도해서 데리고 왔냐고 그 부부에게 물었더니, 다리 밑에서 전도해서 구역을 만들었다는 것이었습니다.

저는 그 부부를 볼 때면 좋은 집에서 호의호식하지만 늘 걱정하고 불만족스러워하며 사는 부자들보다 그 거지 부부가 행복하겠다는 생각을 합니다. 저더러 부자와 그 거지 부부 중에 좋은 쪽을 선택하라고 하면 그 거지 부부를 택하겠습니다. 그렇게 걱정 없이 편안하게 사는 것이 낫지, 많은 재물 때문에 걱정이 끊이지 않고 시기하고 분노하고 싸우고 물고 찢고 야단법석을 떨며 산다면 얼마나 불행합니까?

이 세상과 그 안에 있는 모든 것은 다 지나갑니다. 하나도 남지 않고 신속하게 지나갑니다. 부자도 가고 거지 나사로도 가는 것입니다. 참된 삶은 이 세상에서의 삶이 끝남으로부터 시작됩니다. 그러므로 이 세상에서의 삶이 끝난 후 시작되는 영원한 삶을 잘살기 원한다면 이 세상의 허무한 일에 속거나 잡히지 말아야 합니다. 우리 모두 오직 하나님께 영광을 돌리면서 살아 하나님 앞에 부끄러움 없이 서게 되기를 바랍니다.

2. 모두에게 정해진 운명 (2:12-17)

12내가 돌이켜 지혜와 망령됨과 어리석음을 보았나니 왕 뒤에 오는 자는 무슨 일을 행할까 이미 행한 지 오래 전의 일일 뿐이리라 13내가 보니 지혜가 우매보다 뛰어남이 빛이 어둠보다 뛰어남 같도다 14지혜자는 그의 눈이 그의 머리 속에 있고 우매자는 어둠 속에 다니지만 그들 모두가 당하는 일이 모두 같으리라는 것을 나도 깨달아 알았도다 15내가 내 마음속으로 이르기를 우매자가 당한 것을 나도 당하리니 내게 지혜가 있었다 한들 내게 무슨 유익이 있으리요 하였도다 이에 내가 내 마음속으로 이르기를 이것도 헛되도다 하였도다 16지혜자도 우매자와 함께 영원하도록 기억함을 얻지 못하나니 후일에는 모두 다 잊어버린 지 오랠 것임이라 오호라 지혜자의 죽음이 우매자의 죽음과 일반이로다 17이러므로 내가 사는 것을 미워하였노니 이는 해 아래에서 하는 일이 내게 피로움이요 모두 다 헛되어 바람을 잡으려는 것이기 때문이로다

12절 내가 돌이켜 지혜와 망령됨과 어리석음을 보았나니 왕 뒤에 오는 자는 무슨 일을 행할까 이미 행한 지 오래 전의 일일 뿐이리라

지혜는 모든 문제를 해결할 수 있는 능력입니다. 따라서 지혜를 얻는 것은 은금, 보석보다 귀합니다. 왜냐하면 인간은 끊임없이 여러 가지 시험과 환난과 도전을 만나기 때문입니다. 그런데 지혜가 없으면 문제를 만날 때 실수를 해서 삶을 엉망진창을 만들고 맙니다. 반면에 지혜로운 사람은 문제를 잘 해결하고 새로운 역사를 만들어 냅니다. 그러면 은금과 보석, 지위와 명예가 다 따라옵니다.

지식은 학교에 가서 배우면 머릿속에 많이 쌓아 놓을 수 있습니다. 그러나 지혜가 없으면 쌓아 놓은 것을 하나도 써먹지 못합니다. 냉장고에 아무리 고급스러운 음식 재료가 있어도 요리 솜씨가 없으면 그 재료들은 쓸모없는 것이 되고 맙니다. 그런데 똑같은 재료를 가지고 똑같은 음식을 만들어도 어떤 사람이 만들면 맛이 없고 어떤 사람이 만들면 굉장히 맛이 있습니다. 제가 심방을 다녀 보면 어떤 집은 흔한 김치에 된장찌개를 내놓는데도 너무 맛이 없습니다. 맛이 없다고 하면 실망할까 싶어서 아무 말도 하지 않고 먹긴 하지만 마치 십자가를 지는 것 같을 때도 있습니다. 안 먹으면 맛없어서 안 먹었다고 할까 봐 속으로 눈물을 흘리면서 먹기도 합니다. 그러나 어떤 집에 가면 똑같은 된장찌개에 똑같은 김치인

데 얼마나 감칠맛이 나는지 눈 깜짝할 사이에 밥 한 그릇을 다 먹어게 됩니다. 이렇게 같은 음식이라도 맛이 다른 것은 음식을 만드는 솜씨, 곧 지혜가 다르기 때문입니다. 가만히 보면 음식을 잘 만드는 여자가 지혜로운 여자입니다. 남편의 사랑은 위장에서 나온다는 말이 있습니다. 음식을 맛있게 만들어야 남편의 사랑도 나오지, 밤낮 맵고 짜고 시고 맛없는 음식을 내놓으면 아무리 아내가 미인이라도 호박처럼 보입니다. 그러므로 음식을 잘 만들어서 남편의 사랑을 받고 가정을 화목하게 하는 여자가 지혜로운 아내입니다.

전도자는 지혜가 무엇인지 살펴보고, 망령됨이 무엇인지 살펴봤습니다. 지혜는 우리에게 여러 가지 면에서 창조적이고 생산적이고 건설적인 능력을 가져다줍니다. 그러므로 지혜는 참으로 좋은 것입니다. 반면에 망령됨은 제정신이 아닌 것을 말합니다. 우리가 "아휴! 저 영감 망령이 났네. 저 노인네 망령이 났어. 왜 저렇게 망령을 떨지?"라는 말을 쓰는 경우에서 보듯 정신이 나가서 허튼소리, 허튼 짓을 하는 것을 보고 망령이 들렸다고 합니다. 이처럼 망령된 사람은 신뢰할 수가 없습니다. 망령이 들면 어떤 약속을 했다가도 쉽게 취소해 버리고, 자기가 한 말에 책임을 지지 않습니다. 사람이 한번 약속을 했으면 죽더라도 약속을 지켜야 합니다. 그래야 신뢰가 생깁니다.

하나님께서는 우리를 구원하시겠다는 약속을 지키시기 위해 그 아들 예수님을 십자가에 못 박았습니다. 하나님의 말씀은 저 하늘이 무너지고 이 땅이 꺼져도 변하지 않습니다. 그렇기 때문에 우리가 하나님을 의지하고 신앙생활을 하는 것입니다. 마찬가지로 사람들 사이에도 신뢰가 있어야 인생을 살아갈 수 있습니다. 못 믿으면 어떻게 삽니까? 망령이 무엇입니까? 신뢰할 수 없는 인격입니다. 한번 신뢰를 잃어버린 사람이 아무리 유창한 말로 약속을 하고 다짐을 해도 그 말을 믿고 함께할 수가 없습니다.

전도자는 또한 어리석음을 보았다고 말합니다. 어리석음은 지혜의 반대입니다. 머리가 둔하고 반짝이는 지혜가 없어서 항상 문제만 만들고 다니는 것입니다. 그래서 어리석은 사람은 싸움질해서 문제를 만들고, 사면 안 되는 물건을 사서 문제를 만들고, 하는 일마다 자꾸 문제를 만듭니다. 지혜가 있으면 문제를 해결하지만, 어리석은 사람은 문제를 만들며 결국 그 문제에 짓눌려서 낭패를 당합니다.

전도자 솔로몬은 지혜를 가지고 세상의 여러 일들을 두루 살펴본 결과 후대에 왕위에 오를 자가 하는 일은 선왕들이 오래 전에 했던 일일 뿐, 그보다 더 나은 일이거나 새로운 일이 아니라는 것을 깨달았습니다. 왕은 자신의 후계자가 지혜로운 자일지 어리석은 자일지도 알 수 없습니다. 사람이 마음대로 할 수 없는 것이 자기 자식입니다. 기계는 자기 마음대로 제작하지만 자식은 마음대로 제작하지 못합니다. 그래서 자식 키우는 사람은 남의 자식에 대해서 쉽게 말하지 못합니다.

저희 할머님은 교육을 전혀 안 받으셨지만 살아생전에 저에게 하신 말씀을 지금 생각해 보면 굉장히 지혜로운 말씀을 많이 하셨습니다. 중학교 2학년 때 아주 더운 여름날, 시골 옹달샘에서 할머님께서 제 등에 물을 부어 주시면서 "너도 크면 장가가서 자식을 키우게 될 텐데, 절대로 남의 자식 흉을 봐서는 안 된다."라고 말씀하신 적이 있습니다. 저는 그때 할머님께서 무슨 말씀을 하시는지 몰랐지만, 세월이 흘러서 생각해 보니 그 말씀이 참으로 맞습니다. 부모는 자식의 겉을 낳지 속을 낳는 것이 아닙니다. 부모가 마음대로 할 수가 없습니다. 자식이 좀 잘못하면 부모가 자식 잘못 키웠다고 하는데, 요즘은 자식들이 부모 말을 안 듣습니다. 옛날 우리 시대에야 자식들이 부모가 무서운 줄 알았지만 지금은 안 그렇습니다. 요즘은 자식들이 조금만 마음에 안 맞으면 "안녕히 계세요." 하고 보따리 싸서 나가는데 어떻게 합니까? 울지도 못하고 웃지도 못하고 쥐어박지도 못하고 쓰다듬지도 못하고 정말 자식 교육하기가 어렵습니다.

더욱이 그럴 것이 사회에 모범이 없습니다. 옛날에는 영웅을 모범 삼아서 바르고 열심히 살라고 가르쳤는데 이제는 영웅이 없습니다. 요즘은 정보화 시대가 되어서 전에는 영웅으로 알려졌던 사람이라도 사생활이다 뭐다 할 것 없이 순식간에 대중에게 공개되기 때문에 존경받기가 어렵습니다.

또한 요즘의 매스미디어는 전부 다 오락 위주입니다. 전부 세속적인 방향으로 가기 때문에 아이들은 머릿속에는 그런 것들만 가득 차서 정신을 차릴 수가 없습니다. 가장 좋은 방법은 자녀들이 예수 믿고 하나님을 섬기며 하나님의 말씀대로 살게 하는 것입니다. 하나님의 말씀 외에는 이 사회를 제대로 이끌어 나갈 규범이 없습니다.

인생사라는 것이 다 같은 이치이기 때문에 우리의 후손들이라고 해서 새로운 것을 하는 것이 아닙니다. 먹고 자고 깨고 일하고, 시집가고 장가가고, 자식 낳아 부모가 되고, 그 자식을 키워서 할아버지 할머니가 되고, 그다음에 세상을 떠나는 것입니다. 아무리 세월이 흘러도 사람의 인생은 그 범주에서 벗어날 도리가 없습니다. 현대 문명이 발달하고 여러 가지 문명의 이기가 새롭게 등장한다고 해도 그것은 우리 인생에 꼭 필요한 것이 아니고 치장거리에 불과합니다. 그런 것들이 있다고 해서 우리의 운명이 달라지지 않습니다. 그러나 우리 예수 믿는 사람들은 하나님을 섬기고 하나님의 말씀에 자신을 비추어서 회개함으로 날마다 새로워지기 때문에 보람찬 인생을 살아갈 수가 있습니다. 또한 우리 민족이 바로 서고 다음 세대가 거룩하게 되는 길 역시 모두가 하나님의 백성이 되어 말씀 앞에 바로 서는 길밖에 없습니다.

13절 내가 보니 지혜가 우매보다 뛰어남이 빛이 어둠보다 뛰어남 같도다

전도자는 지혜로운 자가 우매한 자보다 뛰어난 것이 빛이 어둠보다 뛰어남과 같다고 말합니다. 지혜는 빛과 한가지입니다. 빛이 비추면 우리가 사물을 환히 볼 수 있습니다. 웅덩이가 보이면 피해갈 수 있습니다. 장애물이 보이면 뛰어 넘어갈 수 있습니다. 마찬가지로 지혜는 우리에게 빛을 비추어 주어서 무엇이 함정인지, 무엇이 위험한지, 무엇이 장애물인지 알게 하고 그것들을 피해 가도록 해 줍니다.

그러나 어리석음은 어둠입니다. 어리석은 사람은 사방이 암울하고 캄캄하기 때문에 무엇이 장애물인지, 무엇이 올무인지, 무엇이 언덕인지 모르고 천방지축으로 가다가 진흙탕에 빠지고 장애물에 부딪치고 올무에 걸려서 넘어지고 절단이 납니다. 이처럼 지혜는 빛이요, 어리석음은 어둠입니다. 그러므로 지혜를 어리석음과 비교하는 것은 의미가 없습니다. 빛이 어둠보다 성한 것처럼 지혜가 어리석음보다 성한 것입니다.

14절 지혜자는 그의 눈이 그의 머리 속에 있고 우매자는 어둠 속에 다

니지만 그들 모두가 당하는 일이 모두 같으리라는 것을 나도 깨달아 알았도다

지혜자는 눈이 밝아서 환한 곳으로 다니고, 우매자는 눈이 어두워서 캄캄한 곳으로 다닙니다. 그래서 이 세상에서는 성공자와 실패자로 나뉘기도 합니다. 그러나 종국에는 지혜자나 우매자 모두 흙 속에 묻힙니다. 죽고 난 다음에 지혜자가 어디 있으며 우매자가 어디 있습니까? 모두 죽음을 피할 수 없는 운명입니다.

사람의 인생은 밤의 한 경점과 같습니다. 캄캄한 밤에 잠에서 잠깐 깨어났다가 다시 잠드는 것과 같습니다. 이 세상에서 잠시 잠깐 잘살아 보겠다고 몸부림치나 일장춘몽과 같은 인생을 살다가 끝나고 마는 것입니다. 그러나 이것은 예수 믿지 않는 사람들에게 해당되는 일입니다. 예수 안 믿고 하나님을 모르는 사람은 세상을 떠나면 아무것도 할 수가 없습니다. 영원한 하나님 나라에서 감사, 찬송, 영광을 올려 드릴 수도 없고 하나님의 심판 앞에 침묵할 수밖에 없습니다. 따라서 믿지 않는 사람은 자기가 어떠한 운명에 처했는지 알게 되면 너무나 비참합니다. 그것을 모르기 때문에 사는 것입니다.

제가 고등학교 다닐 때 한 선생님이 수업 시간에 이런 이야기를 했습니다. 진짜로 지혜로운 사람들은 인생이 무엇인지 알기 때문에 자살을 하고, 너희 같은 멍텅구리는 그것을 모르기 때문에 전

부 살아서 여기 앉아 있다는 것이었습니다. 저는 그 말을 듣고서 어찌나 선생님이 밉던지 화가 단단히 났었습니다. 그런데 지금 생각해 보면 그때 그 선생님의 말도 일리가 있습니다. 왜냐하면 예수 안 믿고 하나님 없이 이 세상을 사는 사람이 굉장히 지혜로워지면 인생을 비관하는 마음이 생깁니다. 인간의 운명이란 너무나 긴 영원 속에 찰나인데 그것을 모르고 그 속에서 서로 잘났다고 물고 찢고 싸우고 야단법석을 하고 부귀공명을 누리겠다고 난리를 치고 있는 것을 알게 되기 때문입니다. 그래서 하나님을 모르고 세상적으로 지혜롭게 된 사람은 인생이 너무도 절망적인 것을 깨닫게 되면 그만 인생을 비관하여 자기 목숨을 끊어 버리는 것입니다.

제가 어렸을 적에 어떤 학생 하나가 철학책 한 권을 옆에 끼고 강원도 깊은 산 속 폭포에 갔다가 폭포 위에서 떨어져 죽은 일이 있었습니다. 하나님 없이 세상 지혜에 밝아진 눈으로 인생을 바라보면 살 수가 없게 되는 것입니다.

15절 | 내가 내 마음속으로 이르기를 우매자가 당한 것을 나도 당하리니 내게 지혜가 있었다 한들 내게 무슨 유익이 있으리요 하였도다 이에 내가 내 마음속으로 이르기를 이것도 헛되도다 하였도다

전도자는 우매자가 당한 것을 자신도 당하게 될 것이라고 말했습

니다. 왜냐하면 지혜자가 아무리 큰 지혜가 있다고 하더라도 우매자가 당하는 죽음을 피할 수 없기 때문입니다. 지혜자라고 해서 죽음이 없는 것이 아닙니다.

그런데 우매자는 지혜가 없어 아무것도 모르기 때문에 편안하게 살지만, 지혜자는 먹고 자고 깨는 것이나 즐기는 것이 허무한 것을 알기 때문에 늘 마음이 괴롭습니다. 우매자는 "하하, 좋다, 배부르다, 맛있다, 기분 좋다." 하고, 지혜자는 "아! 인생이 무엇인가, 허무하다, 슬프다." 하는 것입니다. 지혜자는 '결국 죽고 사라질 인생인데 차라리 어리석었으면 바보 같은 짓을 하고도 만족하고 살 텐데, 지혜를 얻고 보니 세상의 어리석은 것들이 자꾸 보여서 괴롭구나!' 라고 탄식을 합니다. 또한 '결국 같은 운명을 살고 있는데 지혜 때문에 우는 인생이 되느니 차라리 어리석은 자가 되어 웃고 사는 편이 나을 텐데 내가 무엇 때문에 지혜를 얻었던가!' 하며 회의에 빠집니다.

이처럼 예수를 믿지 않는 사람은 지혜를 얻는 것이 화근입니다. 지혜를 얻었기 때문에 인생을 비관적으로 바라보게 됩니다. '아, 나라가 이래서 되겠는가! 세계가 이래서 되겠는가! 인간이 이럴 수가 있는가!' 하면서 자꾸 비관하고 탄식을 합니다. 그러나 어리석은 사람은 '인생이 어떻든, 세상이 어떻게 돌아가든 내가 알게 뭐냐!' 하면서 삽니다. 그래서 전도자는 하나님을 모르는 사람이 지혜를 얻어 비관적인 삶을 살고 괴로워하는 것보다 차라리 어리석은 것이 낫다고 말한 것입니다.

16-17절 지혜자도 우매자와 함께 영원하도록 기억함을 얻지 못하나니 후일에는 모두 다 잊어버린 지 오랠 것임이라 오호라 지혜자의 죽음이 우매자의 죽음과 일반이로다 이러므로 내가 사는 것을 미워하였노니 이는 해 아래에서 하는 일이 내게 괴로움이요 모두 다 헛되어 바람을 잡으려는 것이기 때문이로다

지혜자나 우매자나 죽는 것은 마찬가지입니다. 그리고 지혜자나 우매자나 죽은 다음에는 하나같이 잊혀집니다. 그래서 초상집에서 상을 당한 가족들이 밥도 먹지 않고 자지도 않고 울고 있으면 조문하러 온 사람들이 "죽은 사람은 죽은 사람이고 산 사람은 살아야지!"라고 달래면서 밥 한술 뜨고 눈 좀 붙이라고 합니다. 그런 것입니다. 죽은 자는 별도리가 없습니다. 죽고 난 다음에는 영웅도 열사도 소용없습니다. 옛 속담에 "정승 집의 개가 죽으면 문상을 가도 정승이 죽으면 가지 않는다."라는 말이 있습니다. 사람들이 정승 집에서 개가 나오면 행여 화를 당할까 싶어서 때리지도 못하고 피해 다닙니다. 그러나 정승이 죽으면 사람들이 외면을 합니다. 이승만 대통령이나 박정희 대통령을 평소에 특별히 기억하는 사람들이 있습니까? 그 전에 살았던 모든 영웅들을 누가 생각합니

까? 죽은 사람은 역사의 무덤 속에 묻혀 잊혀집니다. 역사라는 큰 시간의 파도가 밀려와 다 데리고 가 버립니다.

제가 목회하는 동안에도 많은 사람이 천국에 갔습니다. 저는 그분들을 생각하지 않습니다. 그분들이 살아 있을 때에는 무슨 일이 있으면 붙잡고 상담하고 같이 웃고 울고 심방하고 안수해 주었지만 떠나가 버린 다음에는 생각을 안 합니다. 교회에 새로 들어온 사람, 살아 있는 사람을 위해서 기도하고 말씀 전하고 안수하지 죽은 사람을 마음에 두지 않습니다.

사람이 일단 죽으면 모든 사람의 기억 속에서 사라집니다. 지혜로웠던지 어리석었던지, 잘살았던지 못살았던지, 권세가 있었던지 없었던지 역사의 긴 시각으로 보면 한가지입니다. 모두 다 시간에 정복당하고 시간에 의해 지워지는 것입니다.

3. 수고한 열매의 헛됨 (2:18-26)

18내가 해 아래에서 내가 한 모든 수고를 미워하였노니 이는 내 뒤를 이을 이에게 남겨 주게 됨이라 **19**그 사람이 지혜자일지, 우매자일지야 누가 알랴마는 내가 해 아래에서 내 지혜를 다하여 수고한 모든 결과를 그가 다 관리하리니 이것도 헛되도다 **20**이러므로 내가 해 아래에서 한 모든 수고에 대하여 내가 내 마음에 실망하였도다 **21**어떤 사람은 그 지혜와 지식과 재주를 다하여 수고하였어도 그가 얻은 것을 수고하지 아니한 자에게 그의 몫으로 넘겨주리니 이것도 헛된 것이며 큰 악이로다 **22**사람이 해 아래에서 행하는 모든 수고와 마음에 애쓰는 것이 무슨 소득이 있으랴 **23**일평생에 근심하며 수고하는 것이 슬픔뿐이라 그의 마음이 밤에도 쉬지 못하나니 이것도 헛되도다 **24**사람이 먹고 마시며 수고하는 것보다 그의 마음을 더 기쁘게 하는 것은 없나니 내가 이것도 본즉 하나님의 손에서 나오는 것이로다 **25**아, 먹고 즐기는 일을 누가 나보다 더 해 보았으랴 **26**하나님은 그가 기뻐하시는 자에게는 지혜와 지식과 희락을 주시나 죄인에게는 노고를 주시고 그가 모아 쌓게 하사 하나님을 기뻐하는 자에게 그가 주게 하시지만 이것도 헛되어 바람을 잡는 것이로다

18절 | 내가 해 아래에서 내가 한 모든 수고를 미워하였노니 이는 내 뒤를 이을 이에게 남겨 주게 됨이라

전도자는 해 아래에서 자신이 한 모든 수고에 대해 회의가 들었습니다. 왜냐하면 자신이 애써 모은 것을 다 누리지도 못하고 후손에게 물려줘야 하기 때문입니다. 후손은 조상이나 부모가 고생해서 얻은 것들을 아무런 고생 없이 고스란히 물려받습니다. 그러니 고생한 사람이 볼 때 '내가 무엇 때문에 이 고생을 했는가?' 하는 생각이 듭니다.

사실 요즘 젊은이들은 고생을 모릅니다. 배고픈 것, 추운 것, 있을 곳이 없어 한 맺힌 것, 절망적인 심정을 안 겪어 봐서 모릅니다. 6·25전쟁으로 모든 것이 잿더미가 되었을 때 부모 세대가 얼마나 고생을 했습니까? 얼마나 춥고 배고프고 인생이 괴로웠습니까? 사는 것이 참 고통스러웠습니다. 하루 8시간 노동이 어디 있었습니까? 24시간 노동입니다. 뼈를 깎듯이 일을 해서 오늘의 한국을 건설해 냈습니다. 그런데 자녀 세대는 어떻습니까? 우리 자손들은 고통을 모릅니다. 배고픈 것, 헐벗은 것 모르는 때에 태어나서 편안하게 살고 있습니다. 물론 부모는 어떻게든 자식들이 잘되게 하는 것이 인생의 목적이었고, 자식들 편안하게 하기 위해서 자식 대신 고생 짐을 짊어지는 것이 부모의 운명이라고 생각했습니다. 그

러나 전도자가 볼 때는 그 일이 참으로 허무하다는 말입니다.

세기의 재벌로 유명했던 석유왕 록펠러는 미국에서 가장 돈이 많은 사람이었지만 호텔에 묵을 일이 생기면 제일 값싼 방에서 자고 20, 30센트짜리 샌드위치를 먹었던 것으로 유명합니다. 하지만 그의 아들은 사람들을 잔뜩 몰고 와서 하룻밤에 수백 달러를 내는 스위트룸에서 묵으며 가장 비싼 음식을 시켜 먹었습니다. 그래서 하루는 호텔 종업원이 록펠러에게 물었습니다.

"아드님은 우리 호텔 최고의 스위트룸에서 제일 좋은 음식을 시켜서 먹는데, 왜 당신은 남루한 옷을 입고 값싼 샌드위치를 드십니까?"

그러자 록펠러가 웃으며 대답했습니다.

"이 사람아, 나는 부자 아버지가 없잖은가. 내 아들은 부자 아버지가 있기 때문에 마음대로 먹지만, 나는 부자 아버지가 없으니 그럴 수가 없네."

가만히 생각해 보면 록펠러의 그 말이 참 뼈 있는 말입니다. 왜냐하면 부자 아버지는 뼈를 깎는 고통을 당하며 재산을 모았기 때문에 돈을 쉽게 쓰지 못합니다. 돈 번 사람은 돈 무서운 줄 알기 때문에 돈을 못 씁니다. 그래서 록펠러도 조그마한 방에 들어가서 값싼 샌드위치를 먹었습니다. 하지만 아들은 그렇게 뼈를 깎는 고생을 하지 않고도 돈을 아버지께로부터 상속받았기 때문에 돈 무서운 줄 모르고 막 쓰는 것입니다. 그러므로 버는 사람 따로 있고 쓰는 사람 따로 있습니다.

저도 돈을 못 씁니다. 돈 못 쓰는 바보입니다. 저는 남을 위해서는 돈을 잘 쓰는데 저를 위해서는 돈을 못 씁니다. 과거에 너무도 돈이 없어서 고생을 많이 했기 때문에 그렇습니다. 서대문에 교회를 개척했을 당시 서대문에서 불광동까지 버스를 타고 가려면 2원인가 3원 하는 버스표가 있어야 했습니다. 그런데 그 돈이 없어서 늘 걸어 다녔습니다. 당시 저는 선교사님들의 통역을 해서 받는 돈 몇 푼 가지고 불광동에서 먹고살았기 때문에 단돈 몇 푼이라도 아끼려고 걸어 다녔습니다. 서대문에서 불광동으로 오려면 고개를 넘어야 했습니다. 그 고개를 넘어갈 때면 배가 너무 고파서 몸이 휘청휘청했습니다. 그러면서도 돈 몇 푼 아끼려고 서대문에서 불광동까지 걸어가고 걸어오고 했습니다. 우리는 그때 그렇게 해야 살았습니다. 그때 그렇게 살았던 습관이 지금도 몸에 배어서 돈을 쓸 수가 없습니다.

그런데 우리 자손들은 어떻습니까? 자손들은 그렇지 않습니다. 자꾸 돈 달라 하는데 안 줄 수도 없고, 돈 주면 얼마 있다가 또 달라고 합니다. 얼마 전에 준 돈은 어쩌고 또 달라 하느냐고 물으면 다 쓰고 없다고 합니다. 그 말을 들으면 가슴이 철렁 내려앉습니다. 버는 사람 따로 있고 쓰는 사람 따로 있다는 옛말이 틀린 말이 아닙니다. 6·25전쟁 후 잿더미에서 일어나 죽도록 고생해서 돈 버는 사람 따로 있고 쓰는 사람 따로 있습니다. 그러므로 전도자가 하는 말이 바로 "나는 번다고 애를 쓰느라 정작 쓰지도 못하는데 하나도 수고하지 않은 후손들에게 맥없이 넘겨줘야 하니 무슨 인생이 이렇게 불공평한가!"라고 하는 것입니다.

19절 | **그 사람이 지혜자일지, 우매자일지야 누가 알랴마는 내가 해 아래에서 내 지혜를 다하여 수고한 모든 결과를 그가 다 관리하리니 이것도 헛되도다**

후에 태어날 자손이 지혜로운 자손일지 우매한 자손일지 아는 사람은 아무도 없습니다. 그리고 내가 피땀 흘려서 모아 놓은 재산을 지혜자도 상속받을 것이고 우매자일지라도 상속받을 것이기 때문에 나중에 그 재산이 어찌될지 알 수가 없습니다.

물론 지금은 국가가 상속법을 만들어서 재산을 상속받으려면 상속세를 내야 합니다. 왜냐하면 상속으로 받은 재산은 땀 흘리지 않고 얻은 불로소득이기 때문에 법적으로 제재를 하는 것입니다.

사람들 중에는 부모로부터 물려받은 것이 없다고 불평하는 사람들이 있습니다. 그러나 사람은 자기가 고생해서 얻은 것으로 먹고 사는 것이 더 행복이라는 것을 알아야 합니다. 일을 많이 하고 땀을 흘린 후에는 설익은 보리밥도 굉장히 맛있습니다. 새벽부터 일어나 고생한 사람은 냉수에 보리밥을 말고 된장에 고추만 찍어 먹어도 진수성찬이라고 감사하며 맛있게 먹습니다. 된장에서 구더기가 나와도 골라내고 또 먹습니다. 그래서 옛날에는 구더기를 많이 먹었습니다. 옛날에는 다 그렇게 살았지 않습니까? 그런데 그때 먹던 것이 얼마나 꿀맛같이 달았는지 모릅니다. 그러나 일을 하지 않고 밥을 먹으면 온갖 잔소리를 다 합니다. 밥이 설었다고 하는 둥, 반찬이 없다는 둥 타박을 합니다.

제가 얼마 전에 서울 시내에 있는 꽁보리밥집에 가서 옛날에 먹던 것처럼 보리밥을 먹어 봤습니다. 얼마나 맛이 없는지 먹을 수가 없었습니다. 그래서 '이렇게 맛이 없는데, 옛날에는 왜 그렇게 맛이 있었나?' 싶기도 하고 '세월이 흘러가서 내 입이 고급이 되었구나!' 하는 마음도 들었습니다.

전도자는 어리석은 자손들이 태어나 불로소득으로 방탕하게 사는 것을 염려하고 있습니다. 사실 부모는 자식들이 사람답게 살 수 있도록 힘닿는 데까지 뒤를 밀어주고 싶은 소원을 가지고 있습니다. 부모가 자식들에게 집이라도 마련해 주고 싶고, 생활비라도 보태 주고 싶어 하는 것은 당연지사입니다. 그러나 너무 많은 재산을 자손들에게 물려주는 것은 자손들의 앞날을 망치는 것입니다. 인간답게 살 수 있는 기본적인 것 이상으로 자손들에게 주면 절대로 고맙게 생각하지 않습니다. 사람은 자기가 피땀 흘려서 벌지 않은 것은 고맙게 생각하지 않습니다. 그리고 힘들게 벌지 않은 돈이기 때문에 흥청망청 쓰게 되고, 그러다 보면 잘못되고 맙니다. 술

취하고 방탕하고 마약에 빠져 신세를 망치게 되는 것입니다. 그러므로 재산이 많은 분들은 자손들이 기본적으로 인간답게 살 수 있는 정도만 남겨 주고 나머지는 다 하나님의 영광을 위해 드리시기 바랍니다.

우리 교회 어느 권사님은 젊은 시절에 남편을 먼저 떠나보냈습니다. 그 후 혼자서 피땀 흘려 가며 일을 해서 200억이나 되는 재산을 모았습니다. 그런데 권사님은 주님을 위해서 많은 일을 하기는 했어도 재산을 꽉 쥐고 있었습니다. 천국 갈 때를 생각해서 복음을 전하는 데 쓰라고 헌금이라도 해 놓았으면 전국에 권사님 이름으로 많은 교회가 세워졌을 테지만 그렇게 하지 않았습니다. 그래서 결국 권사님이 죽고 난 다음에 평소 한 번도 권사님을 찾아오지도 않던 조카들이 권사님의 재산을 다 가져가 버렸습니다. 권사님은 그 재산으로 하늘에 가서 크게 상을 받을 수 있는 일을 할 기회를 잃어버렸고, 그 재산은 하나님도 모르고 구원도 받지 못한 조카들 손에 넘어가 버렸습니다.

그러므로 예수 믿는 사람들은 여유 재산이 있으면 하늘에 쌓아 놓아야 합니다. 땅에 쌓아 두면 좀이 슬고 도둑이 들지만 하늘에 쌓아 두면 영원한 상급이 됩니다. 자손들에게 부모로서 할 의무만 하고 남는 것은 꼭 주의 사업을 위해 쓰십시오. 하나님의 영광을 위해서 쓰십시오. 하나님께서 우리를 구원하시기 위해서 독생자를 십자가에 달려 죽게 하셨는데 무엇이 아깝습니까? 하나님을 위해 가진 것을 사용하면 하나님께 영광 돌리게 되고 자손들은 방탕하지 않게 만들어서 좋은 것입니다. 자기 땀을 흘려서 먹고 살도록 하지 않고 무위도식하게 만들면 자손들의 인격이 파탄나게 된다는 것을 잊지 마시기 바랍니다.

20절 | 이러므로 내가 해 아래에서 한 모든 수고에 대하여 내가 내 마음에 실망하였도다

전도자는 해 아래에서 자신이 했던 모든 수고가 마음에 실망이 된다고 말합니다. 왜냐하면 피땀 흘려 얻은 것이 후손에게 전달될 때 후손들이 그것을 올바르게 쓸지 아닐지 모르기 때문입니다. '내가 무엇 때문에 이렇게 고생을 했나! 누구를 위해 수고를 했나!' 하는 허무한 생각이 생긴다는 것입니다.

21절 | 어떤 사람은 그 지혜와 지식과 재주를 다하여 수고하였어도 그가 얻은 것을 수고하지 아니한 자에게 그의 몫으로 넘겨주리니 이것도 헛된 것이며 큰 악이로다

전도자는 자신의 지혜와 지식, 재주로 수고해서 얻은 것이 수고하

지 아니한 후손들에게 그대로 넘어가는 것을 보면서 그동안 수고한 것이 헛것이라고 다시 한 번 말합니다. 자신이 얻은 것을 영원히 누릴 수도 없고, 후손들이 수고하지 않고 얻은 것을 제대로 쓸 수 있을지 알 수 없기 때문입니다. 그렇기 때문에 사람이 재산을 모으면 헛되게 남겨 놓고 떠나지 말아야 합니다.

호남의 큰 재벌이었던 김성수 씨는 말 그대로 만석꾼이었습니다. 그는 자신의 재산을 헛되게 사용하지 않고 후학을 양성하기 위해 고려대학교를 세웠습니다. 고려대학교를 세운 다음에는 동아일보사를 세웠습니다. 그분은 세상을 떠났지만 우리 한국 사회를 위해서 남겨 놓은 고려대학교와 동아일보사는 계속해서 인재를 양성하고 한국 사회를 위한 역할을 합니다. 얼마나 돈을 잘 썼습니까? 그분이 재산을 사회를 위해서 사용했기 때문에 후대에도 남아 사회에 복이 되는 것입니다. 하물며 하나님을 위해서 재산을 사용해서 길이길이 남겨 놓으면 얼마나 영광스럽겠습니까? 연세대학, 이화여대, 세브란스병원도 다 미국 선교사들이 재산을 가져다가 세워 놓은 것입니다. 그분들은 다 떠났지만, 그분들이 세워 놓은 기관은 지금도 우리 한국에 많은 인재를 양성하고 많은 환자들을 살리고 소망을 주고 있습니다. 이 모든 것이 하늘에 큰 영광이 되는 것입니다.

22-23절 | 사람이 해 아래에서 행하는 모든 수고와 마음에 애쓰는 것이 무슨 소득이 있으랴 일평생에 근심하며 수고하는 것이 슬픔뿐이라 그의 마음이 밤에도 쉬지 못하나니 이것도 헛되도다

사람이 일평생 쉬지 못하고 일하면서 많은 것을 얻었다고 할지라도 그 모든 것을 등지고 세상을 떠나는 것은 순식간입니다. 이것은 정말 슬픈 일입니다. 특히 하나님 없이 사는 인생에게는 더욱 슬픈 일이며, 그가 세상에서 살 동안 했던 모든 수고도 헛된 것입니다. 오직 하나님의 말씀대로 살고 하나님의 말씀을 의지하는 사람의 일생만이 헛되지 않습니다.

저는 우리 장로님들이 피땀을 흘려 가며 사업을 하고 뼈가 으스러지도록 애를 써서 번 돈으로 십일조를 드리고, 또 아낌없이 주의 사업에 투자하는 것을 보면 마음에 큰 감동이 됩니다. 장로님들뿐만 아니라 많은 성도들이 자원함과 기쁨으로 가난하고 소외된 사람들을 돌보고 선교지에 교회를 세우고 후원하는 것을 보면 눈물이 납니다. 세상 사람처럼 방탕한 데 사용하지 않고 주님을 위한 사업을 위해 물질을 드리는 그 모습이 참으로 아름다울 뿐더러 하나님께 영광이 됩니다. 또한 그러한 헌신을 통해서 수많은 사람들이 구원받게 되는 것을 생각할 때 그분들은 세상에서 가장 지혜로운 삶을 산다고 할 수 있습니다. 그러므로 다 같은 고생을 하며 세

상을 살아도 하나님을 위해 드리고 살면 그 고생은 값진 고생입니다. 그러나 자신의 욕심과 세상적인 일을 위해 애쓰고 살면 그 고생은 허무한 고생에 불과합니다.

24절 | 사람이 먹고 마시며 수고하는 것보다 그의 마음을 더 기쁘게 하는 것은 없나니 내가 이것도 본즉 하나님의 손에서 나오는 것이로다

전도자는 살아 있는 동안에 좋은 것을 먹고 마시며 수고하는 것이 가장 큰 기쁨이라고 말합니다. 결국 인생은 바람같이 지나가고 안개처럼 사라지는 것이기 때문에 살아 있는 동안에 마음에 즐거움을 가지고 사는 것이 제일 좋다고 말합니다. 울어 보고 웃어 보니 웃는 것이 더 낫다는 것입니다.

인생은 원래 괴로운 것이라도 웃으면서 기쁨으로 사는 것이 좋습니다. 그런데 전도자는 이러한 낙이 사람에게서 오지 않고 하나님께로부터 온다고 말합니다. 즉, 하나님을 믿지 않고는 참된 마음의 낙이 없다는 것입니다.

하나님 없이 세상적인 일로 재미를 많이 본다고 해도 그다음에는 슬픔이 찾아옵니다. 세상에서 술이나 돈이나 지위나 명예나 권세로써 큰 기쁨을 얻고 나면 반드시 그만큼의 슬픔이 따라옵니다. 그러나 우리가 예수 믿고 하나님 앞에서 얻는 희락은 끝없이 기쁘

고 감사한 것입니다. 이처럼 세상의 희락과 하나님이 주신 희락은 다릅니다. 세상의 희락은 슬픔을 동반하되 하나님이 주신 희락은 슬픔을 동반하지 않습니다. 하나님 자신이 기쁨이기 때문에 하나님이 계신 곳에는 항상 기쁨이 넘쳐 납니다.

그러므로 우리 마음에 하나님을 모시고 산다면 항상 기뻐해야 합니다. 예수 믿는 사람이 신앙이 깊이는 기쁨이 넘치는지 그렇지 않은지를 보면 알 수가 있습니다. 신앙이 깊은 사람은 슬픔 가운데도 늘 기뻐합니다. 그러나 신앙이 깊지 못한 사람은 슬픔을 이기지 못합니다. 이것은 아직 신앙이 슬픔을 극복할 만큼 성장하지 못했기 때문입니다. 깊은 신앙은 슬픔 가운데 있어도 늘 기뻐할 수 있습니다. 그래서 바울은 로마의 캄캄하고 습기 찬 지하 감옥에 갇혀서도 기뻐하라고 편지를 쓸 수 있었던 것입니다(빌 4:4).

25-26절 | 아, 먹고 즐기는 일을 누가 나보다 더 해 보았으랴 하나님은 그가 기뻐하시는 자에게는 지혜와 지식과 희락을 주시나 죄인에게는 노고를 주시고 그가 모아 쌓게 하사 하나님을 기뻐하는 자에게 그가 주게 하시지만 이것도 헛되어 바람을 잡는 것이로다

전도자 솔로몬은 자신보다 더 세상의 즐거움을 맛본 사람이 없다고 말합니다. 하나님께서는 그의 뜻을 따르고 하나님을 기쁘시게

하는 자에게 지혜와 지식과 희락을 주십니다. 그러나 죄인에게는 노고를 주시고, 그가 수고하며 얻은 것은 하나님이 기뻐하시는 자에게 돌아가게 하십니다. 따라서 하나님을 모르는 죄인에게는 그가 소유한 재산도 다 하나님이 기뻐하시는 사람의 몫이 되기 때문에 헛된 것에 불과 합니다.

악인은 재산을 모아도 누리지 못합니다. 결국은 하나님이 기뻐하시는 의인이 다 누리게 되는 것입니다. 그러나 죄인의 소유나 의인의 소유나 하나님을 생각하지 못한다면 헛된 것입니다. 가치 있고 보람된 인생이 되는 것은 눈에 보이는 것 때문이 아니라 눈에 보이지 않으시는 하나님 때문입니다. 모든 것을 다 가져도 하나님을 잃어버리면 다 잃어버린 것입니다. 그러나 모든 것을 잃어버려도 하나님께서 함께하시면 모든 것을 다 가진 것과 마찬가지입니다.

그러므로 결국에는 모든 것이 헛되고 헛되지만 하나님을 믿고 하나님을 의지할 때만이 참된 가치와 기쁨과 유익함이 있습니다. 우리가 항상 하나님을 잊지 않고 그리스도의 사랑을 전하고 살면 우리 삶의 모든 것이 유익되고 모든 것이 좋습니다. 이러므로 여러분 모두 예수 믿는 것을 항상 감사하며 예수 그리스도의 복음을 힘써 전파하며 살게 되시기를 바랍니다.

Chapter 3

범사의 기한과 때

1. 때를 정하신 하나님(3:1-8)
2. 만족과 감사(3:9-15)
3. 흙으로 돌아가는 인생(3:16-22)

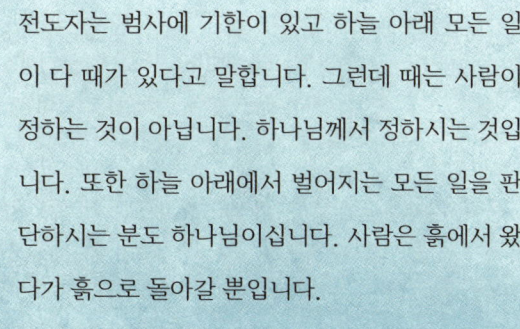

전도자는 범사에 기한이 있고 하늘 아래 모든 일이 다 때가 있다고 말합니다. 그런데 때는 사람이 정하는 것이 아닙니다. 하나님께서 정하시는 것입니다. 또한 하늘 아래에서 벌어지는 모든 일을 판단하시는 분도 하나님이십니다. 사람은 흙에서 왔다가 흙으로 돌아갈 뿐입니다.

1. 때를 정하신 하나님 (3:1-8)

¹범사에 기한이 있고 천하 만사가 다 때가 있나니 ²날 때가 있고 죽을 때가 있으며 심을 때가 있고 심은 것을 뽑을 때가 있으며 ³죽일 때가 있고 치료할 때가 있으며 헐 때가 있고 세울 때가 있으며 ⁴울 때가 있고 웃을 때가 있으며 슬퍼할 때가 있고 춤출 때가 있으며 ⁵돌을 던져 버릴 때가 있고 돌을 거둘 때가 있으며 안을 때가 있고 안는 일을 멀리 할 때가 있으며 ⁶찾을 때가 있고 잃을 때가 있으며 지킬 때가 있고 버릴 때가 있으며 ⁷찢을 때가 있고 꿰맬 때가 있으며 잠잠할 때가 있고 말할 때가 있으며 ⁸사랑할 때가 있고 미워할 때가 있으며 전쟁할 때가 있고 평화할 때가 있느니라

1절 | 범사에 기한이 있고 천하 만사가 다 때가 있나니

태초에 하나님께서 천지를 창조하시면서 시간도 만드셨습니다. 따라서 우주의 시간은 하나님께서 주관하십니다. 그러나 하나님 나라의 신천신지, 영원무궁의 세계에 들어가면 시간이 없습니다. 그렇기 때문에 나이를 먹지 않고 늙지도 않고 외모도 변하지 않습니다.

나이를 먹는 것은 시간이 지나기 때문입니다. 저는 어릴 때 나이를 한 살 더 먹는 것이 굉장히 자랑스럽고 생일이 다가오면 기뻤습니다. 그러나 이제는 생일 축하의 말을 듣는 것을 좋아하지 않습니다. 생일을 또 맞이한다는 것은 나이를 먹는다는 것이기 때문입니다.

천국에 들어가면 좋은 것이 생일이 없다는 것입니다. 시간이 없으므로 나이를 먹지 않습니다. 그리고 오고가는 일에도 시간이 걸리지 않습니다. 어디든 순간 이동을 해서 갈 수 있습니다. 눈만 깜박하면 원하는 곳에 갈 수 있고, 보고 싶은 사람이 생기면 순식간에 그 사람 앞에 가 있게 됩니다. 생각하는 대로 됩니다. 이처럼 천국은 참으로 좋은 곳입니다. 그러나 우리가 이 시간의 한계 속에 사는 동안에는 나이 들어 늙고 죽게 됩니다. 또한 역사 속에서 여러 가지 변화를 끊임없이 겪습니다. 사람은 시간을 잡아둘 수가 없기 때문입니다.

하나님은 알파와 오메가요, 처음과 나중이십니다. 따라서 시작과 끝이라는 시간은 하나님께서 잡고 계십니다. 하나님께서 시간을 잡고 계신 이상 아무도 하나님께 대적할 수 없습니다. 무신론자들이 하나님을 믿지 말고 내 주먹을 믿으라고 외쳐 대도 하나님께서는 하늘에서 그들을 보고 웃으십니다. "허허. 웃기는 소리 하네. 내가 시간이란 무덤으로 너희를 장사지내 주어야겠구나."라고 하실 것입니다. 무신론자들은 하나님의 심판을 피할 수 없습니다. 순식간에 세월이 흘러가고 어느 순간에 죽음이라는 사자에게 끌려가는 것입니다.

하나님께서는 천하의 모든 일에 기한을 정해 놓으셨습니다. 사람의 수명도 하나님께서 정해 놓으셨습니다. 노아의 홍수 이전에는 800세, 900세까지 살았지만 홍수 이후로는 하나님께서 인간의 연한을 120세로 정하시고 고기를 먹으라고 하셨습니다. 그 이전까지는 채소만 먹었습니다. 따라서 사람이 빨리 죽는 것과 육식을 하는 것은 관계가 깊습니다. 고기를 먹으면 빨리 죽습니다. 고기를 먹으면 몸이 산성화되어서 빨리 늙습니다. 반대로 채식을 하면 몸이 알카리화되므로 빨리 늙지 않습니다. 고기를 먹으면 생명이 단축됩니다. 고혈압, 당뇨병, 간질환, 중풍 등 이 모든 것이 고기에서 온 병입니다.

서양 사람들의 주식은 고기입니다. 그래서 빨리 늙습니다. 서양의 아이들을 보면 얼마나 피부가 곱고 예쁜지 모릅니다. 그런데 서른 살만 넘어도 우리나라 40, 50대처럼 보입니다. 그래서 제가 어렸을 때는 가난해서 고기를 못 먹은 것이 아픔이고 상처였는데 지금 생각해 보면 얼마나 잘된 일인지 모릅니다. 건강하게 오래 살려면 채식을 해야 합니다. 한국 사람들은 육식보다 채식이 몸에 맞습니다. 그리고 하나님의 때를 알아도 건강하지 못하면 쓰임 받을 수가 없기 때문에 지혜로운 사람은 먹는 것도 절제할 줄 알아야 합니다.

또한 국가의 흥망도 하나님께서 정해 놓으셨습니다. 서양의 역사를 보면 바벨론, 메대·바사, 헬라, 로마 순으로 나라들이 생성과 소멸을 반복했습니다. 그런데 이 모든 과정을 하나님께서 다니엘을 통해 예언해 놓으셨습니다. 그리고 요한계시록에 보면 마지막 때에 일어날 일들이 기록되어 있고 예수님의 재림이 예언되어 있습니다. 사람이 보기에는 정치인들이나 권세자들이 자신의 힘으로 역사를 좌지우지하는 것 같지만, 역사는 미 하나님께서 계획해 놓으신 대로 진행되고 있습니다.

그리고 천하만사에 하나님께서 정하신 때가 있습니다. 그러므로 무슨 일을 하든지 하나님의 때를 만나는 일이 굉장히 중요합니다. 하나님의 때를 만나야 역사가 일어나는 것입니다. 여의도순복음교회가 세계에서 제일 큰 교회가 된 것도 하나님께서 우리 한국 땅에 성령을 부어 주시고자 계획하신 때에 우리가 성령 운동을 했기 때문입니다. 또한 하나님께서 한국에 긍정적이고 적극적인 마음을 주시려고 계획하신 때에 우리가 하나님의 말씀을 통해 긍정적이고 적극적인 말씀을 전했기 때문입니다. 뿐만 아니라 우리 교회는 문화 선교가 중요한 때가 올 것을 알고 복음 실은 국민일보를 발간하고 FGTV를 시작했습니다. 이처럼 하나님의 때를 분별해서 일했기 때문에 부흥의 주인공이 될 수 있었습니다. 하나님의 때를 모르고 역행하면 안 됩니다. 지금은 하나님께서 우리에게 성령을 부어 주시고 우리 한민족의 마음을 새롭게 하시는 때이기 때문에 성령 운동에 헌신하고 긍정적이고 적극적인 메시지를 전해야 하는 것입니다.

지혜로운 사람은 하나님의 때를 알고 하나님께서 역사하시는 흐름을 잘 탑니다. 그러나 어리석은 사람은 하나님의 때를 모르고 자신의 고집을 부립니다. 세상일도 때를 잘 타야지 때를 잘못 타면 절대로 성공할 수가 없습니다. 세상의 과학 기술이 발전하고 패션과 문화도 변화하는데 혼자서 고집을 부리고 있으면 도태되고 마는 것입니다. 사람은 변화를 거역하고는 살지 못합니다. 나이가 먹었다고 변화를 꺼리고 다음 세대와 대화하지 않으면 곰팡이가 핍니다. 내일의 사람으로 발전되지 않고 어제의 사람이 되어 버리고 맙니다. 변화를 수용해야 낙오되지 않는 것입니다. 어제의 사람이 되어 굳어지면 버림받게 됩니다. 사람들은 모두 다 오늘과 내일에 삽니다. 다른 사람들은 끊임없이 변화하는 세상 속에서 오늘과 내일에 살고 있는데 혼자만 과거의 사람으로 주저앉아 있으면 사회에서 쓸모없는 사람이 되는 것입니다.

그러므로 하나님께 쓰임 받기 위해서 하나님의 때에 민감하시기 바랍니다. 기도를 통해 하나님께서 어떻게 움직이고 계신가를 깨달아야 합니다. 하나님께서 역사하시는 대로 그 뒤를 바짝 따라가야 합니다. 그러기 위해선 변화를 꺼리면 안 됩니다. 우리의 신앙은 자꾸 새로워져야 합니다. 날마다 기도와 말씀, 그리고 성령 충만으로 새롭게 되어야 합니다. 옛날에 잘 믿은 것을 자랑하고 옛날에 성령 충만 받은 것만 믿고 있으면 그 사람은 반드시 도태되고 맙니다. 은혜도 다 떨어지고 능력이 나타나지 않습니다.

특별히 우리는 남북이 통일될 때를 준비해야 합니다. 남북통일은 정치인이나 기업가가 하는 것이 아닙니다. 하나님께서 이미 다 계획하시고 때를 정하셨습니다. 반드시 통일의 때가 옵니다. 그런데 남북이 통일되면 지금까지 못 먹고 못살던 북한 동포들을 우리 남한 사람들이 먹여 살려야 합니다. 이런 일을 하려면 엄청난 돈이 필요합니다. 그렇기 때문에 교회는 남북이 통일되었을 때 나라가 어려워지지 않도록 기도해야 합니다. 그리고 예수 믿는 사람들은 각자 맡은 자리에서 최선을 다해 나라를 더욱 부강하게 만들어야 합니다. 또한 북한 동포들이 신앙을 회복할 수 있도록 교회를 세우고 상처받은 그들의 마음을 하나님의 사랑으로 어루만져 주어야 합니다.

2절 | 날 때가 있고 죽을 때가 있으며 심을 때가 있고 심은 것을 뽑을 때가 있으며

사람은 모두 생일이 있지만 그 때는 다 다릅니다. 태어난 때에 따라 사람의 인생은 천차만별이 됩니다. 우리도 천 년 전에 안 태어나고 지금 태어난 것이 얼마나 감사한지 모릅니다. 천 년 전에 태어났으면 백두산 근처에서 호랑이 가죽으로 옷을 해서 입고 돌아다녔을 것입니다. 또 지난 세기를 돌아보십시오. 일제 강점기 35년 동안 일본 사람에게 짓밟히고 강제 노동에 동원되고 종군 위안부에 끌려가야 했습니다. 저는 얼마 전에 종군 위안부 할머니 한 분이 세상을 떠나서 시민들이 일본대사관 앞에서 영정 사진을 놓고 노제를 지내는 것을 신문에서 보고 참으로 마음이 아프고 착잡했습니다. 그 할머니는 때를 잘못 타고 태어났습니다. 강제로 젊은 아가씨들을 끌고가서 일본 군인들의 농락거리가 되게 하는 때에 태어났으니 도저히 자기 힘으로 어찌할 수 없는 일이었습니다. 제가 어릴 때 동네에 처녀가 남아나지 않았습니다. 일본 경찰과 헌병이 와서 들에서 일하는 처녀 잡아가고, 집에 있는 처녀들 잡아가고, 초등학교 다니는 애들 중 성숙한 애들까지 다 잡아갔습니다. 그분들이 좀 더 일찍 태어나든지 좀 더 늦게 태어났으면 그런 불운과 비극을 만나지 않았을 텐데, 그 때에 태어났기 때문에 차라리

태어나지 않은 것보다 못한 처절한 고통을 가슴에 안고 세상을 살았습니다.

지금은 참 좋은 때입니다. 일제 강점기도 지나갔고, 6·25전쟁이라는 그 고통의 때도 지나갔고, 우리 5천 년 역사에서 국제적으로 가장 인정받고 잘 먹고 잘 입고 잘사는 때가 지금입니다. 지금 세대는 정말 좋은 때에 태어났습니다. 그런데 지금 세대는 좋은 때에 태어난 것을 고마워할 줄 모릅니다. 온 나라가 고난당하는 어려운 시절을 겪어 본 적이 없기 때문에 그렇습니다. 그러나 우리 세대는 일제 강점기의 고통과 6·25전쟁의 처절한 절망을 맛보았기 때문에 현재의 축복이 얼마나 고마운지를 압니다.

또한 사람은 누구나 한 번은 죽지만 죽는 때 역시 다 다릅니다. 하나님께서 사람을 데려가시기로 작정한 때가 있는데, 이것은 사람의 힘으로 어찌할 수가 없습니다. 다만 우리가 기도할 것은 하나님의 영광을 위해 건강하게 살다가 아름답게 세상을 떠나는 것입니다.

농사에도 심을 때가 있고 심은 것을 거둘 때가 있습니다. 농부가 곡식을 심을 때를 놓치면 한 해 농사를 망칩니다. 그리고 거둘 때를 놓치면 한 해 고생이 헛수고가 됩니다. 이것은 하나님께서 인생을 운행하시는 데 엄격하게 때를 지키신다는 것을 보여 줍니다.

3절 | 죽일 때가 있고 치료할 때가 있으며 헐 때가 있고 세울 때가 있으며

하나님께서 주신 수명이 다하면 어떤 명의도 살릴 수 없습니다. 아무리 살리려고 발버둥을 쳐도 하나님께서 데려가시기로 한 때라면 그 사람은 세상을 떠나야 합니다. 그러나 하나님께서 치료하시고자 하는 때라면 어떤 의술로도 살릴 수 없는 사람일지라도 살아납니다.

　제가 잘 아는 한 장로님은 부산에서 뇌 수술을 잘하기로 유명한 신경외과 의사입니다. 한번은 그 장로님이 저에게 이런 말을 한 적이 있습니다. "목사님, 하나님이 치료하시려고 작정을 하시면 사람의 상상을 초월하는 일이 일어납니다. 한번은 어떤 사람이 교통사고를 당해 머리를 다쳐서 왔는데, 제가 뇌 수술을 하려고 보니까 도저히 손댈 수 없을 정도로 뇌가 망가져 있었습니다. 마치 두부가 으깨진 것처럼 되어 있었습니다. 그래서 수술을 포기하고 꿰매 놓기만 하고 수술실을 나왔습니다. 그리고 가족들에게는 사실대로 이야기를 하고, 저는 하나님께 '하나님, 제 힘으로는 할 수 없는데 하나님의 뜻이 있으시다면 살려 주시고 아니라면 편안하게 천국에 가게 해 주옵소서.' 라고 기도했습니다. 그 후 학회가 있어서 2, 3일 병원을 떠나 있었는데 돌아와서 보니까 그 환자가 살아나서 밥도 먹고 일어나 걷고 있었습니다." 이처럼 하나님이 데려가시기로 하면 안 죽을 사람도 죽고, 하나님이 살리시려고 하면 죽을 사람도 사는 것입니다.

　집을 헐 때가 있고 세울 때가 있습니다. 집이 낡아서 사람이 살 수 없으면 헐어버리고 새로 집을 세워야 합니다. 고르바초프가 소련의 대통령이던 때 미국에 와서 집들이 전부 나무로 지어져서 형편없다고 말했습니다. 그런데 미국 사람들이 나무로 집을 짓는 것은 벽돌로 지으면 돈이 지나치게 많이 들고 변화하시는 시대에 맞춰 다시 짓기가 어렵기 때문입니다. 벽돌로 집을 지으면 나중에 헐 때에도 힘이 듭니다. 저도 1964년에 미국에 갔을 때 LA에 있는 집들이 전부 나무집이라 허술해 보여서 적잖이 실망을 한 적이 있었습니다. 그러나 집 안에 들어가 보니 얼마나 화려하고 알찬지 '미국 사람들은 정말 실속 있는 사람들이구나!' 라고 생각했었습니다. 한국 사람들은 체면을 중요시해서 겉만 번지르르하게 하고 실속은 없는 경우가 많은데 이와 정반대였습니다. 잘사는 나라일수록 사치를 하지 않습니다. 속이 비어 있는 사람일수록 겉을 아주 화려하게 꾸미려고 애를 씁니다. 집도 헐 때가 있고 세울 때가 있지만 정말 중요한 것은 그 집에 사는 사람이 얼마나 실속 있는 사람인가 하는 것입니다.

4절 | 울 때가 있고 웃을 때가 있으며 슬퍼할 때가 있고 **춤출 때가 있으며**

인생을 살다 보면 울 때와 웃을 때가 있고, 슬퍼할 때와 춤출 때가 있습니다. 울 때는 울어야 하고 웃을 때는 웃어야 합니다. 초상집에 가서 웃으면 안 되고, 잔칫집에 가서 울면 안 됩니다. 목회 초년병이던 때 저는 예수 믿는 사람은 울지 말아야 한다고 생각했었습니다. 그래서 초상집에 가서 상을 당한 성도가 우는 것을 보면 못마땅했습니다. 예수 믿고 천국 갔으니 기뻐해야지, 왜 전도도 안 되고 모범도 안 되게 우느냐며 못 울게 했습니다. 그런데 세월이 지나고 보니 그게 다 젊은 시절의 허세였습니다. 슬플 때에는 울어야 합니다. 하나님께서 눈물을 주신 것은 슬플 때 울라고 주신 것입니다. 사랑하는 사람이 떠났는데 안 우는 것이 이상한 것입니다. 울 때 울어야지 나중에 울어 봐야 소용이 없습니다. 울고 나면 눈물이 마음의 감정을 다 씻어 내 주는 것입니다.

예수 믿고 찬송하며 기도할 때 우는 것도 굉장히 큰 은혜입니다. 은혜 가운데 눈물을 흘리면 세상살이 하면서 쌓인 아픔과 상처를 치료받습니다. 또 초상집에 가서 같이 울어 주는 것도 적잖이 위로가 됩니다. 마찬가지로 잔칫집에 가서 같이 기뻐하고 춤을 춰 주면 기쁨이 배가 됩니다. 잔칫집에 가서 우울하게 앉아 있으면 오지 않느니 만도 못합니다. 즐거울 때는 춤을 주면 참 좋습니다. 집에서 부부간에 못 추는 춤이라도 같이 추면 굉장히 즐겁습니다. 인생을 살면서 때에 따라 울고 웃고 슬퍼하고 즐거워하는 것이 사람에게 유익한 것입니다.

5절 | 돌을 던져 버릴 때가 있고 돌을 거둘 때가 있으며 안을 때가 있고 안는 일을 멀리 할 때가 있으며

밭을 갈다 보면 돌이 많이 나옵니다. 그러면 그것을 주워서 밭 바깥으로 던져 버립니다. 그런데 그 돌을 거둬서 담벼락을 쌓기도 합니다. 이처럼 같은 물건도 때에 따라 유용하기도 하고 쓸모없기도 합니다. 한국 속담에 "개똥도 약에 쓰려면 없다."라는 말이 있습니다. 늘 주변에 흔해서 귀한 줄 몰랐는데 막상 필요해서 쓰려고 보면 없다는 말입니다. 이것을 보면 가치란 것이 때에 따라 생긴다는 것을 알 수 있습니다.

하나님께서 때를 주시면 아무 쓸모없는 것도 굉장한 가치를 지니게 됩니다. 반대로 굉장히 가치가 있는 것도 때를 얻지 못하면 쓸모없는 것이 되고 맙니다. 하나님께서 때를 주시면 돌멩이가 다이아몬드가 되기도 하고, 다이아몬드가 돌이 되기도 합니다.

안을 때가 있고 안는 일을 멀리할 때가 있습니다. 한 사람을 사랑해서 안을 때가 있고 그렇지 않을 때가 있습니다. 사랑에도 다

때가 있는 법입니다. 항상 껴안고 있을 수만은 없습니다. 때로는 멀리하게 될 때도 있습니다.

6절 | 찾을 때가 있고 잃을 때가 있으며 지킬 때가 있고 버릴 때가 있으며

바라던 것을 찾을 때가 있고 가지고 있던 것을 잃을 때가 있습니다. 그리고 어떤 것은 꼭 가지고 있어야 한다고 생각해서 지킬 때가 있지만, 어느 때가 되면 지킬 필요가 없어서 버릴 때도 옵니다. 그러나 제일 중요한 것은 모든 것이 하나님의 역사 안에 있으면 합력하여 선을 이루게 된다는 것입니다.

7절 | 찢을 때가 있고 꿰맬 때가 있으며 잠잠할 때가 있고 말할 때가 있으며

걸레가 꼭 필요하면 좋은 옷이라도 찢어서 걸레로 써야 할 때가 있습니다. 집에 정말 귀한 손님이 오는데 청소할 걸레가 없으면 옷이라도 찢어서 걸레로 써야 하는 것입니다. 또 옷이 없어서 다 헤어지고 찢어진 옷을 꿰매서 입어야 할 때가 있습니다. 이처럼 같은 것이라도 필요한 때에 따라서 쓰임새가 달라지는 것입니다.

잠잠할 때가 있고 말할 때가 있습니다. 사람이 하는 말이 항상 경우에 맞고 적절한 것은 아닙니다. 때에 맞는 말은 아로새긴 은쟁반에 금사과처럼 좋게 들리지만, 차라리 침묵하는 것이 유익이 되는 때도 있습니다. 특히 부부 사이에서는 말할 때와 잠잠할 때를 잘 분별해야 합니다. 아내가 항상 남편에게 요구하는 말만 하면 남편은 귀를 닫고 아내의 말을 아예 듣지 않으려고 합니다. 또 아내가 사사건건 남편에게 대들고 혈기를 부리면 남편은 아내가 부담스러워져서 집에 들어가기가 싫어 어떻게든 늦게 들어갈 궁리를 하게 됩니다. 그러나 아내가 남편이 하는 말을 귀 기울여 듣고 순종하면 결국 아내가 원하는 대로 남편을 움직일 수가 있습니다. 갈대는 약한 것 같아도 바람이 불면 고개를 숙일 줄 알기 때문에 바람을 견뎌 내지만, 소나무는 뻣뻣하게 서 있다가 뿌리째 뽑힙니다. 온유한 자가 땅을 기업으로 얻는다는 것을 잊지 마시기 바랍니다.

또한 잠잠할 때와 말할 때를 분별할 줄 아는 지혜가 있어야 합니다. 감정대로 때를 가리지 않고 떠들다가도 꼭 말해야 할 때는 침묵해 버리면 어리석은 사람입니다. 성령의 인도에 따라 말하고 때론 침묵할 수 있는 지혜가 있어야 합니다.

8절 | 사랑할 때가 있고 미워할 때가 있으며 전쟁할 때가 있고 평화할 때가 있느니라

사랑하는 사람과 결혼을 하고 일평생 아껴 주며 살겠다고 다짐을 해도 싸우지 않는 부부는 없습니다. 결혼해서 수십 년 함께 살면서 한 번도 싸운 적이 없다고 하는 사람은 거짓말을 하는 사람이거나 제대로 된 사랑을 안 해 본 사람입니다. 사랑하면 안 싸울 리가 없습니다.

부부가 서로 사랑을 하면 작은 일에도 질투가 나고 욕심이 생깁니다. 남편이 길을 가다가 다른 여자 얼굴이라도 한번 쳐다보면 아내는 질투가 나서 부부 싸움을 하게 됩니다. 남자들은 원래 아내가 절세미인이라도 다른 여자들을 쳐다봅니다. 남자는 시각적인 만족을 추구하기 때문에 자기도 모르게 쳐다보는 것입니다. 반대로 남편도 아내가 동창회라도 한번 갔다 오면 괜히 꼬치꼬치 캐묻습니다. 서로 사랑하면 할수록 관심도 더 많아지기 때문에 묻고 싶은 것이 많아지는 법입니다. 자기 혼자만 소유하고 싶어지는 것이 사랑의 특징이기도 합니다.

사실 부부가 싸움을 해도 입으로 싸우는 것이지 마음속 깊이 싸우는 것이 아닙니다. 또 사랑은 밀물과 썰물 같아서 뜨겁게 사랑하기도 하고 그만큼 미워지기도 합니다.

국가 간에도 전쟁할 때가 있고 평화할 때가 있습니다. 우리나라만 보아도 6·25전쟁으로 온 나라가 폐허가 되었다가 휴전 이후로는 평화를 누리고 있습니다. 그런데 전쟁도 평화도 다 하나님의 손에 있습니다. 하나님의 때 안에 전쟁도 있고 평화도 있습니다.

2. 만족과 감사 (3:9-15)

9일하는 자가 그의 수고로 말미암아 무슨 이익이 있으랴 10하나님이 인생들에게 노고를 주사 애쓰게 하신 것을 내가 보았노라 11하나님이 모든 것을 지으시되 때를 따라 아름답게 하셨고 또 사람들에게는 영원을 사모하는 마음을 주셨느니라 그러나 하나님이 하시는 일의 시종을 사람으로 측량할 수 없게 하셨도다 12사람들이 사는 동안에 기뻐하며 선을 행하는 것보다 더 나은 것이 없는 줄을 내가 알았고 13사람마다 먹고 마시는 것과 수고함으로 낙을 누리는 그것이 하나님의 선물인 줄도 또한 알았도다 14하나님께서 행하시는 모든 것은 영원히 있을 것이라 그 위에 더할 수도 없고 그것에서 덜할 수도 없나니 하나님이 이같이 행하심은 사람들이 그의 앞에서 경외하게 하려 하심인 줄을 내가 알았도다 15이제 있는 것이 옛적에 있었고 장래에 있을 것도 옛적에 있었나니 하나님은 이미 지난 것을 다시 찾으시느니라

9-10절 일하는 자가 그의 수고로 말미암아 무슨 이익이 있으랴 하나님이 인생들에게 노고를 주사 애쓰게 하신 것을 내가 보았노라

하나님께서는 사람들이 일을 해야 살아갈 수 있게 하셨습니다. 따라서 일하는 자는 수고를 해야 하지만 살아가기 위해 하는 일이기 때문에 이익이 없습니다. 또 제때를 만나지 못하면 풍성한 곡식을 거둔 농부의 수고도 헛것이 되고, 밤새도록 물건을 잔뜩 만들어 놓은 사람의 노력도 물거품이 되기도 합니다. 어떠한 수고를 하든지 하나님께서 복을 주셔야 수고한 만큼 성과를 거둘 수 있습니다.

하나님께서 복을 주시면 기업이 순식간에 일어납니다. 그러나 하나님께서 미워하시면 순식간에 망합니다. 그러므로 하나님을 믿고 기도함으로 하나님의 때를 얻어 일을 해야 수고한 대로 열매를 거둘 수 있습니다.

11절 하나님이 모든 것을 지으시되 때를 따라 아름답게 하셨고 또 사람들에게는 영원을 사모하는 마음을 주셨느니라 그러나 하나님이 하시는 일의 시종을 사람으로 측량할 수 없게 하셨도다

하나님께서는 모든 것이 하나님의 정하신 때에 아름답게 열매 맺

게 하십니다. 사람이 아무리 연구하고 궁리를 해도 때를 정하시는 하나님 앞에서는 무기력한 존재입니다. 때를 따라 아름답게 하시는 것은 하나님의 주권 아래 있습니다.

하나님께서는 영원을 사모하는 마음을 사람에게 주셨습니다. 우리는 시간 안에 태어나서, 시간 안에 살다가, 시간 안에서 죽지만 사람의 마음속에는 시간을 초월하는 영원을 사모하는 마음이 있습니다. 이것이 바로 종교심입니다. 짐승에게는 없습니다. 하나님께서 오직 사람에게만 주셨습니다. 영원히 살지 못하는 유한한 존재인 사람에게 영원을 사모하는 마음을 주셔서 하나님을 찾도록 하신 것입니다. 그러나 하나님을 알지 못하는 사람들이 많은 종교를 만들어 내고 우상을 숭배했습니다. 영원한 삶은 하나님만이 주십니다. 하나님을 찾는 이만이 영원한 생명을 누리며 살 수 있습니다.

12절 | 사람들이 사는 동안에 기뻐하며 선을 행하는 것보다 더 나은 것이 없는 줄을 내가 알았고

우리 마음이 기쁘면 엔도르핀이 많이 분비됩니다. 엔도르핀이 많이 분비되면 고통을 잊어버리고 즐겁고 행복한 인생을 살아갈 수 있습니다. 우는 것보다는 웃는 것이 낫고 슬퍼하는 것보다는 기뻐하는 것이 낫습니다. 성경도 우리에게 "주 안에서 항상 기뻐하라

내가 다시 말하노니 기뻐하라"(빌 4:4)고 말씀합니다.

인생을 살다 보면 슬픈 일이나 마음을 괴롭게 하는 일들을 만나게 됩니다. 그러나 그러한 일들만 생각하다 보면 마음이 눌립니다. 슬픈 일만 생각하면 온갖 슬픈 일 뿐이고 부정적인 것만 생각하면 온 세상이 다 부정적으로 보입니다. 마음과 시야를 넓혀서 기뻐할 만한 일을 찾고 즐거워할 수 있는 일을 많이 생각해야 합니다. 그런데 지금까지 살아온 세월을 뒤돌아 보면 큰 불행과 절망스러운 일이 다가올 것이라고 걱정하고 괴로워한 적이 많았지만, 실제로는 우리가 생각한 것만큼 큰 일이 아니었던 때가 대부분입니다. 대개 우리가 미리 겁을 먹고 염려하고 근심했던 것입니다.

마음이 우울하고 부정적이고 절망적인 사람은 자꾸 부정적이고 절망적인 환경을 만들어 냅니다. 그래서 자신의 직장도, 가정도 우울하고 절망적이 됩니다. 반면에 항상 기뻐하고 즐거워하며 긍정적인 사람은 기쁘고 즐겁고 긍정적인 환경을 만들어 냅니다. 또한 우울하고 침울하고 침통하고 부정적이고 파괴적이고 절망적인 마음으로 말을 하면 마귀가 기다리고 있다가 그런 마음과 말을 통해 마귀의 파괴적인 능력을 나타냅니다. 성경은 "네 입의 말로 네가 얽혔으며 네 입의 말로 인하여 잡히게 되었느니라"(잠 6:2)고 말씀합니다. 그러므로 우리 입술의 고백이 매우 중요합니다. 보이는 세계와 보이지 않는 세계의 연결 고리가 바로 입술의 고백이기 때문입니다. 눈에 안 보이는 하나님께서도 말을 연결고리로 사용하셔서

서 눈에 보이는 천지를 창조하셨습니다. 예수님께서도 눈에 안 보이는 하나님의 능력을 사람들에게 나타내실 때 말씀으로 하셨습니다. 풍랑이 일어난 바다를 향해서 "고요하고 잠잠하라."고 말씀하시면서 눈에 안 보이는 하나님의 능력을 현실에 드러내신 것입니다.

누에는 자기 입에서 나오는 실로 자기 집을 만듭니다. 조그만 벌레가 어느 세월에 고치를 만들런지 보고 있으면 답답하지만, 하루 이틀 자고 일어나면 엄청나게 만들어 놓습니다. 이처럼 우리 하는 말 한 마디, 두 마디가 우리 인생에 무슨 큰 집을 짓겠느냐고 생각하겠지만 그 말들이 어느새 오늘과 내일의 운명의 집을 만들어 버립니다. 그러므로 죽고 사는 권세가 혀에 있다는 사실을 잊지 마시기 바랍니다. 오중복음과 삼중축복에 입각해서 긍정적이고 적극적이고 창조적이고 생산적인 말을 하고 밝고 맑고 기쁜 마음을 가지면 하나님의 능력이 우리 삶에 반드시 나타납니다.

또한 악을 행하면 악이 다가옵니다. 당대에 악이 다가오지 않는다고 해도 후대에 반드시 뿌린 악이 열매가 맺어 찾아옵니다. 이 세상에는 인과응보의 법칙이 있습니다. 내가 원인을 심으면 결과가 내게 다가옵니다. 성경 또한 "사람이 무엇으로 심든지 그대로 거두리라"(갈 6:7)고 말씀합니다. 그리고 인생은 산울림과도 같습니다. 내가 고함을 치면 내 고함소리가 다시 내게 돌아옵니다. 나는 악을 많이 행했으나 내 후대에는 선이 많이 돌아올 것이라고 생각하는 것은 큰 잘못입니다. 우주는 아무 말이 없는 것 같지만 인과응보의 법칙은 작용합니다. 이 세상에서 사는 동안 많은 선을 행하기를 바랍니다.

그리고 우리 예수 믿는 사람들은 기뻐하고 선을 행하는 삶을 살되 먼저 하나님을 기뻐하고 하나님을 섬기는 삶을 살아야 합니다. 그냥 기뻐하고 좋은 일하고 사는 것이 아닙니다. 하나님을 기뻐하고 하나님의 일을 하면서 살아야 합니다. 하나님께서 우리 삶의 근원이고 기쁨의 원천이십니다. 하나님을 기뻐하고 즐거워하면 하나님께로부터 모든 것이 옵니다. 성경은 "또 야훼를 기뻐하라 그가 네 마음의 소원을 네게 이루어 주시리로다"(시 37:4)라고 말씀합니다. 하나님 중심으로 살면서 하나님께 영광을 돌리는 삶을 살면 하나님께서 우리 삶에 큰 기쁨과 만족을 허락해 주십니다.

13절 | 사람마다 먹고 마시는 것과 수고함으로 낙을 누리는 그것이 하나님의 선물인 줄도 또한 알았도다

사람이 육신을 가지고 살면서 갖는 재미는 먹고 마시는 것과 수고함으로 낙을 누리는 것입니다. 예수 믿는 사람은 누구나 한 번쯤 금식 기도를 해보았을 것입니다. 금식을 하면 하루에 시간이 얼마나 많이 남는지 모릅니다. 왜냐하면 식사 시간이 없기 때문입니다.

이것을 보면 먹는 것이 우리 일상생활에 많은 비중을 차지하고 있다는 것을 알 수 있습니다.

그런데 하나님을 위해 살지 않는 세상 사람들은 시간이 남는 것을 견딜 수가 없기 때문에 더욱더 먹을거리를 찾아다닙니다. 안 믿는 사람들에게 먹는 것만큼 좋은 선물이 없습니다. 생일이라고 먹고, 죽었다고 먹고, 좋은 일이 생겼다고 먹습니다. 그저 먹고 마시는 낙으로 사는 것입니다. 그러나 우리 예수 믿는 사람들은 그런 낙으로 살지 않습니다. 주 예수님을 믿는 낙으로 삽니다. 그래서 믿는 사람들은 못 먹고, 못 입고, 못 마셔도 마음속에 큰 기쁨이 있습니다. 기쁨의 근원되신 하나님으로 인해 항상 은혜가 넘치기 때문입니다.

세상 사람들이 아무리 잘 먹고 잘살아도 우리 믿는 사람들은 부러워하지 않습니다. 시기도 질투도 나지 않습니다. 우리를 향한 하나님의 사랑이 얼마나 깊고, 하나님의 영광이 얼마나 크신지 알기 때문입니다. 우리가 대낮에 하늘의 태양을 한 번 바라보고 땅에 있는 것들을 바라보면 까맣게 보입니다. 아무 것도 안 보입니다. 마찬가지로 하나님의 영광을 바라보고 살면 땅의 것이 아무 것도 아닌 것처럼 여겨지는 것입니다. 별 볼일 없어 보입니다. 그리고 예수님을 믿는 사람들은 세상에서 조금 어렵게 살아도 '나는 보잘 것 없는 사람'이라고 자기 비하에 빠질 이유가 없습니다. 왜냐하면 우리는 하늘에 올라가면 주님과 함께 우주를 상속받을 사람들이기 때문입니다. 천사들을 호령할 사람들입니다. 그러므로 예수 그리스도를 믿어 구원함을 받았다는 감격과 하나님의 사랑받는 자녀가 되었다는 놀라운 은혜에 감사하는 마음을 가지고 살아갈 수 있기를 바랍니다.

14절 하나님께서 행하시는 모든 것은 영원히 있을 것이라 그 위에 더 할 수도 없고 그것에서 덜할 수도 없나니 하나님이 이같이 행하심은 사람들이 그의 앞에서 경외하게 하려 하심인 줄 내가 알았도다

하나님께서는 전지전능하시며 완전하신 하나님이십니다. 하나님께서는 천지를 완전하게 지으셨습니다. 사람으로 하여금 더하지도 덜하지도 못하게 하셨습니다. 또한 사람의 도움을 청하신 적도 없습니다.

하나님께서 우리를 구원하신 일도 마찬가지입니다. 예수님을 통해서 홀로 우리를 구원하셨습니다. 사람에게 도움을 청하지 않으셨습니다. 하나님의 뜻에 따라 예수님이 홀로 십자가에 올라가셔서 모든 인류의 죄악과 불의를 감당해 주셨습니다. 따라서 우리는 예수를 믿기만 하면 구원을 받습니다. 그리고 구원받은 다음에는 하나님의 계명을 지킴으로 우리의 신앙이 자라나야 합니다. 하나님을 잘 섬기고 하나님의 계명을 잘 지키고 살면 신앙이 자라고

영적인 인격이 자랍니다. 그러나 예수님을 믿고 나서도 자라지 못하는 사람들이 많습니다. 하나님께서 우리가 예수 믿고 난 다음에 바로 천국으로 불러들이시지 않는 이유는 이 땅에 있을 동안에 자랄 기회를 주시기 위함입니다. 천국에 올라가면 자랄 기회가 없습니다. 또한 우리가 신앙을 더욱 성장시킬 때 이 세상에서 하나님을 위해 더 많은 일을 감당할 수 있습니다.

예를 들면 어렸을 때는 아무리 유치해도 친구들끼리 하는 소꿉장난이 재미가 있습니다. 그러나 장성한 어른이 돼서도 아이들이 하는 소꿉장난을 하는 사람은 없습니다. 어른이 되면 더 넓은 세상일에 뛰어들고 아이 때는 상상도 못한 일들을 해냅니다. 이것처럼 그 사람의 성장 정도에 따라 바라보고 누리는 모든 환경이 다르고 하는 일도 다릅니다. 마찬가지로 신앙이 성장하면 할수록 더 넓은 세상에서 더 많은 일들로 하나님을 섬기고 영광을 돌리는 삶을 살 수가 있습니다.

영원하신 하나님을 섬기며 사는 것이 유한한 인간에게는 가장 영광스러운 일입니다. 사람이 하는 일은 항상 부족하고 실수가 있지만 하나님께서 하시는 일은 실수가 없고 완전합니다. 그래서 우리의 신앙이 성장해서 하나님을 위해 살면 살수록 하나님을 더욱 경외할 수밖에 없습니다. 전지전능하시고 영원하신 하나님께서 크신 능력으로 우주를 창조하시고 역사를 움직여 가시는 것을 보게 되기 때문에 하나님 앞에 무릎을 꿇고 경배를 올려 드리게 됩니다.

믿지 않는 사람들도 세상일이 사람의 힘만으로 되는 것이 아니라는 것을 어렴풋이 알고 있습니다. 그러나 하나님을 생각하지 못하기 때문에 큰일이 있으면 우상을 세워 놓고 그 앞에서 절을 하고 빕니다. 조그마한 가게의 개업에서부터 어려운 건축 공사에 이르기까지 돼지 머리를 가져다 놓고 고사를 지냅니다. 세상일을 하는 사람들도 사람의 힘에는 한계가 있다는 것을 잘 알기 때문에 돼지 머리에 절을 하면서라도 도움을 받고 싶어 하는 것입니다. 그러나 우리 예수 믿는 사람들은 인간의 운명뿐만 아니라 인류의 역사, 나아가 드넓은 우주 공간을 다스리시는 유일하신 하나님께 경배와 찬양을 올려 드려야 합니다.

15절 | 이제 있는 것이 옛적에 있었고 장래에 있을 것도 옛적에 있었나니 하나님은 이미 지난 것을 다시 찾으시느니라

시대가 변하면 사람 사는 모습도 변합니다. 그러나 인생의 본질은 바뀌지 않습니다. 천 년 전에도 사람은 먹고 마시고 자고 깨고 시집가고 장가가는 일을 했습니다. 지금 사람들도 마찬가지로 새로운 것이 없습니다. 그리고 미래에 살 사람들도 우리가 한 것을 그대로 반복할 것입니다. 교통수단이 발달하고 통신수단이 획기적으로 달라질지라도 조금 더 편리해지거나 빨라졌을 뿐 사람 자체

가 달라지지 않으니 주님 다시 오시는 그날까지 인생들이 하는 일은 그대로 반복될 것입니다.

역사도 반복됩니다. 우리나라를 둘러싼 강대국들의 이권 다툼도 반복될 것이고, 그 틈바구니 속에서 살아남기 위해 발버둥치는 우리나라의 노력도 반복될 것입니다. 그러므로 우리 민족이 더욱 열심히 하나님을 섬기고 기도해야 부끄럽고 치욕스러운 역사가 반복되지 않을 것입니다. 이를 위해 우리 믿는 사람들이 먼저 하나님의 변함없는 말씀과 영원하신 하나님의 능력 안에서 새로워져야 할 것입니다.

3. 흙으로 돌아가는 인생 (3:16-22)

16또 내가 해 아래에서 보건대 재판하는 곳 거기에도 악이 있고 정의를 행하는 곳 거기에도 악이 있도다 17내가 내 마음속으로 이르기를 의인과 악인을 하나님이 심판하시리니 이는 모든 소망하는 일과 모든 행사에 때가 있음이라 하였으며 18내가 내 마음속으로 이르기를 인생들의 일에 대하여 하나님이 그들을 시험하시리니 그들이 자기가 짐승과 다름이 없는 줄을 깨닫게 하려 하심이라 하였노라 19인생이 당하는 일을 짐승도 당하나니 그들이 당하는 일이 일반이라 다 동일한 호흡이 있어서 짐승이 죽음 같이 사람도 죽으니 사람이 짐승보다 뛰어남이 없음은 모든 것이 헛됨이로다 20다 흙으로 말미암았으므로 다 흙으로 돌아가나니 다 한 곳으로 가거니와 21인생들의 혼은 위로 올라가고 짐승의 혼은 아래 곧 땅으로 내려가는 줄을 누가 알랴 22그러므로 나는 사람이 자기 일에 즐거워하는 것보다 더 나은 것이 없음을 보았나니 이는 그것이 그의 몫이기 때문이라 아, 그의 뒤에 일어날 일이 무엇인지를 보게 하려고 그를 도로 데리고 올 자가 누구이랴

16절 | 또 내가 해 아래에서 보건대 재판하는 곳 거기에도 악이 있고 정의를 행하는 곳 거기에도 악이 있도다

전도자는 해 아래에서 공의가 실현되고 있지 않다고 말합니다. 재판정에도 악이 있고 정의를 행하는 곳에도 악이 있다는 것입니다. 불의한 것을 분별해 내야 할 재판정에 악이 있고, 정의를 집행해야 할 경찰과 검찰에 악이 있다는 것은 굉장히 불행한 일입니다. 그러나 이것은 전도자 당시만 그런 것이 아닙니다. 저도 목회하면서 가난하고 힘없는 성도들이 억울한 일을 당했을 때 정의가 그들의 편이 되어 주지 않는 경우를 많이 보았습니다. 그래서 집도, 땅도 빼앗기는 것을 많이 보았습니다. 돈과 권력이 힘없고 가난한 사람들을 소외시켜 버린 것입니다. 그러므로 정치를 잘 한다는 것은 다른 것이 아니라 사회의 정의를 바로 세우고, 정직하고 바르게 사는 사람이 이기게 해주는 것입니다. 물론 돈 없고 힘 없다고 해서 잘못한 것을 봐주라는 것은 아닙니다. 그러나 모든 사람을 법 앞에 평등하게 만드는 것이 나라가 할 일이고 그렇게 될 때 정말 잘 사는 나라가 될 수 있습니다.

또한 잘 사는 나라가 되려면 경제 정의가 실현되어야 합니다. 어떤 사람들은 부정한 방법으로 부를 축적해서 금융기관에 넣어놓고 거기서 나오는 수천만 원의 이자 수입으로 호의호식합니다.

그러면서 사회 지도층 흉내를 내려고 합니다. 서민들은 그런 모습을 보면서 탄식하고 삶의 의욕을 잃어버립니다. 그리고 교묘한 방법으로 세금을 피하고 불로소득으로 먹고 사는 사람이 많으면 열심히 피땀 흘려 노력하고 꼬박꼬박 세금을 내는 서민들은 낙심이 되지 않을 수가 없습니다. 가난한 사람은 적게 내고 부요한 사람은 많이 내게 하는 것이 공평한 것입니다.

정치나 경제 등 나라의 각 분야에서 부정부패 없이 깨끗하게 일하는 질서가 바로 세워지지 않으면 그 나라에는 미래가 없습니다. 사회가 정의롭게 되면 나라는 흥하고 민족은 하나가 됩니다. 그러나 부정부패가 들어가서 힘 있고 돈 있는 사람은 잘살고 힘 없고 돈 없는 사람은 짓밟히는 나라가 되면 국민들은 분노하고 사분오열이 되고 맙니다. 국가와 민족에 대한 애착도 사라지고 국력이 기울게 되는 것입니다.

그런데 정의가 바로 서려면 나라의 위정자들로부터 시작해서 모든 국민이 예수님을 믿고 하나님을 두려워할 줄 알아야 합니다. 마음이 달라져야 합니다. 회개해야 합니다. 마음 중심에 하나님을 모시고 하나님의 계명에 따라 살면서 지은 죄를 회개하는 삶을 살 때 정의가 바로 섭니다. 하나님 앞에 회개하지 않으면서 권세와 법의 힘을 빌려 정의를 세우려고 한다면 그때뿐이지 시간이 지나면 다시 부정부패가 일어날 것입니다. 참된 변화는 제도와 환경만 바꾼다고 되는 것이 아니라 성령의 깨닫게 하심을 따라 내적인 변화가 일어나야 합니다.

17절 │ 내가 내 마음속으로 이르기를 의인과 악인을 하나님이 심판하시리니 이는 모든 소망하는 일과 모든 행사에 때가 있음이라 하였으며

전도자는 이 세상이 의인과 악인을 분별하지 못하고 악인이 의인을 다스려 억울한 일을 당하게 하는 일이 있을지라도 하나님께서 하나님의 때에 공의로 모든 세상을 심판하실 것이라고 말합니다.

하나님의 심판은 주님이 다시 오실 때 이루어집니다. 그런데 주님이 오시기 전에도 하나님의 심판이 있습니다. 성경은 "한번 죽는 것은 사람에게 정해진 것이요 그 후에는 심판이 있으리니"(히 9:27)라고 말씀합니다. 사람이 사는 동안에는 드러나지 않는 불의도 그 사람이 세상을 뜨고 나면 하나님 앞에 심판을 받게 됩니다. 그래서 의를 행하며 선하게 산 사람이 세상에서는 인정받지 못한다고 할지라도 하나님 앞에서는 반드시 인정받게 됩니다. 이 세상에서 사는 동안 우리의 몸을 가지고 행한 대로 하나님 앞에 다 심판을 받게 된다는 것을 항상 잊지 마시기 바랍니다.

18절 내가 내 마음속으로 이르기를 인생들의 일에 대하여 하나님이 그들을 시험하시리니 그들이 자기가 짐승과 다름이 없는 줄을 깨닫게 하려 하심이라 하였노라

하나님께서는 예수 믿지 않는 사람들을 시험하셔서 그들의 처지가 짐승과 다름없다는 것을 깨닫게 하십니다. 하나님을 모르고 사는 사람이 세상에서 하는 일의 결국은 헛되고 헛된 것이기 때문에 짐승이 하는 일과 다를 바가 없습니다. 그리고 예수 믿지 않은 사람들 속에는 성령이 거하시지 않기 때문에 육혼만 가지고 있는 짐승이라고 할 수 있습니다.

예수 믿지 않는 사람들은 창조주 하나님을 알지 못하는 까닭에 인류의 기원을 미생물이나 짐승에서 찾습니다. 이처럼 진화론자의 눈은 어두워져 버렸기 때문에 하나님을 찾지 못하고 사람의 이론으로 인류의 기원을 찾으려고 하는 것입니다. 스스로를 동물로 취급합니다. 그러나 진화론이 허구인 것은 인류가 진화되어온 중간 과정이 없습니다. 또한 인류가 처음 어떻게 시작되었는지에 대해 막연한 이론을 만들어 내서 사람들을 속이고 있습니다.

이 세상에 있는 모든 생명체는 진화의 결과물이 아니라 하나님의 창조물입니다. 그중 사람은 하나님의 형상과 모양대로 지음받았습니다. 그러나 마귀의 꾐에 넘어가 오늘날과 같이 하나님을 반

역하는 존재가 되어 버렸습니다. 그래서 진화론과 같은 거짓말을 만들어 하나님을 생각하지 않으려고 하는 것입니다.

하나님의 창조물인 우리 모든 사람들은 예수님을 구주로 영접하고 하나님께로 돌아가야 합니다. 그럴 때 짐승과 다를 바 없는 처지에서 벗어날 수 있습니다. 모든 죄를 회개하고 새로워질 때 하나님의 창조에 합당한 삶을 살 수 있습니다.

19절 인생이 당하는 일을 짐승도 당하나니 그들이 당하는 일이 일반이라 다 동일한 호흡이 있어서 짐승이 죽음 같이 사람도 죽으니 사람이 짐승보다 뛰어남이 없음은 모든 것이 헛됨이로다

사람이나 짐승이나 피할 수 없는 것이 한 가지 있습니다. 그것은 바로 죽음입니다. 문명의 혜택과 이기를 누리고 사는 사람이 짐승에 비해 더 나은 삶을 사는 것 같지만 죽음 앞에서는 똑같습니다. 결국은 모두 흙으로 돌아갑니다. 그러나 이것은 예수 믿지 않는 사람에게만 적용됩니다. 예수 믿는 우리는 육신의 죽음으로 끝나지 않습니다. 하늘나라에 가서 부활의 몸으로 영원히 살 수 있습니다.

세상에서 아무리 뛰어난 지식을 배우고 훌륭한 기술로 문명의 이기들을 만들어 내는 사람이라 할지라도 하나님의 계시를 받지 못하면 세상의 지식과 기술은 모두 쓸모없는 것이 되고 맙니다. 영

원한 천국에 이르지 못하는 인생이 이 세상의 짧은 생애동안 그 무엇을 가지고 누린다고 해도 아무 소용이 없습니다. 그래서 성경은 "존귀하나 깨닫지 못하는 사람은 멸망하는 짐승 같도다"(시 49:20)라고 말씀합니다. 짐승이 어디에서 와서 왜 살며 어디로 가는지 모르는 것처럼 하나님의 계시를 깨닫지 못한 사람은 그저 먹고 마시고 시집가고 장가가고 무의미한 일만 하다가 죽는 것입니다. 구원 받지 못한 인생의 운명은 짐승이나 똑같은 것입니다.

20-21절 | 다 흙으로 말미암았으므로 다 흙으로 돌아가나니 다 한 곳으로 가거니와 인생들의 혼은 위로 올라가고 짐승의 혼은 아래 곧 땅으로 내려가는 줄을 누가 알랴

사람도, 짐승도 죽으면 흙이 됩니다. 사람이라고 해서 죽으면 금, 은, 보석이 되는 것이 아닙니다. 그런데 전도자는 여기서 의미심장한 질문을 던집니다. 사람이 죽으면 위로 올라가고 짐승이 죽으면 땅으로 내려가는 것을 누가 알 수 있냐는 것입니다. 하지만 이것은 예수 믿지 않는 사람의 시각에서 하는 질문입니다. 구원받지 못한 사람의 생각을 말하는 것입니다.

이처럼 구원받지 못한 사람들은 사람의 목숨을 가볍게 여깁니다. 짐승처럼 생각합니다. 레닌과 그 후계자 스탈린은 1917년에 볼

셰비키 혁명을 일으킨 이후로 소련을 공산화하기 위해서 3,000만 에서 5,000만 명에 이르는 사람들의 죽였습니다. 그리고 그 사람들의 시체를 과수원 비료로 사용했습니다. 중국의 모택동은 5,000만 명을 죽였습니다. 김일성도 마찬가지로 많은 사람의 목숨을 앗아갔습니다. 공산주의의 유물론적 무신론을 따르던 사람들이 그와 같이 잔인무도한 짓을 한 것입니다. 그러나 하나님을 믿는 신앙이 있는 곳에서는 한 사람 한 사람을 귀하게 여깁니다. 단지 짐승과 같이 흙으로 돌아갈 존재라고 생각하지 않고, 하나님을 닮은 존재로 생각하기 때문에 존귀하게 여깁니다. 하나님을 믿는 사람은 육신을 벗어나 영원히 살고, 예수님이 다시 오실 그때에는 부활의 몸을 입고 영원히 살게 됩니다. 그러므로 우리는 하나님의 형상과 모양대로 지음 받은 인간을 존귀하게 여길 줄 알아야 합니다. 또한 하나님의 자녀는 짐승과 같이 흙으로 썩어질 존재가 아닌 부활의 몸으로 영원히 살 수 있다는 복음을 널리 전파해야 합니다.

22절 그러므로 나는 사람이 자기 일에 즐거워하는 것보다 더 나은 것이 없음을 보았나니 이는 그것이 그의 몫이기 때문이라 아, 그의 뒤에 일어날 일이 무엇인지를 보게 하려고 그를 도로 데리고 올 자가 누구이랴

이 세상에서의 삶은 육신의 생명이 다하는 그날, 끝이 납니다. 더

욱이 예수 믿지 않는 사람은 지옥행이 준비되어 있기 때문에 끝없는 절망이 시간이 시작됩니다. 그러므로 믿지 않은 사람의 입장에서는 이 세상에서 사는 동안 자신이 만족을 얻을 수 있는 일을 하면서 즐거워하는 것보다 나은 것이 없습니다. 지옥에서 건져내 이 세상의 삶을 다시 살게 해 줄 사람이 아무도 없기 때문입니다. 또한 죽은 다음에 자신을 누가 기억하고 있는지, 자신이 없는 세상은 어떻게 돌아가는지를 확인시켜 줄 사람도 없습니다. 그래서 예수 믿지 않는 사람이 세상에서 사는 한평생 동안 즐거움을 누리지 못하고 고생만 하다가 죽으면 그것만큼 불쌍한 일이 없습니다.

그러나 예수 믿는 사람은 이 세상에서도 주님 때문에 기뻐하며 살고, 세상을 떠나 영원한 천국에 들어가서도 주님과 함께 기뻐하며 삽니다. 세상 사람들은 이 세상이 즐거움을 누릴 수 있는 유일한 시간과 장소이기 때문에 어떻게든 이 세상에서 부귀공명과 영화를 누리며 살려고 애를 쓰지만, 우리 예수 믿는 사람은 이 세상과 천국에서 행복의 근원되신 하나님과 함께 살기 때문에 세상일에 매여 살 필요가 없습니다. 또 세상의 부귀공명과 영화를 얻으면 하나님의 영광을 위해 사용하여 큰 상급을 얻을 수 있기 때문에 감사한 일입니다.

예수 믿는 사람이 세상에서 어려움과 고난을 당해도 우리는 항상 기뻐하고, 쉬지 말고 기도하고, 범사에 감사하는 것이 하나님의 뜻인 것을 알고 있습니다. 그래서 우리는 세상에서 벌어지는 일들에 지배를 받지 않습니다. 슬픈 일을 당해도 주님을 바라보면서 기쁨을 유지합니다. 나를 괴롭히는 원수가 있어도 주님을 바라보면서 용서하고 사랑합니다. 또한 좋은 일은 좋아서 감사하고, 나쁜 일은 좋게 만들어 주실 것을 믿으니 감사하며 살아갑니다. 이렇게 우리 예수 믿는 사람들은 항상 밝고 맑고 환하고 긍정적이고 적극적인 태도로 인생을 살기 때문에 환경이 변하고 삶이 변하는 것입니다.

우리는 천국의 소망을 바라보고 사는 사람들입니다. 그리고 이 세상에서의 삶은 저 천국에서 더 큰 상급을 받아 누릴 수 있게 해주는 축복된 현장입니다. 이 세상에서의 삶이 끝이라고 믿는 사람들도 어떻게든 즐겁고 기쁘게 살려고 노력합니다. 하물며 기쁨과 행복의 근원되신 예수님을 믿고 천국의 소망을 가진 우리가 더욱 기쁘고 즐거워하면서 사는 것은 당연한 일입니다. 환경과 조건의 지배를 받지 않고 항상 기뻐하고 감사할 줄 아는 사람은 신앙이 깊은 사람입니다. 신앙이 깊은 사람은 얼굴만 봐도 알 수 있습니다. 세상 사람들이 볼 때 우리 예수 믿는 사람들의 얼굴에서는 광채가 나야 합니다. 그리고 "예수 믿는 사람들은 뭔가 다르구나." 라는 인정을 받을 때 하나님께 영광이 되는 것입니다.

Chapter 4

학대, 수고, 동무

1. 위로 없는 학대(4:1-3)
2. 수고와 재주로 시기 받는 자(4:4-6)
3. 혼자보다 둘이 나음(4:7-12)
4. 왕보다 나은 자 (4:13-16)

전도자는 해 아래에서 사는 인생이 겪을 수 있는 일들과 인생의 동료에 대해 말합니다. 사람은 학대와 같은 비참한 현실을 맛보면서도 위로를 받지 못할 때가 있습니다. 때로는 수고를 해도 가진 재주로 인해 주위 사람들의 시기를 받기도 합니다. 그래서 인생에 좋은 동무를 가지는 것은 좋은 일입니다. 지도자가 된다고 하여도 외로움을 겪고, 새로 일어난 세대에게 환영받지 못합니다.

1. 위로 없는 학대 (4:1-3)

1 내가 다시 해 아래에서 행하는 모든 학대를 살펴보았도다 보라 학대받는 자들의 눈물이로다 그들에게 위로자가 없도다 그들을 학대하는 자들의 손에는 권세가 있으나 그들에게는 위로자가 없도다 **2** 그러므로 나는 아직 살아 있는 산 자들보다 죽은 지 오랜 죽은 자들을 더 복되다 하였으며 **3** 이 둘보다도 아직 출생하지 아니하여 해 아래에서 행하는 악한 일을 보지 못한 자가 더 복되다 하였노라

1절 내가 다시 해 아래에서 행하는 모든 학대를 살펴보았도다 보라 학대받는 자들의 눈물이로다 그들에게 위로자가 없도다

하나님께서는 아담과 하와를 자유로운 존재로 만드셨습니다. 그러나 그들이 하나님의 은혜를 저버리고 타락하면서부터 그들이 가진 자유로 더 이상 하나님의 뜻을 선택하지 않았고, 그로인해 이 세상에는 죄악이 관영하게 되었습니다. 힘, 권력, 직위를 남용함으로써 학대하는 자와 학대받는 자가 생겨났습니다. 잘사는 자와 못사는 자, 힘 있는 자와 힘 없는 자, 강한 나라와 약한 나라로 갈리고 전쟁과 전쟁 소문이 끊이지 않게 된 것입니다.

미국의 흑인 노예들을 한번 생각해 보십시오. 백인들이 아프리카로 건너가 평화롭게 살고 있는 흑인들을 짐승 사냥하듯 잡아 노예로 만들었습니다. 부모와 자식을 갈라놓고 부부를 생이별시키며 북미의 농장에 팔았습니다. 한 번 노예로 팔리면 짐승보다 못한 대우를 받으며 학대 가운데 살아갔습니다. 참으로 많은 노예들이 눈물을 흘리며 고통 가운데 살게 되었고, 주인에게 맞아 죽어도 누구 하나 위로해 주지 않았습니다.

그러던 중 미국의 제16대 대통령으로 당선된 에이브러햄 링컨이 노예 해방을 선언하자 미국의 북부와 남부 사이에 전쟁이 벌어졌습니다. 이 전쟁으로 수많은 사람이 죽었습니다. 노예를 학대한

죄로 인하여 하나님께 심판을 받은 것입니다. 결국 남북 전쟁이 끝나고 노예 해방이 이루어졌지만 노예 제도의 여파는 오래도록 계속되어졌고 흑인들은 여전히 심한 학대를 받았습니다. 백인과 함께 교육은 물론 예배도 드리지 못하고 같은 식당에도 들어갈 수 없는 차별을 받으며 살아야 했습니다. 마틴 루터 킹 목사가 흑인 차별에 대항하는 운동을 일으킨 후에야 흑인들의 지위가 높아지게 되었습니다.

우리나라도 이와 비슷한 역사적 경험을 가지고 있습니다. 일제 강점기 36년 동안 우리 민족이 일본에게 당한 학대는 말로 다 할 수 없습니다. 일본사람들의 총칼 아래 국권이 찬탈된 후, 공출 명목으로 땀 흘려 지은 농산물을 모두 빼앗기고 장정들은 징용되어 탄광으로 끌려가고 청년들은 총알받이로, 젊은 처녀들은 종군위안부로 끌려가는 처참한 학대를 받았습니다.

그중에서도 종군위안부 문제는 있을 수가 없는 일이었습니다. 시골에서 평안하게 살고 있던 처녀들을 끌고 가서 무자비한 일본군의 성적 노리개로 삼았습니다. 종군위안부로 끌려간 수많은 여성들이 자살을 하고 병들어 죽었습니다. 그나마 살아남은 자는 해방이 되어 돌아왔지만 수치스러움에 입을 열지 못하다가 이제야 여기저기서 진실이 밝혀지고 있습니다. 그들의 당한 인권 유린과 학대는 말 그대로 처참했습니다.

공산 세계에서 이루어진 학대는 또 어떻습니까? 구소련의 스탈린은 약 5천만 명에 달하는 동족을 죽였습니다. 중국의 모택동도 수많은 인명을 살상했고, 북한의 김일성과 김정일 역시 반동이라는 명목으로 대대적인 숙청작업을 통하여 죄 없는 사람들을 죽음으로 내몰았습니다. 이 모든 일은 죄악이 세상에 들어왔기 때문에 벌어진 일입니다.

삶이 주는 학대도 있습니다. 6·25전쟁 당시의 일입니다. 날씨가 몹시 추운 어느 겨울날, 북한에서 피난 온 사람으로 보이는 50대 남자가 거적때기 하나만 덮어쓰고 자다가 죽어 가고 있었습니다. 가서 보니까 겨우 숨만 붙어 있었는데, 건넛집 할머니께서 그 모습을 보고 바가지에 뜨거운 물을 담아 왔습니다. 할머니께서 그 사람 입에 뜨거운 물을 떠 넣어 주면서 한탄을 하시는 모습이 아직도 기억에 선합니다. 전쟁으로 인해 부모처자를 다 잃고 몸은 병들어 갈 데 없이 거적때기 덮어쓰고 자다가 얼어 죽으니 이야말로 삶이 주는 처참한 학대인 것입니다.

타락한 세상에서는 마귀가 인간을 학대합니다. 예수님께서는 "도둑이 오는 것은 도둑질하고 죽이고 멸망시키려는 것뿐이요 내가 온 것은 양으로 생명을 얻게 하고 더 풍성히 얻게 하려는 것이라"(요 10:10)고 말씀하셨습니다. 또한 "가난한 자에게 복음을 전하게 하시려고 내게 기름을 부으시고 나를 보내사 포로 된 자에게 자유를, 눈 먼 자에게 다시 보게 함을 전파하며 눌린 자를 자유롭게 하고 주의 은혜의 해를 전파하게 하려 하심이라"(눅 4:18-19)고 말씀하셨습니다. 예수님은 학대받는 자를 해방시키십니다. 그리스도의 복음이 들어가는 곳마다 학대가 사라집니다. 복음이 들어간 곳마다 노예 해방이 이루어지고, 여성의 인권이 존중되고, 아동이 보호를 받게 됩니다. 복음은 사람들을 무지에서 해방시키고 사람을 자유케 하고 생명을 얻게 하는 능력인 것입니다.

죄는 사람을 묶고 학대하고 차별하고 비참하게 만듭니다. 전도자는 "내가 다시 해 아래에서 행하는 모든 학대를 살펴 보았도다 보라 학대 받는 자들의 눈물이로다 그들에게 위로자가 없도다"(전 4:1)라고 말했습니다. 노예로 살던 흑인들이 언제 위로를 받았습니까? 우리가 일본사람들에게 짓밟힐 때 위로 받았습니까? 종군위안부에 끌려간 여자들이 처참하게 짓밟히고 자살할 때 누가 위로해 주었습니까? 학대받는 사람에게는 위로자가 없습니다. 소망이 없습니다. 학대자의 손에 권세가 있기 때문에 마음대로 인권을 유린하고 생명을 빼앗는 것입니다.

2-3절 | 그러므로 나는 아직 살아 있는 산 자들보다 죽은 지 오래 죽은 자들을 더 복되다 하였으며 이 둘보다도 아직 출생하지 아니하여 해 아래에서 행하는 악한 일을 보지 못한 자가 더 복되다 하였노라

천국도 없고 지옥도 없다고 생각하는 불신자들의 입장에서 보면

이 세상에서 학대받고 처참하게 사느니 죽는 것이 낫고, 차라리 태어나지 않는 것이 더 낫습니다. 그러나 그리스도 안에 있는 자는 어떠한 학대를 받고 처참한 지경에 처할지라도 영적으로 소망을 갖고 위로를 얻을 수 있습니다. 노예로 끌려온 흑인들이 예수님을 믿고 난 다음에 찬송가를 많이 지었는데, 대부분 천국에 대한 내용입니다. 지상에서는 육체적으로 무수한 학대를 받고 짓밟히지만 속사람은 위로를 받아 천국의 소망을 노래했습니다. 아무리 환경이 짓누르고 고통이 다가와도 내 속에 예수 그리스도가 계시고 하늘나라 소망이 있으면 눈물을 흘리면서도 위로를 받고, 고난을 이기고 천국을 향하여 갈 수 있습니다. 궁극적으로 천국에서는 그 모든 학대에서 해방을 받기 때문입니다.

또한 예수님을 믿는 사람은 하나님의 영원한 자유 속에 들어갈 수 있다는 소망이 있기 때문에 태어난 것에 감사하고 하나님께 영광을 돌립니다. 태어났기 때문에 예수 그리스도를 믿게 되었고 태어났기 때문에 천국의 상속자가 될 수 있는 것입니다.

2. 수고와 재주로 시기 받는 자(4:4-6)

4내가 또 본즉 사람이 모든 수고와 모든 재주로 말미암아 이웃에게 시기를 받으니 이것도 헛되어 바람을 잡는 것이로다 5우매자는 팔짱을 끼고 있으면서 자기의 몸만 축내는도다 6두 손에 가득하고 수고하며 바람을 잡는 것보다 한 손에만 가득하고 평온함이 더 나으니라

4절 내가 또 본즉 사람이 모든 수고와 모든 재주로 말미암아 이웃에게 시기를 받으니 이것도 헛되어 바람을 잡는 것이로다

사람이 수고롭게 연구하고 개발하여 성공을 거두었다 할지라도 그로 인해 사람들의 시기와 질투의 대상이 되고 모함을 당하게 됩니다. 그러므로 전도자는 열심히 연구 개발하여 사람들을 잘살게 하는 것이 무슨 의미가 있겠느냐고 한탄한 것입니다. 물질적으로 풍성해질지라도 정신적으로 시기와 분노가 가득하고 사랑이 없으면 아무 소용이 없습니다. 잠언서 15장 17절에 "채소를 먹으며 서로 사랑하는 것이 살진 소를 먹으며 서로 미워하는 것보다 나으니라"고 말씀합니다.

오늘날의 문명 세계도 마찬가지입니다. 사람이 열심히 연구 개발하여 문명과 과학을 발달시켰지만 결국 사람에게 돌아온 유익이 무엇입니까? 사람들은 자연과 더불어 살 때보다 더 많은 미움과 시기와 분노에 사로잡혀 절망적인 삶을 살고 있습니다. 최첨단 과학을 이용하여 개발한 무기로 한꺼번에 수천수만 명을 몰살시킵니다. 인간이 힘쓰고 애써서 발전시킨 문명이 오히려 사람을 죽이는 일에 사용되는 것입니다.

5-6절 우매자는 팔짱을 끼고 있으면서 자기의 몸만 축내는도다 두 손에 가득하고 수고하며 바람을 잡는 것보다 한 손에만 가득하고 평온함이 더 나으니라

평안이 없는 모든 물질적인 성취는 바람을 잡는 것과 같습니다. 물질은 많아도 마음에 불안과 근심과 염려가 꽉 들어차 있으면 아무 유익이 없습니다. 오히려 적게 소유하여도 마음이 편안한 것이 좋습니다. 행복의 기초는 평안에 있습니다. 마음이 평안하지 못하면 그 어떤 부귀영화, 공명이 있어도 행복하지 않습니다.

그렇다면 마음의 평안은 어디에서 옵니까? 평안은 오직 평강의 하나님을 알아야 주어집니다. 사람이 결심한다고 해서 마음의 평안이 이루어지지 않습니다. 하늘과 땅을 지으신 하나님을 알고 그 아들 예수님을 구주로 믿고 기도할 수 있을 때 마음이 평안해집니다. 저도 금전적인 스트레스, 인간관계의 스트레스, 개인적인 여러 스트레스가 생겨서 마음에 염려, 불안, 고통, 짜증이 다가올 때가 있습니다. 그러나 하나님께 나아가 일일이 고하고 간절히 기도하고 나면 스트레스가 깨끗하게 청소되고 마음이 평안해집니다. 지성으로 생각할 수 없는 마음의 평안이 오기 때문에 스트레스를 이기고 극복할 수 있습니다. 시편 기자의 말처럼 저녁에는 울음이 깃들일지라도 아침에는 기쁨이 다가오는 것입니다(시

30:5). 또한 기도하고 나면 '하늘과 땅을 지으신 하나님이 나를 돌보시니 내가 무엇을 걱정하리오. 태어날 때부터 죽을 때까지 모든 일생이 하나님의 손에 있으니 하나님께 맡기고 살 일이지, 내가 무슨 걱정을 하겠느냐.' 라는 용기가 생겨 담대히 전진할 수 있습니다.

하나님께 기도하지 않는 사람들은 스트레스를 해소할 길이 없습니다. 부부 싸움을 하고 술을 마시고 도박을 하고 마약을 하는 등의 여러 가지 방법을 동원해서 마음에 평안을 얻으려 하지만 오히려 그로 인해 더 큰 스트레스를 받게 됩니다.

마음의 평안은 하나님께서 주시는 것입니다. 철야기도, 새벽기도, 산기도, 금식기도 등을 통해서 하나님께 간절히 매달리면 어느새 마음의 모든 염려 근심이 사라지고 평안이 다가옵니다. 마음에 평안을 가져야 오래 살 수 있습니다. 호랑이나 사자와 같은 맹수는 사납고 거칠어서 다른 동물들에게 공포를 주지만 정작 그들은 몇 십 년 못 살고 죽습니다. 느리고 태평한 동물들이 오래 삽니다.

무엇보다도 마음에 평안이 있는 사람은 육체가 빨리 늙지 않습니다. 마음에 염려, 근심, 불안, 초조, 절망이 꽉 들어차면 몸에서 여러 가지 해로운 호르몬이 나와서 빨리 늙습니다. 그러나 마음이 평안하고 기쁘면 몸을 활력 있게 만드는 엔도르핀이 많이 나와서 건강하게 됩니다. 성경은 "주 안에서 항상 기뻐하라 내가 다시 말하노니 기뻐하라"(빌 4:4)고 말합니다. 마음이 기쁘면 평안해집니다. 또한 평안과 기쁨은 친구이기 때문에 평안이 오면 기쁨이 오고, 기쁨이 오면 평안도 함께 옵니다.

3. 혼자보다 둘이 나음 (4:7-12)

7내가 또 다시 해 아래에서 헛된 것을 보았도다 8어떤 사람은 아들도 없고 형제도 없이 홀로 있으나 그의 모든 수고에는 끝이 없도다 또 비록 그의 눈은 부요를 족하게 여기지 아니하면서 이르기를 내가 누구를 위하여는 이같이 수고하고 나를 위하여는 행복을 누리지 못하게 하는가 하여도 이것도 헛되어 불행한 노고로다 9두 사람이 한 사람보다 나음은 그들이 수고함으로 좋은 상을 얻을 것임이라 10혹시 그들이 넘어지면 하나가 그 동무를 붙들어 일으키려니와 홀로 있어 넘어지고 붙들어 일으킬 자가 없는 자에게는 화가 있으리라 11또 두 사람이 함께 누우면 따뜻하거니와 한 사람이면 어찌 따뜻하랴 12한 사람이면 패하겠거니와 두 사람이면 맞설 수 있나니 세 겹 줄은 쉽게 끊어지지 아니하느니라

7-8절 내가 또 다시 해 아래에서 헛된 것을 보았도다 어떤 사람은 아들도 없고 형제도 없이 홀로 있으나 그의 모든 수고에는 끝이 없도다 또 비록 그의 눈은 부요를 족하게 여기지 아니하면서 이르기를 내가 누구를 위하여는 이같이 수고하고 나를 위하여는 행복을 누리지 못하게 하는가 하여도 이것도 헛되어 불행한 노고로다

오래 전 신문에 일본의 한 거지에 관한 기사가 실린 적이 있습니다. 그는 길에서 동냥을 하다 죽었는데 알고 보니 수억 원을 가진 부자였습니다. 그러나 그는 그 많은 돈을 은행에 두고도 한 푼도 써보지 못하고 길에서 비참하게 죽었던 것입니다. 이 거지뿐만 아닙니다. 사람은 누구나 세상에서 수고하여 얻은 재물을 다 쓰지 못합니다. 그리고 그 재물을 죽을 때 가지고 갈 수도 없습니다. 그래서 전도서 기자는 애쓰고 힘써서 벌어도 쓰지 못하고 죽으니 헛되다고 말합니다.

9절 두 사람이 한 사람보다 나음은 그들이 수고함으로 좋은 상을 얻을 것임이라

두 사람이 단결하면 힘이 있습니다. 성경에 "하나가 천을 쫓으며

둘이 만을 도망하게 하였으리요"(신 32:30)라는 말씀이 있습니다. 상식적으로는 한 사람이 천을 쫓으면 두 사람이면 이 천을 쫓아야 하지만, 두 사람이 연합하면 그 열 배의 능력이 생긴다는 것입니다. 단결하면 열 배의 힘이 되게 하시는 것이 하나님의 공식입니다. 그러므로 우리는 할 수 있는 대로 힘을 합쳐야 합니다.

기도도 마찬가지입니다. 예수님께서는 "너희 중의 두 사람이 땅에서 합심하여 무엇이든지 구하면 하늘에 계신 내 아버지께서 그들을 위하여 이루게 하시리라"(마 18:19)고 말씀하셨습니다. 혼자서 기도하면 공중 권세 잡은 마귀의 진을 깨뜨리지 못하고 힘이 들지만, 두 사람이 합심하여 기도하면 큰 능력이 되어 원수의 진을 깨뜨리고 하늘의 응답을 가져옵니다. 가정에서도 부부가 뜻을 합하여 기도하면 쉽게 응답이 오는 이유가 바로 여기에 있습니다.

10절 | 혹시 그들이 넘어지면 하나가 그 동무를 붙들어 일으키려니와 홀로 있어 넘어지고 붙들어 일으킬 자가 없는 자에게는 화가 있으리라

두 사람이 함께 길을 가다가 한 사람이 넘어지면 다른 한 사람이 일으켜 줄 수 있습니다. 그러나 혼자 길을 가다 넘어지면 일으켜 줄 사람이 없습니다. 해는 져서 어두운데 아무도 함께하는 사람이 없다는 건 절망입니다. 그런 의미에서 결혼은 참으로 좋은 것입니다.

요사이에는 결혼을 귀찮게 생각하는 사람이 많습니다. 아내도 귀찮고, 남편도 귀찮다고 생각합니다. '혼자서 멋지게 살면 되지.'라고 생각하는데, 능력 있고 건강할 때는 혼자인 것이 좋아 보여도 늙고 병들면 그만큼 비참한 일이 없습니다. 병들어 온 몸이 고통스러운데 물 한 잔 떠다 줄 사람이 곁에 없다고 생각해 보십시오. 새벽에 고통스러워 잠에서 깨어나도 누구 하나 도와줄 사람이 없습니다. 그때가 돼서야 '결혼할 걸 잘못했다.', '아내가 옆에 있으면 얼마나 좋을까.', '남편이 옆에 있으면 얼마나 좋을까.'라고 생각하겠지만 그때는 이미 늦어 버린 것입니다. 좋을 때는 혼자인 것이 괜찮아 보여도 어려운 일이 생기면 함께해 주고 도와줄 사람이 꼭 필요합니다.

저는 해외 성회를 인도하기 위해 외국에 가서 좋은 경치를 볼 때가 종종 있는데, 혼자 보면 재미가 없습니다. 아내와 함께 있으면 서로 대화도 하고 즐겁지만, 혼자서는 외롭습니다. 음식도 두 사람이 같이 먹어야 맛이 있고, 즐거움도 서로 나눌 때 더 커집니다. 반대로 고통은 서로 분담하면 가벼워집니다. 본래 인생은 함께 살도록 지어졌습니다. 한자로 사람 인(人)자를 보면 두 사람이 서로 받치고 있는 모양입니다. 인생은 서로 받쳐 주고 살도록 되어 있는 것입니다.

신앙생활도 마찬가지입니다. '나 혼자 잘 믿으면 되지, 왜 자꾸 구역 예배에 나오고, 지역 모임에 나오라고 하느냐?'고 하는 사람도 있는데, 실상은 그렇지 않습니다. 좋을 때는 구역장도 소용없고 지역장도 소용없는 것 같아도 신앙생활을 하는데 어려움이 다가오고 풍파가 닥치면 이야기가 달라집니다. 지역장이 도와주고, 구역장이 달려오고, 구역원이 합심하여 기도해 주면 이겨 낼 힘이 생깁니다. 그러므로 어려울 때를 대비해서라도 좋은 모임에 소속되어 있는 것이 지혜로운 것입니다.

11-12절 | 또 두 사람이 함께 누우면 따뜻하거니와 한 사람이면 어찌 따뜻하랴 한 사람이면 패하겠거니와 두 사람이면 맞설 수 있나니 세 겹 줄은 쉽게 끊어지지 아니하느니라

저는 두 사람이 함께하는 전도자의 이 말을 경험적으로 잘 압니다. 예전에 외국 성회를 인도하러 아내와 함께 간 적이 있는데, 아내가 학교 강의 때문에 먼저 한국으로 돌아가야 했습니다. 그래서 혼자 잠자리에 들었는데 잠자리가 추워서 혼이 났습니다. 아내와 함께 잘 때는 방이 따뜻하고 좋았지만 아내가 없으니 온기가 없어서 밤새 웅크려 새우잠을 잘 수밖에 없었습니다. 이처럼 추울 때는 둘이 함께 누워야 서로의 온기로 따뜻하게 밤을 보낼 수 있습니다.

또한 전도자는 "한 사람이면 패하겠거니와 두 사람이면 맞설 수 있나니 세 겹 줄은 쉽게 끊어지지 아니하느니라"고 말합니다.

어려울 때도 서로 힘을 합쳐야 살아갈 수 있습니다. 6·25전쟁을 겪어 본 분들은 잘 아시겠지만, 피난 시절에 식구가 많은 집이 훨씬 더 많이 살아남았습니다. 상식적으로 생각하면 식구가 적어야 살아남기가 쉬울 것 같지만 실제로는 그렇지 않습니다. 식구가 많으면 얻어먹는 처지에 있어도 많은 식구가 나가서 먹을 것을 구해 오니까 그나마 끼니를 때울 수 있습니다. 어려울수록 무엇이든지 함께하면 어려움을 넉넉히 이겨 낼 수 있는 것입니다.

기도하고 전도를 할 때도 홀로 있으면 패하기가 쉽습니다. 예수님께서도 제자들을 전도하러 보내실 때 둘씩 짝을 지어 보내셨습니다. 왜냐하면 전도를 하다가 공격을 당해도 두 사람이 함께하면 서로 용기를 돋우어 주어 승리할 수 있기 때문입니다. 히브리서에는 "모이기를 폐하는 어떤 사람들의 습관과 같이 하지 말고 오직 권하여 그 날이 가까움을 볼수록 더욱 그리하자"(히 10:25)고 기록되어 있습니다. 믿는 사람들이 모이면 모일수록 주님의 임재하심이 강해지고 합심해서 기도하면 마귀를 넉넉히 이깁니다.

혼자의 신앙은 약할지라도 두세 사람이 구역으로 합치고 지역으로 모이면 굉장한 힘이 있습니다. 마귀는 어찌하든지 구역을 가르고, 지역을 나누고, 교회를 분열시키고, 기독교계를 훼파하려고 합니다. 분열하면 패하기 때문입니다. 그러므로 가정에 있는 신앙인들이 합쳐야 되고 구역원들이 모여야 합니다. 뿐만 아니라 한국교회가 하나 되고 기독교계가 연합해야 합니다.

4. 왕보다 나은 자 (4:13-16)

13가난하여도 지혜로운 젊은이가 늙고 둔하여 경고를 더 받을 줄 모르는 왕보다 나으니 14그는 자기의 나라에서 가난하게 태어났을지라도 감옥에서 나와 왕이 되었음이니라 15내가 본즉 해 아래에서 다니는 인생들이 왕의 다음 자리에 있다가 왕을 대신하여 일어난 젊은이와 함께 있고 16그의 치리를 받는 모든 백성들이 무수하였을지라도 후에 오는 자들은 그를 기뻐하지 아니하리니 이것도 헛되어 바람을 잡는 것이로다

13-14절 가난하여도 지혜로운 젊은이가 늙고 둔하여 경고를 더 받을 줄 모르는 왕보다 나으니 그는 자기의 나라에서 가난하게 태어났을지라도 감옥에서 나와 왕이 되었음이니라

전도자가 이야기하는 왕은 젊은 시절에 정치 운동을 하다가 옥에 갇혀 고난을 겪었지만 혁명을 통해 왕이 된 사람입니다. 그러나 그 왕도 늙고 우둔해져서 신하의 충언과 간청을 받아들일 줄 모르게 되었습니다. 성경은 그런 왕보다는 가난하더라도 지혜와 총명이 있는 젊은이에게 소망이 있다고 말합니다. 젊음이 늙음보다 낫다는 것입니다.

늙는다는 것은 슬픈 일입니다. 그러나 예수님을 믿고 늙은 사람에게는 슬픔이 없습니다. 오히려 백발이 영광입니다. 우리의 겉사람은 부패하지만 속사람은 날로 새로워지기 때문입니다. 예수님을 믿는 사람은 늙어서 육신의 장막집이 무너질지라도 손으로 짓지 않은 영원한 집이 있다는 것을 압니다. 세상을 떠나면 영원한 천국에서 영생의 몸을 입고 살게 될 것을 확신합니다. 그렇기 때문에 죽어서 육체를 떠나는 일이 겁나지 않게 되는 것입니다.

15절 내가 본즉 해 아래에서 다니는 인생들이 왕의 다음 자리에 있다가 왕을 대신하여 일어난 젊은이와 함께 있고

왕이 혁명을 일으켜서 나라를 세우고 국민을 이끌어갈 때 모든 사람들은 "왕이여! 왕이여!" 하고 연호했습니다. 그를 지지하고 그에게 머리를 숙였습니다. 그러나 그 왕이 늙고 우둔해지자 등을 돌렸습니다. 오히려 가난하지만 젊고 총명한 젊은이가 왕을 폐위시키고 자신이 왕위를 차지하겠다고 나서자, 모든 민심이 그에게 기울었습니다. 인심조석변(人心朝夕變)이라는 말이 헛말이 아님을 알 수 있습니다.

16절 그의 치리를 받는 모든 백성들이 무수하였을지라도 후에 오는 자들은 그를 기뻐하지 아니하리니 이것도 헛되어 바람을 잡는 것이로다

인생이란 영원히 머물 곳이 없는 끝없는 유랑입니다. 또한 영원히 이 땅에서 거하는 세대는 없으며 한 세대가 가면 후세대가 그 자리를 차지합니다. 사람들의 인심도 수시로 변합니다. 사람들은 권세자가 부귀공명, 영화를 누릴 때는 그를 따라가다가도 그의 권세가 사라지면 헌신짝처럼 버리고 다른 사람을 따라갑니다. 세상의 모

든 것이 유동적일 뿐, 영원하지 않습니다. 그러므로 유동적인 세상 것을 바라보고 사는 사람은 언제나 안정되지 못하고 평안하지 못합니다. 그러나 예수님을 믿는 사람은 하늘나라라고 하는 요동하지 않는 세계를 가지고 있습니다. 요동하는 세계 속에 살지만 불멸의 세계를 가지고 있는 것입니다.

예수님을 믿는 사람은 두 세계 속에서 살아갑니다. 현실적으로 변화무쌍한 세계에 몸을 두고 있지만, 내적 세계는 영원한 새 하늘과 새 땅에 속해 있습니다. 그래서 우리는 이 세계의 모든 환경과 형편에 요동하지 않습니다. 동남풍이 불고, 서북풍이 불어도 요동하지 않습니다. 예수님을 마음속에 모시고 살기 때문에 흔들리지 않는 것입니다.

우리의 가는 길은 정해져 있습니다. 예수님께서는 "내가 곧 길이요 진리요 생명이니 나로 말미암지 않고는 아버지께로 올 자가 없느니라"(요 14:6)고 말씀하셨습니다. 그러므로 우리는 길이요, 진리요, 생명 되신 예수 그리스도를 모시고 아버지 하나님을 향하여 걸어가는 것입니다. 이 여정에는 추호도 타협이 있을 수 없습니다. 살아도 가고 죽어도 가고, 먹어도 가고 못 먹어도 갑니다. 좋아도 가고 슬퍼도 갑니다. 성경에는 "잠시 잠깐 후면 오실 이가 오시리니 지체하지 아니하시리라 나의 의인은 믿음으로 말미암아 살리라 또한 뒤로 물러가면 내 마음이 그를 기뻐하지 아니하리라 하셨느니라"(히 10:37-38)고 기록되어 있습니다.

우리가 이 세상에서 발버둥을 치며 살아가지만, 세월은 순식간에 지나가고 맙니다. 그리고 영원한 세계는 우리 눈앞에 성큼 다가올 것입니다. 그때에 예수님을 믿고 준비한 사람은 기쁨으로 영생을 받아들이게 됩니다. 그러나 세상에 취해 세상 것을 좇아 살았던 사람은 좌절하고 절망에 처할 것입니다. 그러므로 허무하고 무의미한 세상 일에 마음을 뺏기지 말고 오직 예수 그리스도와 아버지 하나님만 바라보고 사시기 바랍니다.

전도자의 노래

Chapter 5

하나님을 경외함

1. 하나님께 나아감(5:1-7)
2. 학대하는 관료와 가난한 자(5:8-9)
3. 부요함의 헛됨(5:10-12)
4. 재물의 헛됨 (5:13-17)
5. 존귀의 헛됨(5:18-20)

전도자는 하나님을 경외하는 삶에 대해 말합니다. 사람은 하나님의 말씀을 겸손히 듣고 실천해야 합니다. 그리고 부주의하고 경솔한 말을 삼가야 합니다. 하나님께 서원한 것이 있으면 더디 갚지 말아야 합니다. 부와 재물을 얻는 것도 헛되고 존귀함을 받는 것도 헛됩니다. 하나님께서 주신 삶을 기뻐하며 사는 것이 하나님의 선물입니다.

1. 하나님께 나아감 (5:1-7)

1너는 하나님의 집에 들어갈 때에 네 발을 삼갈지어다 가까이 하여 말씀을 듣는 것이 우매한 자들이 제물 드리는 것보다 나으니 그들은 악을 행하면서도 깨닫지 못함이니라 **2**너는 하나님 앞에서 함부로 입을 열지 말며 급한 마음으로 말을 내지 말라 하나님은 하늘에 계시고 너는 땅에 있음이니라 그런즉 마땅히 말을 적게 할 것이라 **3**걱정이 많으면 꿈이 생기고 말이 많으면 우매한 자의 소리가 나타나느니라 **4**네가 하나님께 서원하였거든 갚기를 더디게 하지 말라 하나님은 우매한 자들을 기뻐하지 아니하시나니 서원한 것을 갚으라 **5**서원하고 갚지 아니하는 것보다 서원하지 아니하는 것이 더 나으니 **6**네 입으로 네 육체가 범죄하게 하지 말라 천사 앞에서 내가 서원한 것이 실수라고 말하지 말라 어찌 하나님께서 네 목소리로 말미암아 진노하사 네 손으로 한 것을 멸하시게 하랴 **7**꿈이 많으면 헛된 일들이 많아지고 말이 많아도 그러하니 오직 너는 하나님을 경외할지니라

1절 너는 하나님의 집에 들어갈 때에 네 발을 삼갈지어다 가까이 하여 말씀을 듣는 것이 우매한 자들이 제물 드리는 것보다 나으니 그들은 악을 행하면서도 깨닫지 못함이니라다시

'발을 삼가라'는 말은 매사에 주의를 기울이라는 뜻입니다. 전도자 솔로몬은 우리에게 마음과 행위를 삼가고, 지극히 경건하고 조심스러운 자세로 하나님 앞에 나아갈 것을 말합니다. 대개 우리는 어른들 앞에 나아갈 때 몸가짐을 조심합니다. 그리고 높은 지위에 있는 사람에게 나아갈수록 더 자신을 돌아봅니다. 그러므로 만왕의 왕이요, 만주의 주가 되시는 하나님께 나아갈 때 마음을 삼가고 행동을 삼가고 말을 조심하는 것이 마땅합니다.

우리가 경외하는 마음으로 하나님께 나아가서 말씀을 듣는 것은 우매자들의 제사보다 낫습니다. 우매자는 하나님의 말씀에 귀를 기울이지 않고 제사, 즉 의식만을 행하면 된다고 생각하는 사람입니다. 그의 삶은 하나님의 말씀과 상관이 없습니다. 우매자는 종교적 의식을 신앙생활의 전부로 착각합니다. 그는 하나님을 믿는다고 하지만, 실제로는 믿지 않습니다. 스스로 구원을 받았다고 생각하지만 사실은 버림받은 상태입니다. 그렇기 때문에 생활에 조금도 변화가 나타나지 않습니다.

삶의 변화는 우리의 심령에 말씀이 부딪힐 때 일어납니다. 종

교적 의식은 우리를 변화시키지 못합니다. 신앙생활의 기초는 하나님께 가까이 나아가서 하나님의 말씀에 귀를 기울이는 것입니다. 말씀이 우리 속에 들어오면 성령께서 그 말씀을 통하여 역사하시기 때문에 우리 삶에 변화가 나타납니다. 먼저 말씀이 있어야 성령의 역사가 일어나는 것입니다.

우리가 기도할 때도 무조건 자신의 주장을 고집하면 안 됩니다. 말씀을 통해 죄를 깨닫고 회개함으로 깨끗하게 되어야 하나님께서 우리의 기도를 들으십니다. 세상의 신문이나 잡지, 소설은 아무리 읽어도 우리의 영혼을 변화시키지 못하지만 하나님의 말씀은 다릅니다. 성경은 "하나님의 말씀은 살아 있고 활력이 있어 좌우에 날선 어떤 검보다도 예리하여 혼과 영과 및 관절과 골수를 찔러 쪼개기까지 하며 또 마음의 생각과 뜻을 판단하나니"(히 4:12)라고 말씀합니다. 말씀이 우리 속에 들어올 때 역사가 나타나는 것입니다. 그러므로 우리는 어찌하든지 말씀에 귀를 기울여야 합니다.

제가 동경에 성회를 인도하러 갔을 때의 일입니다. 그날이 월요일이었는데, 저녁에 아주 깊은 잠이 들었습니다. 갑자기 온몸 전체에 성령이 충만해지면서 마치 제 몸이 냉장고에 들어가는 것처럼 얼얼해졌습니다. 자다가 깜짝 놀라 깨었는데, 얼마나 성령 충만하던지 하나님의 음성이 내 속에 들어와서 그 음성이 제 입을 통해서 나왔습니다. 오랫동안 목회를 했지만 그런 경험은 처음이었습니다. 그때 하나님께서 주신 말씀은 창세기 12장에 기록된 아브라함에 관한 말씀입니다.

"내가 아브라함에게 명하여 그의 고향과 친척과 아버지의 집을 떠나 내가 네가 보여 줄 땅으로 가라고 했을 때 아브라함은 순종하여 죄악의 땅 갈대아 우르를 떠났다. 그가 믿음으로 내게 복종해서 나아갔기 때문에 내가 아브라함에게 큰 복을 주고 그를 창대하게 하였다. 너희도 내 말을 듣고 죄악의 세상을 떠나 내게 순종하고 나를 믿고 따르면 내가 너희에게 복을주고 창대하게 하리라."

이 말씀이 내 입에서 고함처럼 나왔는데, 그 소리가 얼마나 크던지 정신이 번쩍 들었습니다. 그 경험을 통해 저는 '우리가 이 죄악의 세상을 등지고 하나님을 믿고 순종하여 따르면 하나님께서 우리에게 큰 복을 주셔서 번창하게 하시는구나.' 하는 사실을 깊이 깨달았습니다. 하나님께서 저에게 그 말씀을 하신 것은 믿는 자들에게 전하여 그들이 복을 받게 하시기 위함이었습니다.

하나님께서는 우리가 하나님의 말씀을 듣는 것을 굉장히 기뻐하십니다. 구약의 사울 왕은 말씀을 듣지 않았기 때문에 버림을 받았습니다. 하나님께서는 사울에게 사무엘 선지자를 통해 아말렉 족속을 쳐서 멸하되 짐승까지 다 진멸하라는 명령을 하셨습니다(삼상 15:1-3). 그러나 그는 말씀에 불순종하여 아말렉 왕 아각을 살려 주고, 살진 소와 양떼들을 끌고 왔습니다. 사무엘이 사울 왕을 만나 그 경위를 따져 묻자, 사울 왕은 오히려 "가장 좋은 것으로 길갈에서 당신의 하나님 야훼께 제사하려고 양과 소를 끌어 왔나이다"(삼상 15:21)라며 자신의 행동을 정당화했습니다. 그때 사무엘이 사울 왕을 준엄하게 꾸짖었습니다.

"순종이 제사보다 낫고 듣는 것이 숫양의 기름보다 나으니 이는 거역하는 것은 점치는 죄와 같고 완고한 것은 사신 우상에게 절하는 죄와 같음이라 왕이 야훼의 말씀을 버렸으므로 야훼께서도 왕을 버려 왕이 되지 못하게 하셨나이다"(삼상 15:22-23).

사울 왕은 하나님의 말씀을 듣지 아니하고 오히려 살진 짐승으로 제사를 드리려 했다는 변명으로 자신의 행동을 정당화하다가 하나님께 버림을 받았습니다. 말씀을 듣지 않는 제사는 아무 소용이 없습니다. 하나님께 불순종하는 것은 바로 우상 숭배와 같기 때문입니다. 우리는 말씀을 최우선 순위로 여겨야 합니다. 말씀을 등한히 하는 모든 의식은 어리석은 행위에 불과합니다.

2절 너는 하나님 앞에서 함부로 입을 열지 말며 급한 마음으로 말을 내지 말라 하나님은 하늘에 계시고 너는 땅에 있음이니라 그런즉 마땅히 말을 적게 할 것이라

'하나님 앞에서 함부로 입을 열지 말라'는 말은 하나님 앞에 함부로 서원하고 약속하는 것을 삼가라는 뜻입니다. 사람들은 하나님 앞에서 충동적으로 헌신을 맹세하거나 물질을 바치겠다고 서원하

고는 뒤돌아서면 잊어버립니다. 우리가 섬기는 하나님은 업신여김을 받는 분이 아닙니다. 서원한 내용이 기억이 안 난다고 발뺌해도 소용이 없습니다. 말은 신중하게 하되, 일단 자신이 하겠다고 하나님 앞에서 말한 것은 어찌하든지 지켜야 합니다. 그렇지 않으면 큰 화가 다가옵니다.

국회의원이나 대통령에 당선된 사람들도 지키지 못할 공약을 내세웠다가 나중에 곤란할 상황을 겪는 것을 보았습니다. 사람과 사람 사이에도 약속을 지키지 않으면 지탄을 받는데, 하나님께 한 약속을 지키지 않으면 어떻게 되겠습니까? 하나님은 모욕을 받으시는 분이 아닙니다. 우리가 하나님께 약속을 하고 지키지 않는 것은 하나님을 모욕하는 것이기 때문에 당연히 하나님의 엄중한 징계가 따릅니다.

저는 목회를 하면서 사람들이 힘들고 어려우면 "하나님 아버지여, 지금 저를 도와주시면 일천만 원을 드리겠습니다. 일억 원을 드리겠습니다. 토지를 바치겠습니다." 하고 서원하는 것을 여러 번 보았습니다. 상황이 급박하니까 앞뒤 재지 않고 하나님께 약속을 남발하는 것입니다. 그러다 병이 낫고 문제가 해결되면 아까운 생각이 들어서 하나님과의 약속을 지키지 않습니다. 하나님을 한낱 장난감처럼 이용하는 것입니다. 그러다 결국 하나님의 진노를 받아 패망하는 것을 여러 번 보았습니다.

우리가 하나님께 감사하고, 찬송하고, 회개하고, 탄원하는 기도는 얼마든지 해도 됩니다. 그러나 하나님 앞에 나아가서 자기 자랑을 하거나, 서약하거나, 약속하는 일에는 신중해야 합니다. 하나님은 지극히 거룩한 분이십니다. 우리가 예배와 찬양을 드려야 할 하나님께 책임지지 못할 말을 함부로 하지 말아야 합니다. 하나님과 약속을 했다면 목숨을 걸고 지켜야 합니다. 그렇기 때문에 전도자는 하나님 앞에서 말을 삼가라고 가르치는 것입니다.

3절 | 걱정이 많으면 꿈이 생기고 말이 많으면 우매한 자의 소리가 나타나느니라

자신이 감당하지 못할 일을 많이 벌여 놓은 사람은 염려와 근심으로 인해 잠자리에서도 온갖 꿈을 꾸기 때문에 평안히 쉬지 못합니다. 여기서 말하는 꿈은 하나님께서 주시는 거룩한 꿈이 아닌 마음이 번잡해서 생기는 꿈입니다. 낮에 겪었던 일들이 잠재의식으로 있다가 밤에 꿈으로 재현되는 것입니다.

성공은 일의 많고 적음에 달려 있지 않습니다. 성경에서도 예수님은 일이 많아 분주한 마르다를 향해 "마르다야 마르다야 네가 많은 일로 염려하고 근심하나 몇 가지만 하든지 혹은 한 가지만이라도 족하니라"(눅 10:41-42)고 말씀하셨습니다. 한두 가지 일에 주력하라는 것입니다.

오래 전에 미국의 유명한 기업 상담가가 한국 기업을 살펴본 후, 당시 유행했던 백화점식 제조에 대해 쓴 소리를 한 적이 있습니다. 그는 백화점식으로 온갖 것을 다 만들어 팔다 보면 경쟁력이 떨어져서 나중에는 아무 것도 팔 수 없다고 했습니다. 오히려 한두 가지 전문적인 제품을 만들어야 세계 시장에서 승산이 있다고 조언했습니다.

그런데 예수님은 2천 년 전에 이미 이런 전문가적인 말씀을 하셨습니다. 한두 가지를 전문화시키라는 것입니다. 우리 여의도순복음교회도 마찬가지입니다. 우리는 순복음의 메시지를 전문화시켜야 합니다. 어느 때는 순복음이었다가, 또 어느 때는 장로교였다가, 또 어느 때는 침례교, 성결교가 되면 아무것도 안 됩니다. 우리가 순복음을 전문으로 선포해야 우리를 향한 하나님의 뜻을 이룰 수 있는 것입니다.

일을 전문화시켜야 하는 것처럼 우리가 하는 말에도 조리가 있고 절제가 있어야 합니다. 말을 많이 하다 보면 쓸모없는 이야기를 하게 됩니다. 말을 적게 해야 어리석은 말을 피할 수 있습니다. 입이 무거우면 실제로 어리석은 사람이라도 지혜가 있어 보입니다. 그러나 만나자마자 쉬지 않고 하고 싶은 말을 다 하는 사람은 속이 환히 들여다보입니다. 자신의 어리석음을 만천하에 공개하는 것입니다. 옛말에 "웅변은 은이요, 침묵은 금이다."라고 했습니다. 좋은 말보다 침묵이 가치가 있습니다. 그러므로 우리는 말을 하기에 앞서 한 번 더 생각하고 꼭 필요한 말을 하는 습관을 길러야 합니다.

4-5절 네가 하나님께 서원하였거든 갚기를 더디게 하지 말라 하나님은 우매한 자들을 기뻐하지 아니하시나니 서원한 것을 갚으라 서원하고 갚지 아니하는 것보다 서원하지 아니하는 것이 더 나으니

구약 시대에는 하나님께 서원한 것을 매우 엄격히 지켰습니다. 구약의 사사였던 입다는 암몬과의 전쟁에 앞서 "주께서 과연 암몬 자손을 내 손에 넘겨 주시면 내가 암몬 자손에게서 평안히 돌아올 때에 누구든지 내 집 문에서 나와서 나를 영접하는 그는 야훼께 돌릴 것이니 내가 그를 번제물로 드리겠나이다"(삿 11:30-31)라고 하나님께 경솔하게 서원했습니다. 적군이 많고 상황이 다급해지자 신중하지 못했던 것입니다.

입다는 하나님의 도우심으로 암몬과의 전쟁에서 대승을 거두고 집으로 돌아왔습니다. 그때 입다를 제일 먼저 맞이한 사람은 다름 아닌 그가 사랑하는 무남독녀 외동딸이었습니다. 입다의 딸은 소고를 치고 춤을 추며 아버지의 승리를 축하했습니다. 그 모습을 본 입다는 대문 앞에 주저앉아 옷을 찢으며 탄식했습니다.

"어찌할꼬 내 딸이여 너는 나를 참담하게 하는 자요 너는 나를 괴롭게 하는 자 중의 하나로다 내가 야훼를 향하여 입을 열었으니

능히 돌이키지 못하리로다"(삿 11:35)

아무리 최악의 상황이지만 자신이 하나님께 서원을 했기 때문에 지키겠다는 것입니다. 요즘 같으면 열이면 열 "아, 취소, 취소! 그때는 급해서 그런 말 했지만 내 딸이 나오니 취소합니다."라고 했을 것입니다. 그러나 구약 시대에는 크건 작건 하나님께 서원한 것은 다 지켰습니다.

서원은 보통 다급할 때 하게 됩니다. 하나님의 도우심이 절대적으로 필요하기 때문에 "하나님, 지금 저를 살려 주시면 반드시 이렇게 하겠습니다." 하고 필사적으로 매달리는 것입니다. 이 서원은 하나님의 팔을 잡아당기는 굉장한 힘이 있습니다. 하나님은 우리가 필사적으로 매달리고 서원하며 기도하면 들어주십니다. 그러나 막상 도움을 받은 후에 나 몰라라 하고 서원을 지키지 않으면 하나님께서 진노하십니다. 결국 그런 사람에게는 엄중한 징계가 따르는 것입니다.

서원하고 갚지 않을 바에는 오히려 서원을 안 하는 것이 훨씬 낫습니다. 저는 목회를 하면서 생사를 다투는 질병 앞에서 하나님께 서원했다가 병이 나은 후에 서원을 갚지 않아 죽는 사람을 여럿 보았습니다. 죽음 앞에서 "목사님, 하나님께서 이 병만 고쳐 주시면 온 가족과 함께 예수를 믿고 물질도 하나님께 드리겠습니다."라고 서원을 합니다. 그러나 병이 나은 후에는 "하나님이 고쳐주신 것이 아니라 약을 먹어서 나았다. 약이 효과가 있었다."라고 하면서 하나님의 치료를 부인하고 서원도 지키지 않습니다.

저는 이런 경험을 많이 한 후로는 병자를 위해 기도하러 가도 서원을 받지 않습니다. 오히려 서원하지 말고 마음으로 결심했다가 행동으로 옮기는 것이 낫다고 조언합니다.

6절 네 입으로 네 육체가 범죄하게 하지 말라 천사 앞에서 내가 서원한 것이 실수라고 말하지 말라 어찌 하나님께서 네 목소리로 말미암아 진노하사 네 손으로 한 것을 멸하시게 하랴

서원한 후에 실수라고 말하는 것은 자기 육체, 즉 자기의 생명을 범죄하게 하는 것입니다. 서원한 후에 실수했다며 부인하는 경우가 많습니다. 많은 처녀들이 부흥회에서 은혜 받으면 한평생 시집가지 않고 주님께 일생을 바치겠다고 서원합니다. 그러다가 신앙이 식으면 제게 와서 상담을 요청합니다. 실수로 서원을 했는데 지금은 그럴 생각이 없으니 실수로 한 서원은 지키지 않아도 된다는 말을 해달라고 부탁하는 것입니다.

하나님 앞에 실수라는 것은 없습니다. 실수로 했더라도 서원은 지켜야 합니다. 서원을 하는 것은 중요한 일입니다. 그러므로 감정에 끌려서 충동적으로 서원하지 말아야 합니다. 자신이 진정으로 원하는 바가 아니면 서원하지 말아야 합니다. 서원하고 지키지 않

으면 하나님을 업신여기는 것이기 때문에 하나님께서 그에게 징계를 내리십니다.

그러므로 특별히 주의 종들은 사람들을 흥분시켜서 서원을 하도록 유도하는 일이 없어야 합니다. 부흥회를 열어서 "젊은 청년들 중에 선교사로 나갈 사람 하나님께 서원하고 나오라. 평생을 바쳐 선교사로 서약할 사람은 나오라."고 하면 성도들은 감동을 해서 줄줄이 나옵니다. 그리고 아프리카 오지에 가서 선교를 하고 어려운 곳에서 선교사로 헌신하겠다고 서원을 합니다. 저는 그런 모습을 보면 가슴이 덜컥 내려앉습니다.

집회 중에 서원하는 것은 하나님 앞에 하는 것입니다. 만일 그 서원을 지키지 않으면 하나님 앞에서 그 값을 치루어야 할 때가 오기 때문입니다. 나중에 신앙이 식어서 하나님께 서원한 것을 실수라고 변명해도 소용이 없습니다. 하나님 앞에서 서원한 것이기 때문에 지키지 않으면 하나님을 모욕하는 것입니다. 그러므로 그가 하는 일에 하나님의 축복이 임하지 않습니다.

7절 | 꿈이 많으면 헛된 일들이 많아지고 말이 많아도 그러하니 오직 너는 하나님을 경외할지니라

본 절은 3절과 같은 맥락의 말씀입니다. 본문에서 말하는 '꿈' 역

시 하나님께서 주신 꿈이 아니라 인간적인 꿈입니다. 하나님께서 주시는 꿈은 우리가 평생에 걸쳐 이루어야 할 일에 대한 것으로서, 대개 한두 가지만 주십니다. 그러나 인간적인 꿈은 하루에도 열두 번씩 마음이 변하기 때문에 그 수는 많지만, 헛된 것들입니다. 그러므로 우리는 기도를 통하여 하나님께서 주시는 꿈을 받아야 합니다.

마찬가지로 말도 하나님께서 주시는 말을 해야 합니다. 인간적인 말을 많이 하면 대개 허탄한 말을 하기 때문에 나중에 주워 담지도 못할 뿐 아니라 뒷감당하기도 어렵습니다. 그러므로 우리는 하나님께서 주시는 꿈을 받고 하나님께서 주시는 말을 해야 합니다. 우리가 하나님을 경외하면 허탄한 꿈이 사라지고 허탄한 말도 멀리하게 됩니다.

2. 학대하는 관료와 가난한 자 (5:8-9)

⁸너는 어느 지방에서든지 빈민을 학대하는 것과 정의와 공의를 짓밟는 것을 볼지라도 그것을 이상히 여기지 말라 높은 자는 더 높은 자가 감찰하고 또 그들보다 더 높은 자들도 있음이니라 ⁹땅의 소산물은 모든 사람을 위하여 있나니 왕도 밭의 소산을 받느니라

8절 | 너는 어느 지방에서든지 빈민을 학대하는 것과 정의와 공의를 짓밟는 것을 볼지라도 그것을 이상히 여기지 말라 높은 자는 더 높은 자가 감찰하고 또 그들보다 더 높은 자들도 있음이니라

동서고금을 막론하고 인간사회 어느 곳을 가더라도 돈 없고 힘없는 자들을 학대하는 일과 정의가 무시된 채 불의가 성행하는 일들이 없는 곳이 없습니다. 지금 우리가 사는 사회에도 여러 종류의 불의가 존재하는데 대표적으로 정치 부패, 행정 부패, 언론 부패를 들 수 있습니다.

먼저 정치 부패란, 정부의 공직자가 자신의 지위와 권력을 이용하여 개인이나 기업의 정치적인 문제를 해결해 주고 뒤로 돈을 챙기는 것입니다. 정치인이 법적으로 문제를 해결해 주면 해당 개인이나 기업에 막대한 이익이 돌아갑니다. 그들은 정치인에게 제공한 거액의 검은 돈보다 더 많은 이익을 보기 때문에 정치인과 결탁하여 정치 부패를 저지릅니다. 이러한 정치 부패가 있으면 공정한 분배가 이루어지지 않습니다. 열심히 일한 자들이 돈을 버는 것이 아니라 권력의 뒤에 숨은 특정한 개인이나 기업에게 돈이 돌아가기 때문에 윤리와 도덕적 기반이 흔들리고 맙니다.

그 다음, 행정 부패는 행정적으로 처리해야 하는 민원에 돈이 개입되는 것을 말합니다. 행정 부패가 만연한 곳에서는 민원이 체

계적으로 이루어지지 않습니다. 돈을 주는 순서대로 일이 처리되기 때문에 서민이나 빈민층 사람들은 행정적인 혜택을 누리지 못하게 됩니다. 돈이 없는 사람은 자신의 권익을 주장하지 못하고, 자기 목소리를 내지 못하며 살아가는 것입니다.

마지막으로 언론 부패란, 매스컴이라는 매체를 이용하여 사람들로부터 돈을 갈취하는 것입니다. 기자들 중에도 정직한 기사를 쓰는 것에는 관심이 없고, 다른 사람의 약점을 이용하여 협박과 공갈로 돈을 버는 사람들이 있습니다. 이는 정의 사회 구현을 막고 정보의 왜곡을 초래하게 됩니다.

그런데 전도자는 이러한 불의를 보더라도 이상히 여기지 말라고 말합니다. 관료제 사회에서는 아랫사람이 윗사람의 지시를 받아 일을 합니다. 윗사람이 부정을 요구하면 아랫사람은 부정을 저질러야 합니다. 만일 아랫사람이 그 명령에 불복하고 윗사람이 원하는 대로 하지 않으면 상부에서는 그의 정직함을 인정하기보다 오히려 상관에게 불복종하는 자로 낙인을 찍습니다. 그러므로 위에서부터 부패가 사라지지 않으면 아랫사람이 아무리 깨끗하게 일을 하려고 해도 소용이 없습니다. 본문의 "높은 자는 더 높은 자가 감찰하고 또 그들보다 더 높은 자들도 있음이니라"는 말씀은 이런 관료제의 구조적 문제점을 지적하고 있습니다. 높은 자가 부정을 요구하면 층층으로 부정이 이루어지고 결국 가장 힘이 없는 하층민이나 빈민이 학대를 받게 된다는 것입니다.

어느 나라든지 정의로운 사회가 이루어지려면 정부의 규모가 작아야 합니다. 대체로 부패한 국가일수록 관료 제도가 방대합니다. 대통령과 국민 사이에 중간 관료가 지나치게 많으면 부패가 쌓여서 대통령의 말이 국민에게 진실 되게 전달되지 않습니다. 반대로 정의로운 국가일수록 효과적으로 일할 수 있는 최소한의 관료로만 정부가 이루어져 있어 부패가 틈타지 않습니다.

9절 | 땅의 소산물은 모든 사람을 위하여 있나니 왕도 밭의 소산을 받느니라

본문의 '땅의 소산물'은 농산물뿐만 아니라 땅에서 나오는 이익을 포괄적으로 지칭한 말입니다. 우리는 땅에 살면서 농사도 짓고, 장사도 하고, 사업도 합니다. 본문은 이 모든 이익이 모든 사람을 위하여 존재한다고 말합니다. 이익을 거두어 혼자만 잘살려고 하지 말고 최대한 공평하게 나누어야 한다는 것입니다. 미개한 나라일수록 빈부 격차가 심합니다. 부자는 매우 부유하고 중산층은 빈약하며 그 외의 사람들은 모두 가난합니다.

저는 공산주의 국가인 구소련과 동유럽에 가서 참으로 놀라운 일을 보았습니다. 공산주의 국가에서는 공산당을 제외한 모든 국민들이 노예처럼 살아갑니다. 공산당과 그 가족들이 이용하는 휴

양지에는 일반 사람들이 가까이 가지도 못합니다. 숲으로 둘러싸인 그곳에 저도 사흘 정도 묵은 적이 있는데, 완전히 별천지입니다. 자본주의 국가에서는 볼 수 없을 정도로 어마어마하게 잘해 놓았습니다. 공산당이라는 특수계층만 그런 혜택을 누리며 살아갑니다.

일반 사람들은 임금 노동자로서 노예와 다름이 없습니다. 자고 깨고 밥 먹는 시간이 모두 정부의 소유입니다. 정부가 모든 것을 통제합니다. 북한이 지금 그렇습니다. 공산당 지도 계급은 흥청망청 살아가지만 일반 국민들은 헐벗고 굶주린 노예가 되어 죽어가고 있습니다.

국가적으로 가난하다고 알려진 인도에서도 소수의 부자는 우리가 상상할 수 없을 만큼 잘 삽니다. 성벽 같은 집에서 어마어마한 혜택을 누리며 살아갑니다. 하지만 그들을 제외하고는 국민 대다수가 극심하게 가난합니다. 수많은 사람이 길거리에서 태어나 길거리에서 살다가 길거리에서 죽습니다. 중산층이 희박하기 때문에 국민이 부자가 아니면 거지, 이 두 계층으로 나뉘어져 있습니다.

그러나 미국이나 구라파, 일본 같은 사회에 가보면 대다수 국민이 중산층입니다. 부자나 가난한 사람이 차지하는 비율이 높지 않습니다. 우리나라도 선진국이 되려면 중산층이 많아져야 합니다. 정부가 적절한 세금 제도를 통하여 부자에게는 많은 세금을, 가난한 자에게는 적은 세금을 부과해야 합니다. 이렇게 거두어들인 세금은 공공 산업과 복지 정책에 사용하여 모든 사람들이 공평하게 혜택을 입도록 해야 합니다. 국가가 부자 편에 서도 안 되고, 가난한 사람 편에만 서도 안 됩니다. 최대한의 국민이 중산층이 되도록 돕는 것이 정부에게 주어진 최고의 과제입니다.

전도자는 "왕도 밭의 소산을 받느니라"고 말합니다. 전도서를 기록할 당시 왕이란 백성들에 대한 생사여탈권 뿐 아니라 모든 소유를 주장할 수 있는 절대 권력자였습니다. 그러나 하나님께서 보실 때는 왕도 밭의 소산물을 함께 나누는 자인 것을 전도자를 통해 말씀하셨습니다. 왕이라는 지위를 이용해서 자신이 원하는 것을 독점할 수 없도록 하신 것입니다. 하나님 앞에서는 일국의 왕 역시 땅의 소산물을 분배하는 한 개인에 불과합니다.

3. 부요함의 헛됨(5:10-12)

10은을 사랑하는 자는 은으로 만족하지 못하고 풍요를 사랑하는 자는 소득으로 만족하지 아니하나니 이것도 헛되도다 **11**재산이 많아지면 먹는 것들도 많아지나니 그 소유주들은 눈으로 보는 것 외에 무엇이 유익하랴 **12**노동자는 먹는 것이 많든지 적든지 잠을 달게 자거니와 부자는 그 부요함 때문에 자지 못하느니라

10절 은을 사랑하는 자는 은으로 만족하지 못하고 풍요를 사랑하는 자는 소득으로 만족하지 아니하나니 이것도 헛되도다

사람의 욕심은 끝이 없습니다. 우화에 보면 한 임금이 민정 시찰을 나갔다가 동냥 주머니를 들고 자신에게 구걸하는 거지를 만납니다. 임금은 신하를 시켜 동냥 주머니에 돈을 넣어주라고 했습니다. 그런데 돈을 넣고 보니 주머니의 돈이 감쪽같이 사라지고 없습니다. 이상해서 다시 돈을 넣어도 역시 돈이 없습니다. 임금은 왕궁의 모든 금은보화를 다 갖다 넣으라고 명령했습니다. 놀랍게도 그 많은 금은보화를 넣어도 넣자마자 없어졌습니다. 빈 주머니입니다. 그래서 왕이 물었습니다.

"도대체 네 주머니는 무슨 주머니이기에 그 많은 금은보화를 넣어도 빈 주머니가 되느냐?"

그러자 거지는 대답했습니다.

"제 주머니는 사람의 마음 주머니입니다."

사람의 욕심이 얼마나 끝이 없는가 하는 것을 잘 보여 주는 이야기입니다.

성경은 "눈은 보아도 족함이 없고 귀는 들어도 가득 차지 아니하도다"(전 1:8)라고 말씀합니다. 사람의 욕심은 만족시킬 것이 아니라 절제해야 합니다. 욕심을 해결할 가장 좋은 방법은 자족하는 마

음을 갖는 것입니다. 하나님께서 내게 주신 것에 만족하고 감사하는 것입니다.

전도자가 본 절에서 언급한 '은'은 오늘날의 돈을 말합니다. 돈을 사랑하는 자는 아무리 돈을 벌어도 만족하지 못합니다. 이미 벌어놓은 것은 잊고 더 벌려고 합니다. 소득으로 풍부해지기를 원하는 자는 아무리 물질을 많이 얻어도 더 가지고 싶은 법입니다.

사람은 욕심을 절제해야 만족을 얻을 수 있습니다. 자식을 키울 때도 마찬가지입니다. 자식이 해달라는 대로 다 해주면 나중에 그 자식이 도리어 불효하고 원망합니다. 부모가 능력이 있다 할지라도 자식들에게 필요 이상으로 해주지 말아야 합니다. 공급보다 더 중요한 것은 절제를 가르치는 것입니다. 절제할 줄 모르는 삶은 브레이크 없는 자동차와 같습니다. 인생에 절제가 없으면 절대로 행복해지지 않습니다. 오히려 불행해질 뿐입니다.

11절 재산이 많아지면 먹는 자들도 많아지나니 그 소유주들은 눈으로 보는 것 외에 무엇이 유익하랴.

전도자는 재산을 많이 소유한 사람이 온갖 유익을 다 누리는 것처럼 보여도 실상은 그렇지 않다고 말합니다. 소유한 논밭이 많아지고 사업체가 커지면 일하는 사람들이 많아지기 때문에 책임져야 할 인원도 늘어나기 때문입니다. 소유주는 자신의 소유가 늘어나는 것 같지만 결국 손에 쥘 수 있는 것이 아니라 눈으로 보는 것일 뿐 다른 유익이 없습니다.

옛날에는 기업체든 논밭이든 소유주 마음대로 할 수 있었습니다. 노동자들을 종처럼 부리면서도 마음껏 축재(蓄財)할 수 있었지만 지금은 그럴 수 없습니다. 자신의 돈으로 기업을 시작했다 할지라도 그곳에서 일하는 사람들이 노동력을 제공한 이상, 그 기업체는 실질적으로 공동 소유입니다.

소유주는 관리자로서 사업체를 관리할 뿐입니다. 온갖 금융 문제, 생산 문제, 판매 문제를 다 해결하고 그 모든 과정이 원활히 돌아가도록 해야 하기 때문에 책임이 무겁습니다. 그렇다고 다른 사람보다 밥을 많이 먹는 것도 아닙니다. 고생만 더 할 뿐입니다. 소유권도 주장하지 못합니다. 오히려 종업원들이 노조를 결성하면 마음대로 회사를 정리할 수도 없습니다. 이처럼 재산이 많아지면 그만큼 더 수고롭게 살아야 하는 것입니다.

12절 | **노동자는 먹는 것이 많든지 적든지 잠을 달게 자거니와 부자는 그 부요함 때문에 자지 못하느니라**

노동자는 시키는 일을 하고 월급을 받기 때문에 책임질 일이 거의 없습니다. 돈이 있으면 먹고, 없으면 덜 먹으며 편하게 살아갑니다. 그러나 고용주는 금융 문제, 생산 문제 등으로 고민을 해야 하고, 여기저기 신경 쓸 일이 많기 때문에 밤에도 편안히 잠을 이룰 수 없습니다. 이런 것을 보면 비록 소유는 적을지라도 노동의 대가를 받으며 사는 사람이 더 행복하고 편안합니다. 많이 가졌다고 해서 반드시 행복하고 편안한 것이 아닙니다. 그러나 우리가 있어야 할 위치를 우리 마음대로 결정할 수 없습니다. 하나님께서 어떤 사람은 경영자로, 어떤 사람은 창업주로, 어떤 사람은 고용자로 세우시기 때문입니다.

저도 솔직한 심정으로 말하자면 70만 성도가 모인 교회에서 목회하는 일이 쉽지 않았습니다. 2, 3천 명 정도의 교회에서 설교하고 심방하면 쉬었을 텐데 70만 성도를 대상으로 목회를 하고 온 세계를 다니며 복음을 전하다 보니 하루도 쉴 날이 없었습니다. 미국에서 구라파로, 구라파에서 일본으로, 다시 한국으로 다니다 보면 밥도 거르고 시차에 적응하느라 고생할 때가 한두 번이 아니었습니다. 때로는 '왜 내가 이렇게 살아야 하는가?'라는 생각이 들 때도 있었습니다. 그러나 제가 이렇게 살아온 이유는 하나님께서 제 위치를 결정하셨기 때문입니다. 인간 조용기가 잘나서 이루어진 일이 아닙니다. 저는 다른 사람보다 많이 배우지도, 일류 대학을 나오지도 않았습니다. 그럼에도 불구하고 하나님께서 저를 동분서주하며 살도록 만드셨기 때문에 시키시는 대로 했던 것입니다.

저는 가끔 아이들에게 "나는 고생하고 자랐지만 너희는 편안하게 공부하고 해외 유학까지 다녀왔으니 그 고마움을 알고 뼈를 깎는 노력을 하며 살아라."고 말하곤 했습니다. 그러면 아이들은 "고생한 것은 아버지 팔자이고, 훌륭한 아버지 밑에 태어나서 사랑을 받고 편안하게 사는 것은 우리 팔자이니 우리에게 아버지처럼 살라고 하지 마십시오."라고 대답했습니다. 맞는 말입니다. 결국 인생은 힘쓰고 애쓴다고 되는 것이 아닙니다. 하나님께서 주신 달란트대로 사는 것입니다. 종지를 들고 대야만큼 물을 받겠다고 폭포 밑에 서있어도 결국은 종지만큼만 물을 담을 수 있습니다. 대야만큼 물을 받으려면 그릇 자체가 대야만큼 커야 합니다.

하나님께서 사람들을 만드실 때 한 사람 한 사람을 그릇으로 만드셨습니다. 하나님은 토기장이시고, 우리는 그릇입니다. 여자라는 그릇으로 만드셨으면 여자로 살아야 하고, 남자라는 그릇으로 태어났으면 남자로 살아야 합니다. 남자가 여자처럼 살려고 아무리 화장을 하고 옷을 꾸며 입어도 그 사람은 남자입니다. 노력하고 애를 써도 아이를 낳을 수 없습니다. 여자도 마찬가지입니다. 넥타이 매고 남자처럼 꾸며도 결국은 여자입니다.

하나님께서는 사람이 태어날 시기도 정하셨습니다. 20세기에 태어난 사람은 20세기를 살아갑니다. 5천 년 전에 태어나고 싶었어도 시간을 되돌릴 수는 없습니다. 하나님께서 그렇게 하셨기 때문입니다. 우리가 인식하든 인식하지 못하든 우리 삶의 전부가 하나님의 손에 있습니다. 다윗은 "나의 앞날이 주의 손에 있사오니" (시 31:15)라고 고백했습니다. 하나님께서 우리를 위해 모든 것을 정해 놓으신 것입니다. 그러므로 하나님의 뜻에 순복하여 자신의 삶에 만족하며 살아야 합니다.

한국 사람으로 태어난 것이 마음에 들지 않는다고 성형 수술을 해서 코를 높이고 머리를 노랗게 염색한다고 해서 서양 사람이 되지 않습니다. 우리는 하나님께서 주신 상황에 만족하고 감사하며 살아야 합니다.

성경은 "오직 하나님께서 각 사람에게 나누어 주신 믿음의 분량대로 지혜롭게 생각하라"(롬 12:3)고 말씀합니다. 하나님께서 주신 믿음의 분량을 따라 노동자는 노동자로, 경영자는 경영자로 살아가면 됩니다. 주신 분량을 따라 열심히 살아가면 하나님께서 높이기도 하시고 큰일을 맡기기도 하십니다. 일을 맡기시는 분은 하나님이시지 우리가 아닙니다. 우리의 본분은 하나님을 믿고 충성스럽게 살아가는 것입니다. 그 다음은 하나님께서 이끌어 주십니다. 그러므로 인생이 우리의 힘과 능으로 되는 것이 아니라는 사실을 알고 자족하는 마음을 가지고 감사하며 살아가시기 바랍니다.

4. 재물의 헛됨(5:13-17)

¹³내가 해 아래에서 큰 폐단 되는 일이 있는 것을 보았나니 곧 소유주가 재물을 자기에게 해가 되도록 소유하는 것이라 ¹⁴그 재물이 재난을 당할 때 없어지나니 비록 아들은 낳았으나 그 손에 아무것도 없느니라 ¹⁵그가 모태에서 벌거벗고 나왔은즉 그가 나온 대로 돌아가고 수고하여 얻은 것을 아무것도 자기 손에 가지고 가지 못하리니 ¹⁶이것도 큰 불행이라 어떻게 왔든지 그대로 가리니 바람을 잡는 수고가 그에게 무엇이 유익하랴 ¹⁷일평생을 어두운 데에서 먹으며 많은 근심과 질병과 분노가 그에게 있느니라

13절 내가 해 아래에서 큰 폐단 되는 일이 있는 것을 보았나니 곧 소유주가 재물을 자기에게 해가 되도록 소유하는 것이라

전도자가 발견한 인생의 폐단, 즉 크게 잘못된 사실은 재물이 사람에게 득이 되지 않고 도리어 해가 될 수 있다는 것입니다. 재물을 소유한 사람이 재물을 움켜쥐고만 있으면 인생에 해롭습니다. 자신이 가진 물질을 하나님 나라와 공공사업에 풍성히 사용하면 사람들에게는 유익이 되고 자신은 명예와 영광을 얻습니다.

물질 자체는 나쁜 것이 아닙니다. 돈 자체도 악이 아닙니다. 돈을 사랑하는 마음이 일만 악의 뿌리가 되는 것입니다(딤전 6:10). 돈을 사랑하면 돈의 노예가 됩니다. 돈을 잘 사용하면 돈으로 병자도 고쳐 주고, 가난한 사람도 도와주고, 여러모로 유익한 일을 할 수 있습니다. 돈은 마치 혈액과 같아서 잘 순환될 때 유익합니다. 그러나 누군가 그 돈을 잡고 놓지 않으면 사람 몸에 혈액이 돌지 않는 것 같이 문제가 생기는 것입니다.

우리가 잘 아는 대로 갈릴리 호수와 사해의 경우를 보십시오. 갈릴리 호수는 요단 강의 물이 유입되는 대로 밖으로 내보냅니다. 그래서 물이 아주 맑고 생물이 가득합니다. 낮에 배를 타고 호수를 들여다보면 바닥까지 훤히 보일 정도입니다. 반면에 사해는 물을 받으면 절대 밖으로 내보내지 않습니다. 가지고만 있다 보니 들어

온 물이 햇빛에 증발되는 것 이외에는 나가지 못합니다. 결국 광물질과 염분이 쌓여서 고기 한 마리, 풀 한 포기 살 수 없는 죽은 바다가 되고 말았습니다.

세상의 법칙은 사해와 같아서 움켜쥐려고만 합니다. 그러나 하나님의 법칙은 나누어 주는 것입니다. 성경은 "주라 그리하면 너희에게 줄 것이니 곧 후히 되어 누르고 흔들어 넘치도록 하여 너희에게 안겨 주리라"(눅 6:38)고 말씀합니다. 우리 교회는 헌금이 들어오면 상당 부분을 해외 선교와 구제, 개척교회 지원을 위해 사용합니다. 우리 교회와 관련된 일에만 헌금을 사용하면 편하고 좋습니다. 그러나 장기적으로 볼 때 그렇게 하면 교회는 생명력을 잃어버립니다. 사해처럼 죽는 것입니다. 물질은 하나님 나라와 이웃을 위해 사용해야 합니다.

오래 전에 정치인들을 비롯하여 많은 사회 지도층에 있는 사람들이 재산 공개를 한 적이 있습니다. 그때 목사들도 재산을 공개하라고 하면서 어떤 사람이 저를 모함한 일이 있었습니다. 그는 저의 집사람이 복부인이고, 저는 수백억 원대의 재산을 소유했다는 내용을 적은 유인물을 우리 교회 장로님들에게 돌렸습니다. 저는 그 이야기를 듣고 가만히 앉아서 제 재산을 따져 보았습니다. 그 당시 제 나이가 58세였고 목회를 35년 했을 때인데, 동산과 부동산 다 합쳐도 2억 원 정도였습니다. 사는 집도 교회 사택이라 은퇴할 때 나가라고 하면 나가야 하는 처지였습니다. 지금도 사정은 비슷합니다. 제가 돈을 벌기 위해 목회를 한 것이 아니기 때문에 물질을 소유하는 것에 별 관심이 없습니다. 물질은 하나님 나라와 이웃을 섬기는 도구가 될 때 의미와 가치가 있습니다.

14절 그 재물이 재난을 당할 때 없어지나니 비록 아들은 낳았으나 그 손에 아무것도 없느니라

물질을 선한 일에 사용하지 않는 사람은 결국 재난을 통해 다 빼앗기고 맙니다. 그리고 물질을 손에 쥐고만 있으면 반드시 재난의 날이 다가옵니다. 그래서 가지고 있는 물질도 다 잃어버리고 자식을 낳아도 물려줄 것이 없을 정도로 비참하게 됩니다.

일본은 전쟁을 이용해 굉장한 부를 얻었습니다. 예를 들면 우리나라의 6·25 전쟁이나 베트남 전쟁을 통해서 돈을 벌어 들였습니다. 이웃 나라의 전쟁을 축재의 도구로 이용했던 것입니다. 더욱이 그렇게 벌어들인 돈을 제대로 사용하지도 않았습니다. 해외 원조에 인색했고, 심지어는 2차 대전 중에 일본인의 종군위안부로 잡아간 할머니들에게도 보상을 거부했습니다. 결국 지금 일본은 경제 위기를 만나 집값이 폭락하고 화폐 가치가 떨어져서 많은 고생을 하고 있습니다.

그러나 희한하게도 한국은 수많은 역경과 고난을 겪었지만 오뚝

이처럼 일어나서 극복합니다. 우리나라의 성도가 하나님께 수입의 십일조를 드리고, 선교에 헌신하고, 또 많은 선교사를 해외에 내보내기 때문에 하나님의 축복이 우리와 함께 하는 것입니다. 이처럼 재물을 어떻게 사용하느냐에 따라 국가의 흥망성쇠가 달라집니다.

15절 | 그가 모태에서 벌거벗고 나왔은즉 그가 나온 대로 돌아가고 수고하여 얻은 것을 아무것도 자기 손에 가지고 가지 못하리니

모든 사람은 이 세상에 벌거벗고 태어납니다. 그리고 어떻게 살았든지 죽을 때에도 빈손으로 갑니다. 죽어서 집을 가져가거나 은행 예금을 들고 가는 사람은 없습니다. 그저 빈손으로 좁은 땅에 묻히는 것입니다.

　톨스토이의 작품 중에 이런 이야기가 있습니다. 마귀가 평화롭게 살아가는 한 농부를 찾아와 "네가 하루 동안 밟는 땅은 다 너에게 주겠다. 대신 해지기 전까지 출발점으로 돌아와야 한다."고 제안을 했습니다. 농부는 그 제안에 흥분하여 해가 뜨자마자 넓은 땅을 향해 달리기 시작했습니다. 해지기 전까지 출발점으로 돌아와야 하는데도 욕심이 나서 너무 멀리까지 가게 되었습니다. 그러다가 해가 뉘엿뉘엿 지는 것을 보고는 그제야 정신이 들어 다급한 마음으로 출발점을 향해 달리기 시작했습니다. 숨이 턱에 차고 가슴

이 터질 것 같았지만 해가 완전히 지기 전까지 도착하지 않으면 모든 것이 무효가 되기 때문에 죽을힘을 다해 달렸습니다. 농부는 결국 해지기 전에 출발점에 도착하는 데에는 성공했지만 너무 무리해서 달린 나머지 그 자리에서 쓰러져 죽고 말았습니다. 욕심이 화를 부른 것입니다.

우리가 이 세상을 살 때에도 분명한 삶의 철학이 있어야 합니다. 내가 어디서 와서 왜 살며 어디로 가는가를 분명히 알아야 탐욕의 노예가 되지 않습니다. "내가 타락한 아담과 하와의 자손으로 이 세상에 죄 가운데 태어났지만 예수 그리스도의 대속의 보혈로 구원을 받고 이 땅에서 하나님께 영광 돌리고 주의 나라를 확장하며 살다가 영원한 천국으로 돌아갈 것이다."라고 분명히 말할 수 있어야 합니다. 그래야 하나님께서 주신 복을 주님의 영광을 위해 사용하게 되는 것입니다.

물질을 많이 소유했다 할지라도 하나님과 이웃을 위해 사용하지 않고 이 세상에 그대로 남겨 두고 가면 아무 소용이 없습니다. 성경은 "오직 너희를 위하여 보물을 하늘에 쌓아 두라"(마 6:20)고 말씀합니다. 그러므로 이 땅에 살면서 재물을 하늘에 쌓아두지 않은 사람은 세상 떠날 때라도 하나님께 드리는 것이 좋습니다. 정 안 되겠거든 가진 재물의 십일조라도 떼어서 하나님께 드려야 합니다. 재물은 하나님께서 주셨습니다. 그러므로 하나님을 섬기는 일에 사용하다가 세상을 떠날 때 하나님께 드리고 가는 것이 마땅합니다.

16절 │ 이것도 큰 불행이라 어떻게 왔든지 그대로 가리니 바람을 잡는 수고가 그에게 무엇이 유익하랴

인생은 어떤 상황에서 태어나 어떻게 살았든지 결국은 일장춘몽과 같습니다. 세상의 부귀영화를 다 누려도 지나고 나면 한낱 꿈과 같은 것입니다. 사라지지 않는 유일한 것은 예수님밖에 없습니다. 예수님은 우리가 백발이 되어도 함께 계시고 관 속에 들어갈 때도 함께하십니다.

17절 │ 일평생을 어두운 데에서 먹으며 많은 근심과 질병과 분노가 그에게 있느니라

수고롭게 모은 재산을 잘못 사용하여 다 잃어버리고 나면 그로 인하여 마음에 원한이 쌓이고 병에 걸리게 됩니다. 그래서 일평생을 어두운 데에서 먹으며 우울과 슬픔과 분노로 삽니다. 재물이 있을 때 잘 사용하면 허망하게 사라질 일이 없습니다. 주면 다시 채워지는 하나님의 법칙으로 인해 끊임없이 공급되는 은혜의 삶을 살게 되는 것입니다.

5. 존귀의 헛됨(5:18-20)

18사람이 하나님께서 그에게 주신 바 그 일평생에 먹고 마시며 해 아래에서 하는 모든 수고 중에서 낙을 보는 것이 선하고 아름다움을 내가 보았나니 그것이 그의 몫이로다 19또한 어떤 사람에게든지 하나님이 재물과 부요를 그에게 주사 능히 누리게 하시며 제 몫을 받아 수고함으로 즐거워하게 하신 것은 하나님의 선물이라 20그는 자기의 생명의 날을 깊이 생각하지 아니하리니 이는 하나님이 그의 마음에 기뻐하는 것으로 응답하심이니라

18절 | 사람이 하나님께서 그에게 주신 바 그 일평생에 먹고 마시며 해 아래에서 하는 모든 수고 중에서 낙을 보는 것이 선하고 아름다움을 내가 보았나니 그것이 그의 몫이로다

여기서 '하나님께서 그에게 주신 바 그 일평생' 이라는 말은 하나님께서 사람의 살아갈 때를 결정하신다는 뜻입니다. 나고 죽는 것을 사람이 결정할 수 없습니다. 우리 사람은 하나님께서 정하신 때에 와서 정하신 때에 떠나야 합니다. 하나님께서 정하신 일평생에 먹고 마시고 해 아래서 수고하며 살아가는 것입니다.

전도자는 '해 아래에서 하는 모든 수고 중에서 낙을 보는 것이 선하고 아름답다.'라고 말합니다. 이 말은 마음에 기쁨을 가지고 사는 것이 가장 좋다는 뜻입니다. 아무리 많이 먹고, 마시고, 수고를 하여도 마음에 기쁨이 없는 사람은 삶의 낙이 없습니다. 기쁨을 잃어버리면 삶의 의미도 사라집니다. 부귀공명, 영화가 아무 소용이 없습니다. 고래 등 같은 집에 살아도 마음이 우울하고 행복하지 않으면 그건 살아도 사는 것이 아닙니다. 그러나 초가삼간에 살며 항상 나물 반찬에 밥을 먹어도 마음에 기쁨이 있으면 그것이 바로 행복입니다. 낡은 옷을 입더라도 마음에 즐거움이 있으면 휘파람이 나오지만 비단옷을 입어도 마음이 슬프면 불행합니다. 그러므로 인생에서 가장 중요한 것이 마음의 행복이요, 기쁨입니다. 그런

데 이 마음의 기쁨은 사랑으로부터 옵니다. 찬송가 293장을 보면 이런 가사가 나옵니다.

"주의 사랑 비칠 때에 기쁨 오네 근심 걱정 물러가고 기쁨 오네"

사랑이 마음의 기쁨을 가져다주는 것입니다. 하나님을 사랑하고 하나님의 사랑을 받을 때 참 기쁨이 다가옵니다. 이웃을 사랑하고 또 이웃에게 사랑을 받으면 기쁜 것입니다. 사랑을 배제해 버리면 아무리 돈이 태산처럼 쌓여 있어도 기쁨이 없습니다. 지위나 명예도 소용이 없습니다. 미움은 마음의 기쁨을 빼앗고 불행을 가져다줍니다. 가정에서도 마찬가지입니다. 남편이 아내를 사랑하고, 아내가 남편을 사랑하면 서로 행복하고 기쁩니다. 그러나 서로 미워하면 행복이 사라지고 불행이 다가옵니다. 기쁨은 세상의 지위나 명예, 돈으로 살 수 없습니다. 명예를 얻고 부자가 되면 기쁨이 넘칠 것만 같지만 한 번 얻고 나면 기쁨은 순식간에 사라지고 맙니다. 그러므로 사랑을 배제한 물질이나 지위, 명예와 권세로 마음의 낙을 누려 보겠다는 사람은 바람을 잡으려고 하는 것과 같습니다.

이 세상에서 제일 좋은 것이 사랑입니다. 성경에도 "믿음, 소망, 사랑, 이 세 가지는 항상 있을 것인데 그 중에 제일은 사랑이라"(고전 13:13)고 기록되어 있습니다. 사랑이 제일 값집니다. 그러므로 우리는 어찌하든지 사랑하고 사랑받는 인생을 살아야 합니다. 그것이 진정한 인생의 낙이요, 행복입니다.

19절 | 또한 어떤 사람에게든지 하나님이 재물과 부요를 그에게 주사 능히 누리게 하시며 제 몫을 받아 수고함으로 즐거워하게 하신 것은 하나님의 선물이라

하나님을 섬기는 사람만이 하나님께서 은혜로 주신 재물과 부요를 누리며 살아갈 수 있습니다. 하나님 없는 부와 재물은 행복을 가져다주지 않습니다. 무엇이든지 하나님께 받은 것만이 사람을 행복하게 합니다. 세상 사람들은 예수님을 믿으라고 하면, "하나님을 믿지 말고 내 주먹을 믿으라."는 소리를 하지만 그런 사람치고 행복한 사람이 없습니다. 하나님을 저버리는 것은 곧 인생의 의미와 행복을 등지는 것이기 때문입니다.

성경은 "의인의 적은 소유가 악인의 풍부함보다 낫도다"(시 37:16)라고 말씀합니다. 의인의 소유는 하나님께로부터 온 것이기 때문에 행복을 가져다 줍니다. 우리가 하나님께 물질의 십일조를 드리고, 성수주일하고, 하나님을 섬기면 하나님께서 우리에게 필요한 모든 것을 은혜로 주십니다. 하나님께서 주신 것은 감사와 희락을 동반하기 때문에 진정한 행복과 즐거움을 줍니다. 그러나 인간적인 수단과 방법으로 부와 재물을 얻다 보면 그 삶이 상처투성이가 되고 나중에는 자신의 소유를 누리지도 못하게 됩니다. 하나님께서 주신 것이 아니라 스스로의 힘으로 얻어 누리려고 하기 때

문에 인생에 유익을 주지 못하는 것입니다.

　우리가 믿는 하나님은 좋으신 하나님이십니다. 예수님은 "도둑이 오는 것은 도둑질하고 죽이고 멸망시키려는 것뿐이요 내가 온 것은 양으로 생명을 얻게 하고 더 풍성히 얻게 하려는 것이라"(요 10:10)고 말씀하셨습니다. 하나님은 우리에게 생명 주기를 원하십니다. 그러므로 우리는 무엇을 하든지 하나님과 더불어 하고, 또 어느 곳에 있든지 하나님과 더불어 살아야 하는 것입니다.

20절 | 그는 자기의 생명의 날을 깊이 생각하지 아니하리니 이는 하나님이 그의 마음에 기뻐하는 것으로 응답하심이니라

　하나님과 함께하는 사람은 자신이 살아가는 날에 대하여 깊이 생각하지 않습니다. 그에게는 시간이 빠르게 느껴집니다. 그러나 마음이 고통스러운 사람에게는 하루가 굉장히 깁니다. 특히 병상에 누운 사람은 하루해가 얼마나 길게 느껴지는지 모릅니다.

　제가 고등학생 때에는 폐병에 걸려 누워 있는 것 말고는 할 수 있는 일이 없었습니다. 그러다 보니 방에 누워서 아침부터 저녁까지 천장의 파리똥을 일일이 세었습니다. 몇날 며칠을 그렇게 지내다 보니 나중에는 얼마나 지겨운지 말로 할 수 없었습니다. 그 당시에 하루가 얼마나 길고, 또 밤은 얼마나 길게 느껴졌는지 모릅니

다. 이처럼 삶이 고되고 힘든 사람에게는 시간이 고통스러운 것입니다.

그러나 인생이 즐거운 사람은 하루가 쏜 화살같이 빠르게 지나가 버립니다. 초등학교 시절을 한번 생각해 보십시오. 그때는 방학이 왜 그리 빨리 가는지 모릅니다. 엊그제 방학을 시작한 것 같은데 금세 방학이 끝나고 학교에 가야 했습니다. 이처럼 즐거운 사람에게는 날이 빨리빨리 지나갑니다. 하나님께서 마음에 기쁨을 주시면 우리의 모든 인생살이가 괴롭지 않고 즐거움 속에 시간이 신속히 지나가게 됩니다.

Chapter 6

재물과 욕망

1. 재물의 한계(6:1-6)
2. 만족함이 없는 욕망(6:7-9)
3. 인생의 수수께끼(6:10-12)

전도자는 사람이 가진 것들을 누리는 것이 항상 보장되는 것이 아니라고 말합니다. 왜냐하면 사람은 부지불식간에 세상을 떠날 수 있기 때문입니다. 이처럼 유한한 존재임에도 불구하고 사람의 욕망은 끝이 없습니다. 하나님은 사람의 모든 것을 알고 계시지만 사람은 인생에서 벌어지는 일들에 대해 다 이해할 수 없습니다.

1. 재물의 한계 (6:1-6)

¹내가 해 아래에서 한 가지 불행한 일이 있는 것을 보았나니 이는 사람의 마음을 무겁게 하는 것이라 ²어떤 사람은 그의 영혼이 바라는 모든 소원에 부족함이 없어 재물과 부요와 존귀를 하나님께 받았으나 하나님께서 그가 그것을 누리도록 허락하지 아니하셨으므로 다른 사람이 누리나니 이것도 헛되어 악한 병이로다 ³사람이 비록 백 명의 자녀를 낳고 또 장수하여 사는 날이 많을지라도 그의 영혼은 그러한 행복으로 만족하지 못하고 또 그가 안장되지 못하면 나는 이르기를 낙태된 자가 그보다는 낫다 하나니 ⁴낙태된 자는 헛되이 왔다가 어두운 중에 가매 그의 이름이 어둠에 덮이니 ⁵햇빛도 보지 못하고 또 그것을 알지도 못하나 이가 그보다 더 평안함이라 ⁶그가 비록 천 년의 갑절을 산다 할지라도 행복을 보지 못하면 마침내 다 한 곳으로 돌아가는 것뿐이 아니냐

1-2절 내가 해 아래에서 한 가지 불행한 일이 있는 것을 보았나니 이는 사람의 마음을 무겁게 하는 것이라 어떤 사람은 그의 영혼이 바라는 모든 소원에 부족함이 없어 재물과 부요와 존귀를 하나님께 받았으나 하나님께서 그가 그것을 누리도록 허락하지 아니하셨으므로 다른 사람이 누리나니 이것도 헛되어 악한 병이로다

전도자 솔로몬은 자신이 본 불행한 일에 대해 말합니다. 그 불행한 일이란 하나님께 복을 받아 마음에 소원하는 대로 재물도 얻고, 부요도 얻고, 존귀도 얻은 사람이 정작 그 받은 것들을 제대로 누리지 못하는 것입니다. 그가 받은 복이 다른 사람의 몫으로 돌아간다는 말입니다.

일본 사람들은 민족성이 아주 부지런해서 꿀벌처럼 열심히 일은 하지만 늘 빠듯하게 살아갑니다. 일본이라는 국가는 부자이지만 국민들은 부자가 아닙니다. 일본에서는 20평짜리 아파트를 '맨션'이라고 부릅니다. 그들은 우리나라처럼 40, 50평 아파트에 사는 것을 상상하지 못합니다.

우리 주변에도 이와 비슷한 사람이 많이 있습니다. 부귀공명, 영화를 위해 열심히 일했지만 결국 자신은 병들어서 하나도 누리지 못하고 생을 마감합니다. 산해진미를 쌓아 놓고 죽만 먹다가 세상을 떠나는 것입니다. 누리는 복을 받지 못한 것입니다.

하나님 없이 사는 사람들은 힘쓰고 애써도 결국 그 복을 누리지 못합니다. 과학이 발전하고 문명이 발전해도 전쟁이 일어나면 모든 것이 허사로 돌아갑니다. 전쟁으로 그 많은 재산이 사라지고 사람들은 불행에 빠지게 됩니다. 북한을 보십시오. 주민들은 식량이 없어 죽어가는 데도 불구하고 핵무기 개발과 군비 확충에 온 힘을 쏟습니다. 하나님 없이 인간 스스로 강해지고 높아지려고 하다 보니 수많은 사람들의 삶을 망치고 누리지 못하게 하는 것입니다.

3절 | 사람이 비록 백 명의 자녀를 낳고 또 장수하여 사는 날이 많을지라도 그의 영혼은 그러한 행복으로 만족하지 못하고 또 그가 안장되지 못하면 나는 이르기를 낙태된 자가 그보다는 낫다 하나니

전도자는 '백 명의 자녀를 낳는' 사람에 대하여 말합니다. 저는 처음에 '백 명의 자녀'라는 표현을 보고 과장법이라고 생각했습니다. 그러나 아프리카에 가 보고 난 후 그럴 가능성이 있겠다고 생각하게 되었습니다.

제가 가 본 아프리카의 지역에서는 보통 한 남자가 서너 명의 여자를 아내로 삼습니다. 소를 주고 여자를 사서 아내로 삼는데, 아내가 15세이면 소가 세 마리, 20세이면 소가 두 마리, 30세이면 소를 한 마리 주어야 합니다. 그리고 결혼을 하면 아이를 제한 없

이 낳습니다. 당시 그 부족의 추장이 저에게 자신의 아내 중 한 사람을 줄 테니 소를 세 마리만 달라고 해서 애를 먹은 기억이 납니다. 제가 한국에서는 아내를 한 사람만 두어야 된다고 아무리 얘기를 해도 이해를 못합니다. 어떻게 아내를 한 사람만 둘 수 있냐며 한 사람 더 사가라고 계속 설득했습니다. 나중에는 제가 소가 없다고 했는데 그래도 삼백 불만 받을 테니 사가라고 해서 진땀을 흘렸습니다.

그 사람들은 돈이 있으면 얼마든지 아내를 얻을 수 있기 때문에 열 명의 아내로부터 아이를 열 명 씩 낳는다면 자녀가 백 명입니다. 현실적으로도 가능합니다. 그러나 이렇게 아이들을 많이 낳아도 전혀 행복해하지 않습니다. 자녀들의 교육이나 육아에 전혀 관심을 기울이지 않습니다. 살면 키우고 죽으면 그만이라고 생각하는 것입니다.

장수하는 것도 마찬가지입니다. 사람들은 오래 살기 위해 온갖 노력을 기울이고 방법을 강구하지만 오래 사는 것이 반드시 좋은 것은 아닙니다. 짧게 살아도 마음이 즐거우면 행복합니다. 오래 살면서 마음에 염려와 슬픔을 지니고 있다면 긴 삶이 고통스러울 뿐입니다. 전도자는 아무리 많은 자녀를 낳고 장수하더라도 마음에 행복이 없으면 오히려 낙태된 자보다 못하다고 말합니다. 기쁨이 없는 삶, 불행한 삶은 살아도 헛된 것입니다.

4-6절 낙태된 자는 헛되이 왔다가 어두운 중에 가매 그의 이름이 어둠에 덮이니 햇빛도 보지 못하고 또 그것을 알지도 못하나 이가 그보다 더 평안함이라 그가 비록 천 년의 갑절을 산다 할지라도 행복을 보지 못하면 마침내 다 한 곳으로 돌아가는 것뿐이 아니냐

전도자는 천년의 갑절을 산다 할지라도 행복을 누리지 못하고 고통 중에 죽는 사람은 낙태된 자보다 못하다고 말합니다. 이 말은 삶을 양이 아닌 질로 판단하라는 것입니다. 삶을 양으로 판단하면 부귀공명, 영화를 얼마나 많이 소유했느냐가 그 사람의 인생의 성공을 가름합니다. 그러나 인생을 질로 판단하면 마음에 큰 행복을 가지고 사는 사람이 진정 성공한 삶을 사는 사람이라고 할 수 있습니다.

예수님은 이 땅에서 33년을 사셨습니다. 그 중에서도 본격적으로 하나님의 일을 하신 기간은 3년에 불과합니다. 그러나 그 짧은 기간 예수님이 남기신 말씀은 2천년이 지난 지금까지도 남아서 예수님께 영광을 돌리고 있습니다. 인류를 위해 사셨던 3년이 2천년 동안 변함없이 빛을 내고 있는 것입니다.

우리가 예수님을 믿고 하나님을 깊이 사랑하면서 다른 사람을 섬기고 살면 우리가 세상을 떠난 후에도 그 삶이 길이 남습니다. 우리의 삶이 은혜를 받은 사람의 마음속에 좋은 기억으로 자리하는 것입니다. 이런 삶이 참으로 좋은 삶입니다.

2. 만족함이 없는 욕망(6:7-9)

> 7사람의 수고는 다 자기의 입을 위함이나 그 식욕은 채울 수 없느니라 8지혜자가 우매자보다 나은 것이 무엇이냐 살아 있는 자들 앞에서 행할 줄을 아는 가난한 자에게는 무슨 유익이 있는가 9눈으로 보는 것이 마음으로 공상하는 것보다 나으나 이것도 헛되어 바람을 잡는 것이로다

7절 | 사람의 수고는 다 자기의 입을 위함이나 그 식욕은 채울 수 없느니라

여기서 '식욕'은 인간의 욕망을 지칭한 표현입니다. 인간의 욕망은 끝이 없습니다. 가지면 더 가지고 싶고, 있으면 더 소유하고 싶은 것이 인간의 욕망입니다. 집을 예로 들면 20평에 사는 사람은 30평에 살고 싶고, 30평에 살게 되면 40평에 살고 싶습니다. 집을 한 채 소유하면 두 채 가지고 싶고, 두 채를 갖게 되면 세 채를 갖고 싶어 합니다. 나중에는 그 욕망을 만족시키기 위해 부동산 투기를 하고 온갖 편법을 동원합니다. 이처럼 인간의 욕망은 마치 갈증이 날 때 바닷물을 마신 것처럼 더 심한 탐욕을 불러옵니다. 욕망은 채워도 결코 행복하지 않습니다. 자족하는 마음, 즉 만족하고 감사하는 마음이 있을 때 행복이 옵니다.

무엇이든지 탐욕으로 행하면 문제가 생깁니다. 사람마다 하나님께서 주신 분수가 있습니다. 성경은 "마땅히 생각할 그 이상의 생각을 품지 말고 오직 하나님께서 각 사람에게 나누어 주신 믿음의 분량대로 지혜롭게 생각하라"(롬 12:3)고 말씀합니다. 사람이 분수를 따라 살면 만족하며 살 수 있습니다. 그러나 분수를 넘어 탐욕을 부리면 불행해집니다. 탐욕은 부정한 방법을 동원해서라도 자신의 욕망을 만족시키려 하기 때문에 사람을 죄의 길로 이끄는

것입니다.

우리는 욕심을 부리기보다 감사하며 살아야 합니다. 하나님께서 주신 축복을 헤아려 보고 그것에 감사하고 살면 하나님께서 더 주십니다. 유명한 설교자 스펄전 목사는 "촛불을 보고 감사하면 전등불을 주시고, 전등불을 보고 감사하면 달을 주시고, 달빛을 보고 감사하면 태양을 주신다."고 말했습니다. 그러므로 탐욕을 그치고 하나님께서 정하신 분수를 따라 자족하며 사시기 바랍니다.

8절 │ 지혜자가 우매자보다 나은 것이 무엇이냐 살아 있는 자들 앞에서 행할 줄을 아는 가난한 자에게는 무슨 유익이 있는가

전도자는 지혜자와 우매자가 별반 다르지 않다고 말합니다. 그러나 실제로 자식을 키워보면 지혜로운 자식이 미련한 자식보다 훨씬 낫습니다. 지혜로운 자식은 시키지 않아도 알아서 공부하고 고등학교, 대학교도 척척 들어갑니다. 반대로 미련한 자식은 어떤 공부를 시켜도 자기 앞가림 하나 못합니다. 대학 들어가는 것이 하늘의 별 따기입니다. 이처럼 지혜로운 자식과 미련한 자식이 천지 차이입니다. 그러나 전도자는 지혜자나 우매자나 별반 다르지 않다고 말합니다. 우리가 보기에는 소유가 적어도 예의가 있고 반듯한 사람이 나을 것 같은데 전도자는 사람들 앞에서 규모 있게 행하고

칭찬을 받는다 할지라도 가난하면 무슨 소용이 있느냐고 반문합니다.

전도자의 이 말을 보면 '대체 인생이란 무엇인가.' 하는 회의가 듭니다. 그러나 조금 더 깊이 생각해 보면 인간은 모두 죽는다는 아주 간단한 이야기입니다. 공동묘지에 가보면 지혜자나 우매자나 말없이 누워 있습니다. 가난하지만 지혜롭게 살았던 사람이나, 미련하지만 부자로 살았던 사람이 함께 누워 있습니다. 오산리기도원에도 공동묘지가 있는데 가서 보면 그들이 이 세상에 어떤 삶을 살았든지 모두 다 죽은 사람일 뿐입니다. 그들의 비석을 보면 언제 태어나서 언제 죽었다는 것 이외에는 다른 것을 발견할 수가 없습니다.

이 세상에서 70, 80년을 살아도 지나고 보면 한낱 꿈과도 같습니다. 세월은 쏜살같이 빠르게 흘러가고 인생사가 순식간에 지나갑니다. 성경은 "한 세대는 가고 한 세대는 오되 땅은 영원히 있도다"(전 1:4)라고 말씀합니다. 모두 지나가는 것입니다. 지금 공동묘지에 누워 있는 분들도 생전에는 공동묘지에 가서 무덤을 보고 "아, 인생은 왔다가 가는구나."라고 했을 것입니다. 마찬가지로 우리도 머지않아 다 죽어서 묻힐 것입니다. 사람이 한 번 나면 죽는 것이 정한 이치입니다. 백년을 두고 보면 지혜로운 사람이나 우매자나, 현명하게 살던 사람이나 그렇지 못한 사람 모두 결국 한 줌의 흙으로 돌아갈 뿐입니다.

오래 전에 구소련에 성회를 인도하러 갔을 때 상트페테르부르크에 있는 차이코프스키의 무덤을 본 적이 있습니다. 차이코프스키 하면 '백조의 호수', '호두까기 인형', '잠자는 숲속의 미녀' 등 유명한 발레음악과 아름다운 교향곡을 남긴 대표적인 러시아 음악가입니다. 그런데 그가 묻힌 무덤은 다 무너져 초라하고 비석도 쓰러질 듯 비뚤어져 있었습니다. 지금도 우리는 그의 음악을 즐겨 듣지만 그가 묻힌 무덤은 그렇게 쇠락해져 버렸습니다.

이렇듯 세상의 모든 것은 영원하지 않습니다. 결국 초라한 흔적만 겨우 남길 뿐입니다. 따라서 예수님을 믿고 구원받지 않으면 결국 무의미하고 무익한 삶이 되고 맙니다. 아무리 꾸미고 애써도 속에는 지푸라기가 가득 찬 허수아비와 같습니다. 지위와 명예, 재물과 학식으로 아무리 꾸며도 속은 사망으로 가득 차 있습니다. 우리의 속사람은 우리를 위해서 죽었다가 부활하신 예수님 이외에는 그 무엇으로도 채울 도리가 없습니다. 선한 행위, 윤리, 도덕, 종교로 아무리 채워도 지푸라기일 뿐입니다. 생명은 오직 예수님께만 있기 때문에 예수님으로 채워야 진정한 삶이 되는 것입니다.

9절 | 눈으로 보는 것이 마음으로 공상하는 것보다 나으나 이것도 헛되어 바람을 잡는 것이로다

서양 속담에 "손 안에 있는 한 마리 새가 수풀 속의 두 마리 새보

다 낫다."는 말이 있습니다. 실제로 소유한 것이 막연한 꿈보다 낫다는 뜻입니다. 으리으리한 궁궐을 꿈꾸는 것보다 작은 오두막이라도 가지고 있는 것이 낫습니다.

제가 처음 해외에 나가 집회를 할 때는 형편이 여의치 않았습니다. 유럽에 갔을 때는 단돈 2백 불을 가지고 두 달씩 지내야 했기 때문에 가장 싼 여관을 찾아다녔습니다. 그런 여관에서는 아침에 화장실을 가려면 줄을 서야 합니다. 2분만 앉아 있어도 밖에서 문을 두드리고 난리입니다. 그러던 것이 지금은 해외 성회를 가면 공항에서부터 리무진을 타고 이동하기 때문에 발에 흙이 묻을 새도 없습니다. 혼자 자면 무서울 정도로 넓은 호텔을 예약해 주고 초특급 시설에서 저를 대접합니다. 그러나 아무리 그래도 한국에 와서 저희 집에 들어갈 때가 가장 좋습니다. 다른 것은 꿈이요, 지나가는 것이기 때문입니다.

그런데 전도자는 눈으로 보는 것, 즉 실제로 소유한 것이 공상하는 것보다 낫긴 하지만 그것도 바람을 잡는 것처럼 헛되다고 말합니다. 죽음을 기준으로 보면 결국 현실에서 누렸던 삶은 공상과도 같은 것이기 때문입니다.

3. 인생의 수수께끼 (6:10-12)

10 이미 있는 것은 무엇이든지 오래 전부터 그의 이름이 이미 불린 바 되었으며 사람이 무엇인지도 이미 안 바 되었나니 자기보다 강한 자와는 능히 다툴 수 없느니라 11 헛된 것을 더하게 하는 많은 일들이 있나니 그것들이 사람에게 무슨 유익이 있으랴 12 헛된 생명의 모든 날을 그림자 같이 보내는 일평생에 사람에게 무엇이 낙인지를 누가 알며 그 후에 해 아래에서 무슨 일이 있을 것을 누가 능히 그에게 고하리요

10절 이미 있는 것은 무엇이든지 오래 전부터 그의 이름이 이미 불린 바 되었으며 사람이 무엇인지도 이미 안 바 되었나니 자기보다 강한 자와는 능히 다툴 수 없느니라

우리가 인생을 살아가면서 겪게 되는 마음의 고통, 삶의 문제들은 우리만 당하는 것이 아닙니다. 지금 무덤에 있는 사람들도 살면서 인생의 달고 쓴 맛을 겪은 사람들입니다. 또 지금 우리가 겪는 일들을 장차 올 세대들도 겪을 것입니다.

과학이라는 것은 인생을 조금 편리하게 만들 뿐, 근본적인 인생의 문제를 해결하지는 못합니다. 제가 서대문에서 목회하던 시절, 최초로 미국의 우주비행사가 달나라에 다녀왔습니다. 그 일로 세계가 떠들썩했습니다. 당시 우주선이 달에 도착했을 때의 장면이 지금도 생생합니다. 그때 서울대학교 상과대학에 다니던 학생이 제 사무실에 당당하게 들어와서 면담을 청했습니다. 그리고 하는 말이 "목사님, 사람이 하나님을 정복했습니다. 사람이 우주를 정복했어요. 미국의 우주인이 오늘 달나라에 착륙했으니 이제 인간은 무한대로 발전할 것입니다. 하나님이 없다는 사실이 증명되었으니 목사님도 목회를 그만 두시지요. 미신적인 복음 증거는 그만 하시고 정직하게 땀 흘려서 먹고 사세요."라고 말했습니다. 그래서 제가 청년에게 앉을 것을 권한 다음 물었습니다.

"자네가 이제는 예수님도 필요 없고, 하나님도 필요 없고, 종교도 필요 없다고 했으니 내가 묻겠네. 사람이 달나라에 올라가니 신바람 나지? 앞으로 사람들은 달나라뿐만 아니라 수성, 금성, 화성, 목성, 토성, 천왕성, 명왕성, 저 은하수 건너까지도 갈 수 있겠지. 만일 그렇게 된다면 사람이 달라지겠나? 달나라에 가면 도둑질하는 사람도 없어지고, 살인자도 없어지고, 사기꾼도 없어지겠나? 감옥이 필요 없어지겠나?"

"아, 사람이 사는데 죄인도 있겠죠."

"그렇다면 그곳에도 교회가 필요하지 않겠나. 죄인이 있으니까 회개하고 예수 믿어 구원을 받아야 되지 않겠나. 그리고 하나 더 묻겠네. 달나라에 가면 공동묘지가 필요 없어지겠나?"

"사람이 죽으니까 공동묘지가 있어야겠죠."

"죽음이 있다면 천국에 대한 복음 증거도 필요하겠군. 달나라에서 죽어도 죽은 다음에 갈 곳을 알아야 하니 복음을 전해야 하지 않겠나?"

"그게 무슨 의미입니까?"

"자네 먼저 달나라에 올라가게. 난 교회 지으러 따라가겠네. 그곳에 죄인이 있으니 회개가 필요하고 죽어가는 사람이 있으니 구원받아 천국가게 해야지. 그러기 위해서는 예수 그리스도의 십자가 복음이 필요하고 영원한 천국이 필요할 것 아닌가. 그러니 자네 먼저 빨리 달나라에 올라가게. 내 얼른 따라갈 테니."

"……."

"이 사람아, 사람이 달나라에 올라간다고 해도 사람은 달라지지 않는 법이네. 우주에 새로운 세계가 이루어질지 몰라도 사람은 예나 지금이나 동일해. 옛날에 시골에 살던 사람이나 지금 도시에 사는 사람이나 앞으로 우주에 가서 살 사람이나 환경은 달라질지 몰라도 사람 사는 것은 매한가지야. 사람은 태어나서 시집가고, 장가가고, 자식 낳고, 서로 싸우고, 미워하고, 죄짓고 살다가 죽네. 이것은 변하지 않아. 생활환경만 변할 뿐이지. 그러니 여전히 복음이 필요하고 교회가 필요한 것이네."

그 청년은 제 말을 가만히 듣고 있다가 "목사님 말씀 들으니 제가 어리석게도 좋아했네요."라고 대답했습니다.

"이 사람아, 하나님이 없는 것이 그렇게 좋은가. 자네부터 회개하게. 그렇지 않으면 자네는 멸망당할 것이야."

그 청년은 나중에 미국에 가서 목사가 되었습니다.

성경의 말씀은 조금도 틀림이 없습니다. 인생은 오래 전의 원시 시대나 지금이나 미래에도 다르지 않습니다. 옷이 달라지고 자동차와 비행기를 타고, 옛날에는 상상도 못하던 고층 아파트에 살아도 환경만 다를 뿐 존재의 변화는 조금도 없습니다. 인간은 모두 타락한 아담의 후손입니다. 그러므로 예수 그리스도를 믿어야 구원을 받습니다. 구원받지 못하면 죽어서 멸망받을 수밖에 없습니다.

전도자는 "자기보다 강한 자와는 조금도 다툴 수 없느니라"고 말합니다. 자기보다 강한 자란 하나님을 의미합니다. 하나님께서 정하신 것은 인간이 아무리 노력하고 애써도 바꿀 수 없다는 뜻입니다. 과학이 발달하고 문명이 발달해도 인간이 태어나서 살다가 죽는 것을 바꿀 수 없습니다. 하나님께서 정하신 것은 그대로입니다.

프랑스의 볼테르는 18세기 계몽주의의 선구자로서 당시 굉장한 지식인으로 손꼽히던 사람이었습니다. 그는 "내 펜으로 백 년 이내에 지상에서 기독교라는 미신을 없애버리겠다."라고 단언했습니다. 그런데 백년이 지난 후에 볼테르의 집은 영국성서공회의 성경 저장고가 되었습니다. 백년 이내에 자기 펜으로 기독교를 없애버리겠다는 사람의 집이 성경 창고가 되었던 것입니다. 기독교가 없어지기는커녕 그의 집 안방까지 기독교가 차지했습니다.

인간은 절대로 하나님과 겨루어 이길 수 없습니다. 사람들은 당장 하나님께서 눈에 보이지 않는다고 해서 하나님이 어디 있느냐고 큰소리치지만 결국 하나님의 심판의 맷돌에 들어가게 됩니다. 하나님의 맷돌은 천천히 돌아가는 것 같아도 결국 모든 것을 빠짐없이 갈아 버립니다. 그러므로 인간은 하나님 앞에 겸비할 수밖에 없는 것입니다.

11절 │ 헛된 것을 더하게 하는 많은 일들이 있나니 그것들이 사람에게 무슨 유익이 있으랴

여기서 '헛된 것을 더하게 하는 많은 일들'에서 '일'은 '말'과 같은 단어를 사용합니다. 즉, 말을 통해 헛된 것을 더하게 된다는 뜻입니다. 말은 적게 할수록 알차고, 많이 할수록 거짓말과 과장이 들어갑니다. 그래서 대개 말을 많이 하는 사람이 거짓말도 많이 합니다. 물건을 살 때도 파는 사람이 말을 많이 하면 품질이 좋지 않은 경우가 대부분입니다. 정말 좋은 물건을 파는 사람은 말을 많이 하지 않습니다. "좋은 물건입니다. 품질 보증합니다."라는 정도의 말만 합니다.

진실을 말할 때는 많은 말이 필요치 않습니다. 물론 설교를 하는 목사는 말을 많이 하지만 성경의 진리를 말하는 것이기 때문에 유익합니다. 그러나 목사라도 일상의 허탄한 말을 많이 하게 되면 유익함이 없습니다.

12절 │ 헛된 생명의 모든 날을 그림자 같이 보내는 일평생에 사람에게 무엇이 낙인지를 누가 알며 그 후에 해 아래에서 무슨 일이 있을 것을 누가 능히 그에게 고하리요

전도자는 인생을 '헛된 생명의 모든 날', '그림자 같이 보내는 일평생' 이라고 표현합니다. 맞는 말입니다. 예수 없는 인생은 그저 먹고 자고 깨고, 울고 웃다가 그림자처럼 사라집니다. 과거에 잘 먹고 잘 입고 잘살았던 것은 꿈에서 잘 먹고 잘 입고 잘산 것과 꼭 같습니다. 밤새도록 꿈속에서 잘 먹고 잘 입고 잘살아도 아침에 깨어보면 아무것도 없습니다. 지나간 세월도 마찬가지입니다. 허무하기가 일장춘몽인 것입니다.

그렇기 때문에 인생을 살고 보면 지나간 세월이 복잡하고 요란스럽기만 했지 그림자와 같습니다. 허무하게 느껴집니다. 백발이 되어 눈은 어두워지고, 온 몸은 주름진 노인이 되어서 옛일을 가만히 회상해 보면 '진짜 나의 과거에 그런 젊은 시절이 있었는가?' 하는 생각이 드는 것입니다. 그러므로 우리는 진정한 삶의 의미를 가지고 살아야 합니다. 그리스도를 품고 살아간 삶만이 하늘에 기록되기 때문에 참된 의미가 있습니다.

전도자는 "그 후에 해 아래에서 무슨 일이 있을 것을 누가 능히 그에게 고하리요"라고 말합니다. 사후의 일을 누가 알 수 있느냐는 것입니다. 옛날 왕들이 묻힌 왕릉에 가보면 그 장엄한 무덤 위를 아이들이 올라가서 뛰어다니고 함께 온 애완견도 덩달아 뜁니다. 그 옆에서는 소풍 나온 가족들이 밥을 먹는 모습도 볼 수 있습니다. 왕릉이 하나의 유원지처럼 되어 버린 것입니다.

그 왕릉을 만드느라 풍수지리에 능한 사람들이 장소를 고르고 골라서 묘 자리를 닦고 아름답게 장식을 했을 것입니다. 그들은 왕이 죽은 후에 왕릉이 장엄하게 유지되리라 생각했을 것입니다. 그러나 현실은 어떻습니까? 사람들의 놀이터로, 도굴꾼들의 먹잇감으로 전락했습니다. 아마 그 왕들도 자신의 묘가 이렇게 될 줄 알았다면 탄식했을 것입니다. 이처럼 인생이란 자신의 사후를 알 수도 없고, 걱정한다고 해서 어떻게 할 수도 없습니다.

사람들은 가끔 제게 와서 묻습니다.

"목사님, 이렇게 세계적인 교회를 세우고 이렇게 사업을 크게 벌여놓으셨는데, 목사님이 돌아가시고 나면 어떻게 합니까?"

그러면 저는 이렇게 대답합니다.

"별걱정을 다합니다. 내가 살아있을 동안에 열심히 목회를 하다가 하나님께서 부르시면 갈 뿐이지, 무얼 걱정합니까? 모든 것은 하나님의 것이니 하나님께서 알아서 하실 것입니다. 내게 주신 기한은 살아있을 동안에 일하라고 주신 것이므로 죽고 난 다음 일은 말할 것 없습니다."

한번은 서로 사랑하는 젊은 남녀가 제게 축복 기도를 받으러 온 적이 있습니다. 그러면서 하는 말이 "목사님, 우리는 한평생을 같이 살다가 죽어서 천당에 올라가서도 길이길이 같이 살래요."라는 것이었습니다. 그래서 마음대로 하라고 말해 주었습니다.

많은 사람이 '천국에서도 결혼을 할 수 있는가?' 하는 문제에 관심이 많습니다. 성경에는 "부활 때에는 장가도 아니 가고 시집도 아니 가고 하늘에 있는 천사들과 같으니라"(마 22:30)고 기록되어 있습니다. 천사와 같은 존재가 되어 사는 것입니다.

제가 30대 시절에 부흥회에 가서 만난 한 70대 목사님이 계시는데 그분은 이 성경 구절을 좋아하지 않는다고 했습니다. 그 이유인즉, 너무 성격이 맞지 않는 아내와 결혼을 해서 일생동안 힘들었다는 것입니다. 그분은 제게 남녀가 유별하니 천국에 가서도 마음에 맞는 사람과 결혼해서 살 수 있지 않겠느냐고 물었습니다. 그래서 제가 "우리 육신은 흙집과 같아서 이 흙집에 있는 동안 남녀가 유별하고 자식을 낳고 기르지만 이 흙집에서 벗어나면 그렇지 않습니다."라고 말씀드려도 "아니야, 아니야, 있을 거야."라며 주장을 굽히지 않으셨던 기억이 납니다.

믿는 자에게 인생이란 하나님께서 주신 현실을 예수 그리스도 중심으로 살아가는 것입니다. 성경도 천국에 관한 것을 요한계시록에서 잠깐 언급할 뿐 상세한 내용은 말씀하지 않습니다. 하나님께서는 우리가 이 땅에서 예수 그리스도를 섬기며 충성스럽게 살기를 원하십니다. 천국은 하나님의 때가 되면 다 보여 주실 것입니다. 그러나 이 땅에 사는 동안은 현실에 충실해야 합니다. 현실을 잊고 꿈만 꾸는 것은 옳지 않습니다.

어떤 사람들은 예수님의 재림의 날을 미리 정해 놓고 호들갑을 떠는데, 이것은 참으로 비성경적인 행동입니다. 성경은 "주의 날이 도둑 같이 오리니"(벧후 3:10)라고 말씀합니다. 재림의 날은 미리 알려지거나 준비할 시간을 두고 임하지 않습니다. 그 날은 갑자기 임하며, 그때까지 우리는 그저 하나님을 따라 갈 뿐입니다.

전도서는 하나님 없는 인생의 종국이 얼마나 허망하고 무의미한지를 깨닫게 해 줍니다. 현실은 순식간에 지나가 과거 속으로 사라지고 맙니다. 그러므로 지금 살아 있을 때 예수 그리스도를 모시고 의미 있고 가치 있는 삶을 살아야 합니다.

예수 믿는 사람이 할 수 있는 가장 가치 있는 일은 다른 사람을 구원으로 인도하는 것입니다. 전도는 우리 하늘 아버지의 뜻과 예수님의 피맺힌 소원을 이루어 드리는 길입니다. 전도할 때 우리 자신이 하나님의 관심사가 되고 하나님의 총애를 받습니다. 모든 사람들이 예수 믿고 구원받아 참으로 보람 있고 가치 있는 인생을 살아가도록 전도하는 일에 최선을 다하는 여러분이 되시기를 축원합니다.

Chapter 7

지혜자와 우매한 자

1. 고난의 교훈(7:1-6)
2. 네 가지 위험(7:7-10)
3. 지혜의 필요성(7:11-12)
4. 하나님의 주권 아래 있는 인생 (7:13-14)
5. 인생에서 만나는 위기(7:15-18)
6. 지혜의 필요성과 어려움(7:19-24)
7. 인간의 죄성(7:25-29)

전도자는 지혜로운 사람과 우매한 사람에 대해서 말합니다. 지혜로운 사람은 항상 교훈을 얻을 수 있는 곳에 있지만 우매한 사람은 탐욕과 성급한 성품을 가지고 깨달음이 없이 살아갑니다. 사람은 지혜를 추구하되 항상 하나님을 경외하는 삶을 살아야 합니다. 모든 인생은 위기를 만나기 때문입니다. 그런데 지혜를 얻는 일에도 어려움은 따릅니다. 사람의 죄성이 지혜를 얻는데 방해가 되기 때문입니다.

1. 고난의 교훈(7:1-6)

1좋은 이름이 좋은 기름보다 낫고 죽는 날이 출생하는 날보다 나으며 2초상집에 가는 것이 잔칫집에 가는 것보다 나으니 모든 사람의 끝이 이와 같이 됨이라 산 자는 이것을 그의 마음에 둘지어다 3슬픔이 웃음보다 나음은 얼굴에 근심하는 것이 마음에 유익하기 때문이니라 4지혜자의 마음은 초상집에 있으되 우매한 자의 마음은 혼인집에 있느니라 5지혜로운 사람의 책망을 듣는 것이 우매한 자들의 노래를 듣는 것보다 나으니라 6우매한 자들의 웃음 소리는 솥 밑에서 가시나무가 타는 소리 같으니 이것도 헛되니라

1절 좋은 이름이 좋은 기름보다 낫고 죽는 날이 출생하는 날보다 나으며

여기서 '좋은 이름'은 사람들에게 인정과 사랑을 받고 있는 사람을 뜻합니다. 사람은 누구나 인정받기를 원합니다. 어린아이로부터 시작해서 백발노인에 이르기까지 예외가 없습니다. 반면에 그 누구도 소외되는 것을 바라지 않습니다. 이 세상에서 가장 불쌍한 사람은 소외받는 사람입니다. 사람은 또한 사랑받기를 원합니다. 사랑받는 사람은 스스로를 긍정적으로 생각합니다. 그는 높은 자존감과 건강한 자화상을 갖고 있기 때문에 항상 행복합니다. 아무도 원하지 않는 사람, 아무에게도 인정받지 못하고 사랑받지 못하는 사람은 이미 세상에서 버림받은 사람입니다. 그러므로 모든 사람에게 인정과 사랑을 받는 사람으로 '아름다운 이름'을 갖는다는 것은 굉장히 좋은 일입니다.

하나님께서는 좋은 이름이 좋은 기름보다 낫다고 말씀하셨습니다. 여기서 '좋은 기름'이란 향유를 의미합니다. 유대인들은 향유를 오늘날의 금은보석처럼 취급해서 향유로 상거래를 하기도 했습니다. 처녀들은 시집갈 때 지참금 명목으로 향유를 옥합에 담아 가지고 갔습니다. 신부가 가지고 간 향유의 양에 따라 신랑이 장가를 잘 가고 못 가고가 결정되기도 했습니다. 그래서 처녀들은

시집을 가기 전에 어찌하든지 좋은 기름을 모으기 위해 애를 썼습니다. 그러나 하나님께서 향유가 아무리 귀하다 할지라도 좋은 이름이 향유보다 낫다고 말씀하셨습니다. 세상의 어떠한 부요보다 명예가 좋다는 말입니다. 돈이나 지위가 아무리 많아도 명예가 실추되면 아무 소용이 없습니다.

우리는 과거에 존경을 받던 분들의 이름이 땅에 떨어지고 짓밟히는 것을 매스미디어를 통해 종종 봅니다. 매우 가슴 아픈 일입니다. 평생 쌓아올린 명성이 헌신짝처럼 내던져지고 짓밟혀져서 사람들의 조롱거리로 전락하면 한평생 살아온 것이 다 무(無)로 돌아가고 마는 것입니다.

또한 '죽는 날이 출생하는 날보다 낫다'는 말은 사람이 이 세상에서 사는 시간들이 고통과 갈등의 연속이라는 뜻입니다. 인간은 태어나면서부터 여러 세력과 싸워야 합니다. 갓난아이 때부터 온갖 병치레를 하며 병과 싸우고, 유치원에 다니면서부터 생존 경쟁의 세계를 경험합니다. 삶의 시작부터 투쟁을 경험하는 것입니다.

『레미제라블』로 잘 알려진 프랑스의 유명한 문호 빅토르 위고에게 기자가 물었습니다.

"빅토르 위고, 오늘의 당신의 사명은 무엇입니까?"

"싸움입니다."

"내일의 당신의 사명은 무엇입니까?"

"싸움입니다."

"영원한 당신의 사명은 무엇입니까?"

이 질문에 위고는 "죽음입니다."라고 답했습니다. 인생이란 싸움의 연속이요, 그 끝은 죽음이라는 말입니다.

사람들은 살아남기 위해 오늘도 싸우고 내일도 싸우며 몸부림을 칩니다. 육체로는 굶주림과 싸우고 병균과 싸웁니다. 마음으로는 가정에서 가족들로부터 무시당하지 않기 위해, 사회에서는 자기가 있을 자리를 얻기 위해, 일정한 수입을 얻기 위해 싸웁니다. 모든 것이 투쟁이요, 모든 것이 경쟁입니다. 그러므로 사람은 평생 쉬지 않고 투쟁 속에 살아갑니다.

공산주의는 인류에게 지상 낙원을 약속했지만 인생의 본질 가운데 경쟁이 있다는 사실을 도외시한 결과, 스스로 무너지고 말았습니다. 공산주의 사회에는 투쟁이 없습니다. 개인의 소유를 인정하지 않기 때문에 소유를 위해 투쟁할 필요가 없습니다. 정부가 배급하는 음식을 먹고, 정부가 지시한 일터에서 일을 하다가, 정부가 돌아가라는 시간에 집으로 돌아옵니다. 완전히 허수아비입니다. 당과 정부가 국가의 재산을 다 가질 뿐 아니라, 온 국민을 손에 쥐고 있는 것입니다.

공산주의 국가는 겉으로는 국민에게 모든 것을 보장해 주는 것처럼 하지만, 실상은 자유를 다 빼앗았습니다. 그래서 국민은 마음대로 여행도 못하고, 이사도 못 갑니다. 원하는 사람과 결혼도 할 수 없습니다. 자유를 빼앗긴 채 정부의 소유물처럼 노예 생활을 하는 처지로 전락한 것입니다. 그리고 자유를 빼앗긴 사람들에게는 의욕이 없기 때문에 일의 능률이 오르지 않습니다. 정부는 그들의 노동력에 의지해 나라를 운영하는데, 일의 능률이 떨어지다 보니 점차 수입이 줄어들고 나중에는 빚을 얻어야만 국가를 운영할 수 있게 되었습니다. 그래서 구소련이라는 거대한 나라도 70년 만에 무너지고 만 것입니다.

지금 북한에 굶주림이 극심한 것은 정부가 모든 소유를 독점하고 있기 때문입니다. 정부가 하나님이 아닌 이상 모든 국민을 다 먹이고, 입히고, 생활하게 만들 수 없습니다. 경제적인 파탄이 다가올 수밖에 없는 것입니다. 그런데 경제적인 파탄으로 인해 공산주의 체제가 무너지면 사람들은 그 후에 다가오는 시장경제 체제로 인해 더한 고통을 받습니다. 지금까지 정부의 지시에 따라 살던 사람들은 갑자기 경쟁 체제에 적응할 수 없습니다. 실제로 구소련이나 동구라파의 공산주의 국가에는 자유경쟁체제를 못 견디고 정신병에 걸린 사람들이 많습니다. 북한 사람들도 경쟁을 모르고 살아왔기 때문에 남북통일이 되면 경쟁에 익숙한 남한 사람들을 상대하는 데 큰 어려움을 겪게 될 것입니다.

그런데 예수님을 믿지 않는 사람은 죽는 날이 태어난 날보다 못합니다. 왜냐하면 그들이 평생 경쟁 속에 사는 게 힘들긴 해도 죽으면 불과 유황이 펄펄 끓는 지옥으로 떨어져 말로 형용할 수 없는 고통을 당할 것이기 때문입니다. 그래서 "개똥밭에 굴러도 이승이 좋다."는 속담처럼 불신자에게는 죽는 날보다 태어난 날이 더 낫습니다. 그러나 주를 믿고 하나님을 아는 사람은 태어나는 날보다 죽는 날이 더 낫습니다. 태어나는 날은 고생을 위해 태어나지만, 죽는 날은 상급을 받으러 들어가는 날이기 때문입니다. 성경은 믿는 자가 갈 천국에 대해 "다시는 사망이 없고 애통하는 것이나 곡하는 것이나 아픈 것이 다시 있지 아니하리니"(계 21:4)라고 말씀합니다. 또한 예수님은 "너희는 마음에 근심하지 말라 하나님을 믿으니 또 나를 믿으라 내 아버지 집에 거할 곳이 많도다"(요 14:1)라고 말씀하셨습니다. 장차 우리가 갈 천국은 슬픔과 걱정이 없고 생존 경쟁이 없는 평안한 곳입니다. 육신의 수고를 벗어버리고 큰 영광으로 들어가게 될 것입니다.

2절 초상집에 가는 것이 잔칫집에 가는 것보다 나으니 모든 사람의 끝이 이와 같이 됨이라 산 자는 이것을 그의 마음에 둘지어다

초상집에 가면 인생이 허무하다는 것을 깨닫게 됩니다. 초상집에 가서 "야, 재미있다. 할렐루야!"라고 하는 사람은 없습니다. '인간은 어디서 와서 왜 살며 어디로 가는가?'를 생각하게 됨으로 숙연해지는 것입니다. 죽음을 대면하면 마음이 진지해집니다. 그래서 제일 전도하기 쉬운 곳이 초상집이라는 말도 있습니다. 그러나 초

상집에 가서도 밤새도록 술 마시고 화투나 친다면 백날 가봐야 소용이 없습니다. 그런 사람에게는 초상집도 먹고 마시고 노름하는 곳일 뿐입니다.

저는 최자실 목사님이 천국 가신 후로 목사님을 자주 생각합니다. 최자실 목사님과 신학교에서 같이 공부하며 불광동에서 함께 교회를 개척하던 일, 어려움을 당할 때 통곡하며 생사고락을 함께 했던 30년의 세월이 아직도 눈앞에 생생합니다. 지금도 최자실 목사님이 빵떡모자를 쓰고 "할렐루야!" 하며 제 사무실에 나타날 것만 같습니다. 최 목사님과 함께 사역을 시작할 당시 저는 23세였고, 최 목사님은 45세였습니다. 그런데 45세였던 최 목사님이 천국 가시고 그때 23세였던 제가 나이를 먹고 보니 '이제 내 차례가 왔구나.' 하는 생각이 듭니다. 그럴 때는 '남은 세월 정신 차리고 참으로 하나님 나라를 위해 살아야겠다.' 는 결심을 하게 됩니다.

초상집에 가는 일이 인생의 허무를 생각하고 자신의 삶을 돌아보는 유익을 준다면 잔칫집에서는 이 세상의 영화를 보게 됩니다. 잔칫집에서는 이 세상에서 일어날 일들에 마음을 두기 때문에 죽음을 생각하지 않습니다. 현실적인 것만 생각합니다. 인간이 어디에서 와서 왜 살며 어디로 가는가를 생각하지 않습니다. 인생의 깊은 세계를 들여다보지 않는 것입니다. 그러므로 잔칫집에 가는 것이 우리의 영혼에 유익이 되지 않습니다.

잘난 자나 못난 자, 권력 있는 자나 없는 자 모두가 죽음의 길을 갑니다. 이 길은 누구도 피할 수 없습니다. 이 땅에서 천년만년 살 것처럼 육신의 정욕, 안목의 정욕, 이 세상 자랑에 얽매여 있다가는 큰일입니다. 나중에 물질과 함께 영원히 불타버리고 마는 비극적인 인생으로 끝나는 것입니다. 세상에 취해 구원함을 받지 못한 인간은 절망적인 존재입니다. 죄로 인해 에덴에서 쫓겨난 존재요, 저주받은 땅에서 살다가 장차는 영원한 불과 유황으로 타는 못에 던짐을 받을 존재입니다.

예수님을 믿고 구원을 받아 하나님 백성이 된 사람은 세상 것에 마음을 두지 말아야 합니다. 마음을 다하고 뜻을 다하고 정성을 다하여 예수님을 섬기고 하나님 나라를 위해 일해야 합니다. 세상의 직업이나 지위도 액세서리에 불과합니다. 이 세상 것은 잠시 입었다가 벗어버리는 옷과 같은 것입니다.

세상에 속한 썩어질 것으로 인해 우리의 영혼을 포기하는 어리석음을 버려야 합니다. 항상 참된 진리가 무엇이고 영원한 생명이 어디에 있는가 하는 것에 마음을 기울이시기 바랍니다.

3절 | 슬픔이 웃음보다 나음은 얼굴에 근심하는 것이 마음에 유익하기 때문이니라

대개 사람들은 슬픈 일을 당하면 기도합니다. 기쁘고 좋을 때는

"하하!" 웃지만, 심한 박해나 어렵고 슬픈 일을 당하면 기도가 저절로 나옵니다. 성경에도 "너희 중에 고난 당하는 자가 있느냐 그는 기도할 것이요"(약 5:13)라고 기록되어 있습니다.

하나님께서는 종종 우리에게 슬픔을 보내십니다. 우리가 슬픔으로 인해 눈물을 흘릴 때 우리의 영혼이 깨끗해지고 살아나기 때문입니다. 기도로 말미암아 믿음이 깊어지고 하나님을 의지하고 신뢰하는 사람이 되는 것입니다. 세월이 지나고 보면 기뻐했던 일보다 슬펐던 일이 영혼에 더 큰 유익이 됩니다. 그러므로 슬픔이 반드시 나쁜 것은 아닙니다. 그리고 항상 즐거운 삶이 좋은 것도 아닙니다. 항상 햇빛만 나면 곡식은 열매 맺지 못합니다. 맑은 날도 있고, 비 오고 바람 부는 날도 있어야 합력하여 열매를 맺습니다.

신앙생활도 마찬가지입니다. 항상 좋은 일만 생기면 신앙이 자라지 않습니다. 항상 영혼이 잘되고 범사가 잘되며 강건하면 오히려 해롭습니다. 종종 비바람이 불어 닥치고 슬픔도 찾아와야 신앙이 깊어지고 자라는 것입니다. 그렇다고 너무 오랫동안 슬픔 속에 있으면 그 사람은 재기불능의 상태가 됩니다. 적당하게 슬픔도 오고, 또 적당하게 기쁨도 와야 영적인 열매가 풍성해지는 것입니다.

전도자는 '얼굴에 근심하는 것이 마음에 유익하다.' 고 말합니다. 근심, 즉 슬픔이 회개와 통회, 마음의 깨어짐을 가져오기 때문에 영혼에 유익한 것입니다. 이런 의미에서 슬픔이 웃음보다 낫습니다.

좋은 일이 있을 때는 많이 웃으십시오. 그러나 슬픔이 다가올 때도 모든 것이 끝났다고 생각하지는 말아야 합니다. 믿는 자에게는 웃음도 축복이요, 슬픔도 축복입니다. 웃음은 당시에 복이 되고 슬픔은 지난 후에 복이 됩니다. 성경은 "하나님을 사랑하는 자 곧 그의 뜻대로 부르심을 입은 자들에게는 모든 것이 합력하여 선을 이루느니라"(롬 8:28)고 말씀합니다. 주 안에 있으면 모든 것이 복이 되는 것입니다.

중국 고사에 새옹지마(塞翁之馬)라는 말이 있습니다. 한 영감님이 아들과 함께 암말을 한 마리 길렀는데, 하루는 말이 달아나 버렸습니다. 이 소식을 들은 이웃 사람들이 와서 "영감님, 안됐습니다. 말이 달아났으니 손해가 이만저만이 아닐 텐데 어떻게 합니까?"라며 위로했습니다. 그러나 영감님은 "허허. 두고 봐야지."라는 말뿐이었습니다.

며칠이 지난 후에 달아났던 암말이 수말을 몇 마리나 데리고 돌아왔습니다. 하루아침에 말 부자가 된 것입니다. 사람들은 잘된 일이라고 축하했지만 이번에도 영감님은 "허허. 두고 봐야지."라고 대답했습니다. 하루는 아들이 암말과 들어온 말들 중에 한 마리를 타다가 떨어져서 그만 절름발이가 되고 말았습니다. 이웃 사람들이 와서 영감님을 위로했습니다.

"아들이 절름발이가 되었으니 얼마나 불행하십니까?"

"허허. 두고 봐야지."

그런데 얼마 후에 진시황이 만리장성을 쌓는다고 마을의 모든 장정을 동원해서 노역을 하게 했습니다. 수많은 젊은이가 돌을 굴리며 성을 쌓다가 죽어갔습니다. 그러나 이 영감님의 아들은 절름발이였기 때문에 노역에 끌려가지 않게 되었습니다.

인생은 두고 봐야 하는 것입니다. 현재 내가 하는 일이 실패하거나 안 됐다고 해서 슬퍼하고만 있을 필요는 없습니다. 지나고 보면 그때 안 된 것이 더 잘된 경우가 많습니다.

제가 아는 사람은 승진이 되지 않는 것 때문에 무척 슬퍼했습니다. 그런데 승승장구하던 사람들이 한순간에 명예퇴직으로 직장을 떠나는 것을 보고 "기도 응답 안 해 주셔서 감사합니다. 그때 응답해 주셨더라면 어찌되었을지 모르겠습니다. 승진되지 않은 것이 정말 감사합니다."라고 말했던 기억이 납니다.

인생은 내일 일을 알 수 없습니다. 성경은 "항상 기뻐하라 쉬지 말고 기도하라 범사에 감사하라 이것이 그리스도 예수 안에서 너희를 향하신 하나님의 뜻이니라"(살전 5:16-18)고 말씀합니다. 슬픈 일도 기쁘게 받아들이고, 즐거운 일도 기쁘게 받아들이고, 모든 일을 하나님께 맡기고, 감사로 기도할 줄 알아야 합니다. "시험에 낙제했으니 감사합니다. 시험에 합격했으니 감사합니다. 다리가 부러졌으니 감사합니다. 다리가 나았으니 감사합니다."라고 좋은 것은 좋아서 감사하고 나쁜 것은 좋게 될 것이기 때문에 감사하는 것입니다. 이러므로 주를 믿는 사람은 손해날 것이 하나도 없습니다.

하나님은 우리에게 소망을 주시는 하나님, 좋은 하나님이십니다. 하나님께서 하시는 일은 궁극적으로 우리에게 복이 되고 소망이 되고 승리가 되는 것입니다.

4절 지혜자의 마음은 초상집에 있으되 우매한 자의 마음은 혼인집에 있느니라

지혜로운 사람은 늘 죽음을 염두에 두고 인생을 바라봅니다. 지혜로운 사람은 자신이 이 세상에서 잠시 머무는 '행인과 나그네'라는 것을 알고 있기 때문에 이 땅에서 영원한 처소를 찾지 않습니다. 또한 헛된 세월을 보내지도 허랑방탕하게 살지도 않습니다. 누군가 우리에게 "당신은 몇 날 몇 시에 죽을 것입니다."라고 말한다면 우리는 삶을 정리하게 됩니다. 죽음을 앞에 두고 잔치를 벌이거나 남은 생애를 무질서하게 보내는 사람은 없습니다. 후회와 미련을 남기지 않기 위해 노력하는 것입니다. 그러나 우매한 자의 마음은 혼인집에 있습니다. 이 세상에 온 마음을 빼앗겨서 먹고 마시고 노는 일에만 집중합니다. 그러다가 심판이 오면 순식간에 멸망하는 것입니다.

5절 지혜로운 사람의 책망을 듣는 것이 우매한 자들의 노래를 듣는 것보다 나으니라

지혜로운 사람이 하는 책망은 듣기에는 괴롭지만, 마음속에 깊이 들어 와서 인생을 재고하게 합니다. 지나온 삶을 회개하고 인생을 바로 세우게 합니다. 그러나 우매한 자들의 노래는 아무리 들어도 유익이 없습니다.

진정으로 우리를 사랑하는 사람은 우리의 잘못을 지적해 줍니다. 처음에는 그 말을 들으면 굉장히 마음이 아픕니다. 잘했다는 말은 듣기 좋아도 잘못했다는 말은 듣기가 괴롭습니다. 그러나 지나고 보면 지적해 주는 것이 참사랑임을 알게 됩니다. 그 지적을 통해서 더 성장하고 발전하는 것입니다. 무조건 "잘한다, 잘했다."라고 칭찬하는 것은 그 사람을 올무에 걸리게 하는 것입니다. 그러므로 사람은 적당한 비평과 적당한 칭찬을 받는 것이 좋습니다.

6절 우매한 자들의 웃음 소리는 솥 밑에서 가시나무가 타는 소리 같으니 이것도 헛되니라

옛날에는 부엌에서 가시나무를 땔감으로 썼습니다. 그런데 다른

것과 달리 가시나무로 불을 때면 '따다닥따다닥' 소리가 납니다. 열기도 많이 나지 않으면서 소리만 요란한 것입니다.

전도자는 우매한 자들의 웃음소리가 가시나무 타는 소리와 같다고 말합니다. 아주 요란한 소리를 내고 웃어도 그 속에 아무런 생산적인 것이 없다는 것입니다. 오히려 웃고 나면 배만 고픕니다. 그러므로 우매한 자가 되지 말아야 합니다. 성경은 "너희 중에 누구든지 지혜가 부족하거든 모든 사람에게 후히 주시고 꾸짖지 아니하시는 하나님께 구하라 그리하면 주시리라"(약 1:5)고 말씀합니다. 하나님께 간구함으로 지혜를 받아 지혜로운 자가 되어야 합니다. 그리할 때 우리의 말 한 마디, 웃음 한 소절이 사람들에게 즐거움과 유익을 주는 귀한 것이 됩니다.

2. 네 가지 위엄 (7:7-10)

7 탐욕이 지혜자를 우매하게 하고 뇌물이 사람의 명철을 망하게 하느니라 8 일의 끝이 시작보다 낫고 참는 마음이 교만한 마음보다 나으니 9 급한 마음으로 노를 발하지 말라 노는 우매한 자들의 품에 머무름이니라 10 옛날이 오늘보다 나은 것이 어찜이냐 하지 말라 이렇게 묻는 것은 지혜가 아니니라

7절 | 탐욕이 지혜자를 우매하게 하고 뇌물이 사람의 명철을 망하게 하느니라

탐욕은 죄악입니다. 사람의 마음속에 욕심과 탐심이 생겨나면 지혜를 다 잃어버리고 맙니다. 탐욕에 사로잡힌 사람이 어리석은 일을 하는 이유가 여기에 있습니다.

제가 어린 시절 시골에는 겨울철에 먹을 것이 마땅치 않았습니다. 특히 고기는 구경조차 하기 힘들었습니다. 그래서 겨울마다 꿩 사냥을 했습니다. 꿩 사냥을 하려면 먼저 콩을 사가지고 와서 송곳으로 구멍을 뚫습니다. 잘못 뚫으면 콩이 쪼개지기 때문에 조심스럽게 구멍을 뚫어서 그 안에 비상, 즉 독약을 넣습니다. 독약을 넣은 자리는 밥풀로 감쪽같이 막은 후에 눈 오는 날 꿩이 내려오는 산비탈에 그 콩을 소복하게 놓아둡니다. 그리고는 골짜기에 엎드려서 꿩이 내려오기만을 기다립니다. 대개 꿩은 새벽에 나오는데 암꿩이 같이 오는 날에는 긴장이 됩니다. 왜냐하면 수꿩은 미련해서 콩을 보면 앞뒤 재지 않고 주워 먹는데, 암꿩은 콩 주변을 돌기만 하고 먹지 않으면서 수꿩이 먹으려고 하면 못 먹게 하기 때문입니다. 그런데도 그중에 미련한 수꿩은 그냥 집어 먹습니다. 그리고는 삼킨 독약이 퍼지면 '꺽' 하고 소리를 내며 쓰러지는 것입니다. 인간도 마찬가지입니다. 탐욕에 사로잡히면 정상적인 사고 기능

이 마비되어서 삶을 망가뜨리는 일을 멈추지 못합니다.

　옛날에 이성봉 목사님이 부흥회를 하시면서 "지옥에는 전부 위장병 환자만 모여있을 것이다."라고 말씀하신 적이 있습니다. 위장병 환자들은 속이 좋지 않아서 "껄껄" 소리를 내는데, 지옥에 있는 사람들도 앉아서 예수 믿을 "껄", 주님 잊지 말 "껄", 불의한 일 하지 말 "껄" 한다는 것입니다. 탐욕에 사로잡혀 미련하게 살다가 지옥에서 끝없이 후회하며 사는 것입니다.

　탐욕이 지혜자를 우매하게 만드는 것처럼 뇌물은 사람의 명철을 망하게 합니다. 뇌물을 받은 사람은 눈이 어두워서 일을 바르게 처리하지 못합니다. 분명히 나쁜 일인 줄 알면서도 뇌물을 준 사람에게 유익을 줍니다. 명철이 제 기능을 발휘하지 못하는 것입니다.

　역사 이래로 탐욕과 뇌물은 사람을 망하게 했습니다. 아담과 하와도 탐욕 때문에 선악과를 따먹고 지혜를 잃어버리고 비참하게 되었습니다. 탐욕과 뇌물이 일시적인 영화를 갖다 주는 듯 보이지만 결국에는 모두를 파탄에 빠뜨립니다. 우리는 인류 역사를 통해 이 사실을 너무나 잘 알고 있으면서도 탐욕과 뇌물에 약하기 때문에 교훈을 실천하지 못합니다. 그러므로 우리는 늘 탐심에서 벗어나게 해 달라고 기도해야 합니다. 또한 십계명으로 우리 자신을 지켜야 합니다.

　물론 계명의 준수가 구원을 보장하지는 않습니다. 구원은 예수 그리스도를 믿음으로 받습니다. 그러나 계명을 준수해야 하나님의 울타리 안에서 보호를 받을 수 있습니다. 계명이란 우리를 살리고 보호하는 울타리입니다. 계명이 우리를 지켜 주어서 우리로 하여금 멸망에 떨어지지 않게 하여 주는 것입니다. 그러므로 계명에 귀를 기울이고 계명을 따라가면 우리는 안전하게 살아갈 수 있습니다. 반대로 계명에 귀를 기울이지 않으면 철조망에 구멍이 뚫렸기 때문에 어떠한 세력이 들어올지 모릅니다. 계명을 지키지 않는 삶은 담 없는 집과 같아서 도둑이 오는 것을 막을 방법이 없습니다.

오늘날 부정부패로 감옥에 간 사람들 태반이 예수님을 믿는 사람입니다. 그 중에는 장로도 있고, 집사도 있습니다. 구원을 받은 사람입니다. 천국 백성입니다. 그런데 왜 감옥에서 벌을 받고 있습니까? 계명을 따라서 살지 않았기 때문입니다. 계명을 버렸기 때문에 울타리가 무너져서 탐욕이 들어오고, 탐욕에 눈이 어두워져서 뇌물을 받고, 결국 그런 부끄러운 처지가 된 것입니다. 뿐만 아니라 한국의 기독교인들이 빛과 소금의 역할을 못하는 이유도 계명을 좇아 살지 않기 때문입니다. 그러므로 계명은 우리를 복된 삶으로 인도하고 마귀의 유혹을 물리치게 만들어 준다는 사실을 꼭 기억하고 삶 속에서 계명대로 살아가기 바랍니다.

8절 | 일의 끝이 시작보다 낫고 참는 마음이 교만한 마음보다 나으니

일의 끝이 시작보다 낫습니다. 일을 시작한 다음에는 일이 끝날 때까지 마음이 조마조마합니다. 그러나 끝을 보고 일하면 마음이 불안하지 않습니다. 마찬가지로 예수님을 믿는 우리는 알파와 오메가가 되시는 하나님을 의지하고 살기 때문에 작은 일에 일희일비하지 않습니다. 우리는 이 땅에서 살지만 이생의 끝인 천국을 보고 살아가기 때문에 이 세상일에 얽매여 괴로워하지 않습니다.

저는 성격이 급해서 그런지 책을 읽을 때도 끝장부터 읽습니다. 신문을 볼 때도 끝이 어떻게 되는지 알아야 속이 시원합니다. 일을 할 때도 마찬가지입니다. 늘 이루어진 모습을 바라보고 일을 합니다. 일본 일천만 구령운동을 시작하면서 벌써 일천만 구령이 이루어진 모습을 보았습니다. 그렇게 때문에 무엇을 하든 늘 마음에 안심이 됩니다. 끝이 어떻게 될 것을 알기 때문에 걱정할 필요가 없습니다. 이것이 바로 예수님을 믿는 사람의 태도입니다. 성경은 "무엇이든지 기도하고 구하는 것은 받은 줄로 믿으라 그리하면 너희에게 그대로 되리라"(막 11:24)고 말씀합니다. 끝을 보면서 기도하는 것입니다.

또한 전도자는 "참는 마음이 교만한 마음보다 낫다."고 말합니다. 교만한 마음을 가진 사람은 자기를 자랑하고 선전합니다. 그러

나 좋을 때야 목에 힘을 주고 큰 소리를 치고 다니지만 어려움이 다가오면 심란해하며 죽네 사네 야단법석을 떱니다. 반대로 참는 마음은 좋은 일도 참고 어려운 일도 참습니다. 좋을 때 호들갑떨지 않고 어려울 때 낙심하지 않습니다. 이런 사람이 믿음직한 사람입니다.

9절 | 급한 마음으로 노를 발하지 말라 노는 우매한 자들의 품에 머무름이니라

지혜로운 사람은 노여움을 더디 표현하지만, 우매한 사람은 그 자리에서 화를 냅니다. 성경은 "분을 내어도 죄를 짓지 말며 해가 지도록 분을 품지 말고"(엡 4:26)라고 말씀합니다. 화가 난다고 그대로 사람에게 상처를 입히고 피해를 주면 나중에 자신도 그만큼 상처를 받고 관계에 어려움을 겪게 됩니다.

화를 내는 것은 상대방에게만 해를 미치는 것이 아니라 반드시 그 자신에게도 해로움을 가져옵니다. 화를 내는 사람은 일차적으로 자신이 긴장을 하기 때문에 혈압이 올라갑니다. 아드레날린이 많이 분비되어서 몸속에 독소가 생깁니다. 혈압이 높은 사람은 이로 인해 중풍에 걸리거나 심장병으로 고통당하게 됩니다. 이뿐이 아닙니다. 화를 내는 사람이나 동물은 오래 살지 못합니다. 사자나 곰과 같이 성질이 사나운 맹수는 30년 정도를 살다가 죽습니다. 그러나 한 자리에 오래 머물러 있는 거북이나 악어는 맹수보다 2, 3배 더 오래 삽니다. 사람도 화내는 사람이 단명하고, 온유한 사람은 오래 사는 것입니다.

부부간에 싸움을 하더라도 해가 질 때까지 다투지 말아야 합니다. 어떤 부부는 한 번 싸우면 일주일도 좋고 한 달도 좋고 말을 안 하는데, 그러면 안 됩니다. 그 사이에 마귀가 들어와서 시험을 합니다.

저는 회갑연 같은 곳에 가서 안 싸우고 살았다는 사람들을 보면 '아, 덥지도 않고 차지도 않게 살았구나. 맹물에 자갈돌 삶은 것처럼 살았구나.' 라는 생각이 듭니다. 아무리 사랑하는 부부라도 살다 보면 의견 충돌이 생기기 때문에 싸우지 않을 수가 없습니다. 싸우기도 하고 화해도 하면서 살아갑니다. 그러나 싸운다 할지라도 하루 내에 화해할 수 있기를 바랍니다.

10절 │ 옛날이 오늘보다 나은 것이 어찜이냐 하지 말라 이렇게 묻는 것은 지혜가 아니니라

여러 사람을 만나다 보면 "옛날이 오늘보다 좋았다."라고 말하는 사람들이 종종 있습니다. 그러나 아무리 옛날이 좋았다고 해도 현

실에 영향을 미치지 못한다면 옛날 타령은 그저 넋두리에 불과합니다. 옛날은 이미 지나갔고, 우리는 현재에 살고 있습니다. 그러므로 현재에 마음을 집중해서 잘사는 현실을 만들려고 애를 써야지 좋았던 옛날을 그리워하고 있으면 그 사람은 이미 어제의 사람이 되고 맙니다.

사람은 어제의 사람, 오늘의 사람, 내일의 사람으로 구분할 수 있습니다. 옛날만 생각하고 사는 사람은 어제의 사람이요, 지나간 사람입니다. 그러나 우리는 오늘에 살고 내일을 맞아야 합니다. 우리의 존재가 오늘의 사람, 내일의 사람이기 때문에 오늘을 잘살도록 만들고 내일에 희망을 가져야 하는 것입니다. 오늘과 내일을 포기해 버리고 어제를 자꾸 생각하고 좌절하면서 살아서는 안 됩니다.

사도 바울은 "뒤에 있는 것은 잊어버리고 앞에 있는 것을 잡으려고 푯대를 향하여 그리스도 예수 안에서 하나님께서 위에서 부르신 부름의 상을 위하여 달려가노라"(빌 3:13-14)고 말했습니다. 옛날에 잘 먹은 것으로 지금 배부르지 않고, 옛날에 잘 입은 것으로 지금 따뜻하지 않은 것처럼 옛날에 좋았던 것이 지금도 좋지는 않습니다. 그러므로 사도 바울처럼 푯대를 향하여 앞으로 나가는 적극적인 사람이 되어야 합니다. 꿈을 가지고 살되 현실을 긍정적으로 받아들이고 그 현실을 변화시키는 사람이 지혜로운 사람입니다.

3. 지혜의 필요성 (7:11-12)

11 지혜는 유산 같이 아름답고 햇빛을 보는 자에게 유익이 되도다 **12** 지혜의 그늘 아래에 있음은 돈의 그늘 아래에 있음과 같으나, 지혜에 관한 지식이 더 유익함은 지혜가 그 지혜 있는 자를 살리기 때문이니라

11절 | 지혜는 유산 같이 아름답고 햇빛을 보는 자에게 유익이 되도다

사람이 동물보다 나은 것은 지혜가 있기 때문입니다. 사람이 동물보다 키가 더 큰 것도, 몸무게가 더 많이 나가는 것도 아닙니다. 더 빠르지도, 힘이 더 세지도 않습니다. 그럼에도 불구하고 사람이 모든 동물을 다스릴 수 있는 것은 하나님께서 주신 지혜 덕분입니다.

민족 중에서도 지혜가 있는 민족은 흥하고, 지혜가 없는 민족은 망합니다. 그런데 역사적으로 보면 예수 믿는 개인이나 민족이 지혜로웠습니다. 고대로부터 시작해서 문명을 이끌어간 나라는 다 예수 믿는 개인과 민족이었습니다. 지금도 선진국들을 보면 대부분이 예수 믿는 나라입니다. 한 나라의 정치, 경제, 군사, 문화 산업에서 리더십을 발휘하는 사람들도 대부분 예수 믿는 사람들입니다.

5천 년 역사를 가진 우리나라에도 복음이 들어온 것은 120, 130년밖에 안 됩니다. 그러나 한국을 현대 국가로 개화시킨 것은 불과 백여 년 전에 들어온 기독교 신앙이었습니다. 기독교가 들어와서 비로소 근대적인 학교를 세우고, 병원을 설립하고, 여성들의 인권을 찾아주었습니다. 5천 년 동안 전통대로 살며 발전이라고는 전혀 없는 이 민족에게 기독교 복음이 들어와서 지금과 같은 사회를 만든 것입니다.

지혜가 없으면 절대로 성공적인 인생을 살 수 없습니다. 지혜가 없으면 재물도 헛것입니다. 금과 은이 아무리 많아도 지혜가 없으면 허랑방탕하게 다 써버리고 맙니다. 그러나 지혜가 있으면 금도 만들고 은도 만들 수 있습니다. 이 지혜의 근본이 바로 하나님이십니다. 성경은 "야훼를 경외하는 것이 지혜의 근본이요 거룩하신 자를 아는 것이 명철이니라"(잠 9:10)고 말씀합니다. 그러므로 하나님을 경외하지 않는 사람은 진정한 지혜가 없는 사람입니다. 하나님을 배제한 지혜와 지식은 엉터리 지식이요, 엉터리 지혜에 불과합니다.

전도자는 이 지혜가 "유산 같이 아름답다."라고 말합니다. 부모에게 몇십억, 몇백억의 유산을 받는 것보다 지혜가 더 낫다는 것입니다. 지혜는 어떤 상황에서도 살 길을 만듭니다. 지혜가 없으면 아무리 많은 유산일지라도 제대로 사용할 수가 없으니 무용지물이나 마찬가지입니다.

또한 전도자는 지혜가 "햇빛을 보는 자에게 유익이 된다."고 말합니다. 여기서 햇빛을 보는 사람은 살아 있는 사람을 의미합니다. 다시 말해 이 세상에서 사는 사람에게 지혜만큼 유익하고 좋은 것이 없다는 말입니다. 이 지혜는 오직 예수 그리스도 안에만 있습니다. 그러므로 살아 있는 사람에게 가장 유익한 것은 예수 그리스도를 구주로 영접하는 것입니다.

12절 지혜의 그늘 아래에 있음은 돈의 그늘 아래에 있음과 같으나, 지혜에 관한 지식이 더 유익함은 지혜가 그 지혜 있는 자를 살리기 때문이니라

여기서 '그늘'은 보호를 뜻합니다. 지혜의 보호를 받는 것이 돈의 보호를 받는 것과 같다는 것입니다. 돈이 많으면 그 돈으로 자신을 보호할 수 있습니다. 그렇다고 돈만 가지고 자신을 보호하려는 것은 큰 실수를 저지르는 것입니다. 지혜가 없는 사람은 돈의 힘만 믿고 미련한 행동을 하기 때문입니다. 나중에는 그 돈이 오히려 올무가 되고 그 돈 때문에 인생을 망치게 됩니다.

전도자는 돈보다 지혜가 더 좋다고 말합니다. 지혜로운 사람은 멸망의 길로 가지 않습니다. 마귀의 올무에 걸리지 않습니다. 돈만 가지고 있는 사람은 돈만 믿고 아무것도 안 하지만, 지혜가 있는 사람은 자신을 발전시키기 위해서 더 많이 공부하고 연구합니다. 그래서 돈만 있을 뿐, 지혜가 없는 사람보다 더욱 더 창조적이고 생산적인 인생을 살아갈 수 있습니다. 그런데 무엇보다도 가장 큰 지혜와 지식은 하나님의 말씀에 있습니다. 그러므로 주야로 성경을 묵상하면 하나님의 지혜와 지식의 보호를 받을 수 있습니다.

4. 하나님의 주권 아래 있는 인생 (7:13-14)

13 하나님께서 행하시는 일을 보라 하나님께서 굽게 하신 것을 누가 능히 곧게 하겠느냐 **14** 형통한 날에는 기뻐하고 곤고한 날에는 되돌아 보아라 이 두 가지를 하나님이 병행하게 하사 사람이 그의 장래 일을 능히 헤아려 알지 못하게 하셨느니라

13절 하나님께서 행하시는 일을 보라 하나님께서 굽게 하신 것을 누가 능히 곧게 하겠느냐

하나님께서는 절대주권자이십니다. 하나님께서는 우리의 힘으로 조종할 수 있는 존재가 아닙니다. 하나님께서는 알파와 오메가가 되시고, 처음과 나중이 되시고, 시작과 끝이 되셔서 모든 것을 다 알고 계십니다. 하나님께서는 우리 각 사람이 어머니 뱃속에 생겨나기 전에 이미 우리를 보셨으며, 우리가 세상에 태어나 하루를 살기도 전에 우리의 일생을 하나님의 책에 기록하셨습니다. 그러므로 우리가 기도하는 것은 하나님을 우리 편에 세우기 위함이 아닙니다. 기도는 우리가 회개하고 하나님의 뜻을 좇아가기 위해 하는 것입니다. 항상 기도함으로 말미암아 하나님 편에 서게 되는 것입니다.

하나님 편에 서는 것이 인생에게 가장 좋은 일입니다. 하나님께서는 우리를 위해 가장 좋은 길을 예비하셨기 때문에 우리가 기도로 하나님께 나아가는 것이 진정으로 복된 삶입니다.

저는 홍콩에 가면 언제나 이 기도의 원리를 느낍니다. 홍콩의 타이오 마을에서는 1996년 철교가 세워지기 전까지 손으로 밧줄을 당겨서 움직이는 나룻배를 교통수단으로 사용했습니다. 줄을 던지면 저쪽 부두에서 밧줄을 받아서 쇠말뚝에 매어놓고 난 다음

배를 잡아당깁니다. 배를 탄 사람 입장에서 보면 저쪽의 부두가 끌려오는 것 같습니다. 그러나 실제로는 배가 부두 쪽으로 움직이는 것입니다.

우리가 기도하는 것도 우리의 밧줄을 하나님께 던져놓고 당기는 것입니다. 우리가 느끼기에는 하나님께서 우리 쪽으로 오시는 것 같지만 실상은 우리가 하나님 편으로 끌려가는 것입니다. 기도의 줄을 잡아 당겨서 우리가 주님 편에 서는 것입니다. 그러므로 기도할 때 "주여, 내 편에 서 주시옵소서."라고 기도하지 말고 "내가 주님 편에 서게 하여 주시옵소서."라고 기도해야 합니다.

미국의 남북전쟁이 한창일 때 교회도 두 쪽으로 갈라졌습니다. 북쪽의 교회는 북군의 승리를 위해 기도했고, 남쪽의 교회는 남군에 승리를 달라고 기도했습니다. 그런데 당시 대통령이었던 아브라함 링컨의 기도문을 보면 놀랍습니다.

"주여, 주님이 내 편에 서 달라고 나는 간구하지 않습니다.
이 전쟁에서 내가 주님 편에 서게 해 주십시오.
주님의 뜻을 이루게 해 주십시오.
주님 내 편에 서지 마시옵소서.
나로 하여금 주님 편에 서게 하여 주시옵소서."

링컨은 하나님을 자신에게 끌어당기지 않고 자신이 하나님 편에 서도록 기도했던 것입니다. 결국 이렇게 기도했던 링컨이 전쟁에서 승리를 거두었습니다. 그 많은 남부의 기독교인들도 기도했지만 그들은 응답을 받지 못했습니다. 그 기도는 주님 편에 서 있는 기도가 아니었기 때문입니다.

우리가 하나님께 아무리 부르짖어 기도해도 우리가 하나님 편에 서 있는 기도가 아니면 응답을 받을 수 없습니다. 이 원리는 아이를 키울 때를 생각해 보면 잘 알 수 있습니다. 부모는 아무리 자식이 돈 달라고 칭얼거려도 그 돈으로 밖에 나가서 잘못된 곳에 사용할 줄 알면 절대로 주지 않습니다. 오히려 호통을 쳐서라도 고집을 꺾습니다. 반대로 정당하게 공부하는 일에 돈이 필요하면 부모는 어떠한 어려움이 있더라도 돈을 줍니다.

그러므로 무엇보다 하나님의 뜻을 아는 것이 중요합니다. 우리의 삶에 제일 중요한 것은 주님의 뜻을 아는 것입니다. 기도할 때 "하나님, 나의 삶 속에서 주님의 뜻을 알게 해 주옵소서. 주님의 뜻이면 내가 벌거벗어도 좋습니다. 주님의 뜻대로 살게 해 주시고, 주님의 뜻을 붙잡고 가게 하옵소서."라고 기도할 수 있다면 인생에서 겁날 것이 없습니다.

여호수아가 여리고 평지에서 유월절을 지킨 후 여리고 성에 접근할 때, 칼을 빼서 손에 들고 서 있는 사람을 만났습니다. 여호수아가 그에게 "너는 우리를 위하느냐 우리의 적들을 위하느냐?" 하고 묻자, 그는 "나는 야훼의 군대 대장으로 지금 왔느니라"(수 5:14)

고 대답한 후 여호수아에게 신을 벗으라고 명령했습니다. 그는 하나님의 군대 대장이었지만 이스라엘의 편을 들기 위해 온 것이 아니었습니다. 여호수아의 신발을 벗게 하기 위해 온 것입니다. 신발을 벗는다는 것은 항복의 의미를 지니고 있습니다. 그는 이스라엘의 편인가 아닌가를 묻는 여호수아에게 항복을 요구함으로써 여호수아를 하나님 편에 서도록 한 것입니다.

지금도 마찬가지입니다. 우리가 예수 그리스도를 믿는다고 해서 무조건 하나님께서 우리 편이 되신 것은 아닙니다. 예수님께서는 우리의 편을 들기 위해 오신 것이 아니라 우리를 하나님 편으로 이끌어 가시기 위해 오셨습니다. 우리의 할 일은 주님 앞에 엎드려 주님을 바라보고 주님의 뜻을 좇아가는 것입니다.

다윗은 "상전의 손을 바라보는 종들의 눈 같이, 여주인의 손을 바라보는 여종의 눈 같이 우리의 눈이 야훼 우리 하나님을 바라보며 우리에게 은혜 베풀어 주시기를 기다리나이다"(시 123:2)라고 고백했습니다. 우리의 구할 바를 잘 보여 주는 기도입니다. 우리는 오직 야훼 하나님만을 바라보고, 하나님께서 이끄시는 대로 따라가야 합니다. 그러므로 크고 작은 모든 일에 주님을 뜻을 구하십시오. 최선을 다하여 주님의 뜻을 알고 그 길로 가는 것이 가장 현명한 길입니다.

전도자는 "하나님께서 굽게 하신 것을 누가 능히 곧게 하겠느냐"라고 말합니다. 하나님께서 굽게 하시면 굽은 그대로, 하나님께서 곧게 하시면 곧은 상태로 있는 것입니다. 우리가 바꿀 수 없습니다. 하나님께서는 절대 주권자이십니다. 하나님께서 결정하신 것은 아무도 변하게 할 수 없습니다. 그러므로 우리는 나의 뜻을 끝까지 고집하기보다 "주여, 내 뜻대로 마옵시고 주님의 뜻대로 하시옵소서."라고 기도해야 합니다.

14절 형통한 날에는 기뻐하고 곤고한 날에는 되돌아 보아라 이 두 가지를 하나님이 병행하게 하사 사람이 그의 장래 일을 능히 헤아려 알지 못하게 하셨느니라

우리의 삶에는 형통한 날도 있고, 고난의 날도 있습니다. 야고보 사도는 "너희 중에 고난 당하는 자가 있느냐 그는 기도할 것이요 즐거워하는 자가 있느냐 그는 찬송할지니라"(약 5:13)고 권면했습니다.

　우리가 고난을 당하면 기도하게 됩니다. 우리에게 좋은 날만 계속되고 삶이 즐겁기만 하면 기도하지 않습니다. 기도는 물론이고, 성경도 읽지 않습니다. 삶이 편하고 즐거운데 새벽에 일찍 일어날 이유가 어디 있습니까? 등 따뜻하고 배부른데 무엇 때문에 밤을 새워 기도합니까? 평안한 사람이 왜 금식하며 기도합니까? 그리고 좋은 날만 계속되면 나중에는 교회도 나오지 않으려고 합니다.

이스라엘 백성도 가나안 땅에 들어간 후 축복받고 살기 좋아지자 타락해 버리고 말았습니다. 이는 비단 이스라엘만의 이야기가 아닙니다. 지금도 유사한 사례가 얼마든지 있습니다. 구라파의 여러 나라들은 예수님을 믿은 후 하나님께서 축복해 주시자 예수님을 떠나버렸고 지금은 형식적인 기독교의 명맥만을 유지하고 있습니다. 미국도 하나님께서 복을 주시자 기독교 신앙이 변질되어 세상 문화가 기승을 부리고 있습니다.

사람이란 형통하기만 하면 타락하기 때문에 고난도 당해야 합니다. 좋은 날에는 즐거워하다가 고난을 당하면 깨어지고 회개합니다. 이런 과정이 반복되면서 신앙이 발전하고 성숙합니다. 그러므로 우리가 형통한 날에는 하나님께 감사하고 찬송하고 즐거워하다가 고난의 날에는 깊이 회개하고, 깨어지고, 생각하는 시간을 가져야 합니다.

하나님께서는 형통과 곤고를 병행하게 하심으로 사람이 장래 일을 헤아려 알지 못하게 하십니다. 사람이 장래를 알게 되면 하나님을 의지하지 않습니다. 자신의 힘만 믿고 계획을 세우고 준비를 합니다. 그러나 장래가 불투명하면 미래의 주도권을 가지신 하나님을 의지하게 됩니다. 형통한 날에는 하나님 안에서 기뻐하고 곤고한 날에는 하나님께 기도하는 것입니다. 농사를 지을 때도 햇빛만 쨍쨍 비치면 곡식이 다 말라 죽습니다. 반대로 비만 오면 곡식이 썩어버립니다. 맑은 날과 비오는 날이 교차하고 바람도 불어야 곡식이 잘 여무는 것입니다.

　우리 눈에는 폭풍과 큰 파도가 재해처럼 여겨지지만 바다 입장에서 보면 폭풍과 큰 파도는 반드시 필요합니다. 폭풍과 큰 파도가 일어나야 온 바다가 뒤집어져서 바다 깊숙한 곳까지 산소가 공급됩니다. 그래야 바다 깊은 곳에 사는 해초와 물고기가 살 수 있습니다.

　그러므로 우리에게 고난이 다가오면 '아, 하나님께서 나의 영혼에 산소를 공급하시는구나.' 라고 생각하면 됩니다. 세상에 취해 굳어진 마음에 고난을 통해 영적인 산소가 공급되어 신앙이 살아나는 것입니다. 그리고 고난이 지난 후에 다윗과 같이 "고난 당한 것이 내게 유익이라 이로 말미암아 내가 주의 율례들을 배우게 되었나이다"(시 119:71)라고 고백하게 됩니다.

5. 인생에서 만나는 위기 (7:15-18)

¹⁵내 허무한 날을 사는 동안 내가 그 모든 일을 살펴 보았더니 자기의 의로움에도 불구하고 멸망하는 의인이 있고 자기의 악행에도 불구하고 장수하는 악인이 있으니 ¹⁶지나치게 의인이 되지도 말며 지나치게 지혜자도 되지 말라 어찌하여 스스로 패망하게 하겠느냐 ¹⁷지나치게 악인이 되지도 말며 지나치게 우매한 자도 되지 말라 어찌하여 기한 전에 죽으려고 하느냐 ¹⁸너는 이것도 잡으며 저것에서도 네 손을 놓지 아니하는 것이 좋으니 하나님을 경외하는 자는 이 모든 일에서 벗어날 것임이니라

15절 | 내 허무한 날을 사는 동안 내가 그 모든 일을 살펴 보았더니 자기의 의로움에도 불구하고 멸망하는 의인이 있고 자기의 악행에도 불구하고 장수하는 악인이 있으니

전도자의 고백처럼 이 세상에서 항상 정의가 이루어지는 것을 기대하기는 쉽지 않습니다. 정의롭지만 망하는 사람도 있고, 악행을 일삼으면서도 장수하며 연락을 즐기는 사람들이 있습니다. 이런 일들이 벌어지는 이유는 이 세상이 타락했기 때문입니다. 또한 세상은 마귀의 지배 아래 있기 때문입니다. 따라서 공평과 정의가 실현되지 않습니다.

그러나 우리 예수 믿는 사람들은 하나님의 아들 나라에 살고 있습니다. 성경은 "그가 우리를 흑암의 권세에서 건져내사 그의 사랑의 아들의 나라로 옮기셨으니"(골 1:13)라고 말씀합니다. 이 사실을 증거하는 분이 우리 속에 와 계신 성령님이십니다. 예수님을 믿고 하나님의 아들 나라에 속한 사람은 그리스도 안에서 의롭게 되는 상급을 받았습니다. 그렇기 때문에 의롭게 살면 하나님의 축복이 따르고 죄를 지으면 징계가 따릅니다. 따라서 전도자의 말은 하나님의 아들 나라에 들어오지 않은 세상에 있는 사람들에게 해당되는 말입니다.

16-18절 지나치게 의인이 되지도 말며 지나치게 지혜자도 되지 말라 어찌하여 스스로 패망하게 하겠느냐 지나치게 악인이 되지도 말며 지나치게 우매한 자도 되지 말라 어찌하여 기한 전에 죽으려고 하느냐 너는 이것도 잡으며 저것에서도 네 손을 놓지 아니하는 것이 좋으니 하나님을 경외하는 자는 이 모든 일에서 벗어날 것임이니라

여기서 전도자가 말하는 '의인'은 우리가 생각하는 의로운 사람이 아닙니다. 그는 이 세상에서 자신의 의로움을 주장하며 다른 사람을 무시하는 자만한 사람입니다. 이러한 독선주의자는 결국 뭇사람의 미움을 사서 인심을 잃고 외로움 속에 패망합니다. 따라서 전도자는 지나치게 모가 나서 자신만을 내세우는 태도를 경계하라고 권면하는 것입니다.

'지혜자' 역시 같은 맥락으로 이해할 수 있습니다. 그는 하나님께서 주시는 지혜를 사용하는 자가 아니라, 세상의 악한 지혜로 온갖 권모술수를 행하는 자입니다. 그는 의리도 버리고 자신의 이익을 좇아 꾀를 내지만 결국 망하고 맙니다.

한 가정에서도 남편이 독선적이고 자만하면 아내와 자녀들이 고통스럽습니다. 그는 모든 일에 자신이 옳다고 생각하기 때문에 다른 식구들을 잘못되었다고 손가락질합니다. 자신의 의견만을 내세우며 "이것 하라. 저것 하지 마라." 하며 온갖 일에 간섭하고

교훈합니다. 그런 남편이나 아버지와 같이 사는 것이 보통 곤욕스럽지 않습니다. 부인이 의로운 가정도 마찬가지입니다. 의로운 부인은 온갖 일에 간섭을 하고 밤낮으로 남편에게 바가지를 긁기 때문에 함께 살 수가 없습니다.

꾀만 부리는 사람은 또 어떻습니까? 의리도 저버리고 상식도 저버린 채 자신의 이익만을 좇아 살다보니 누구 하나 그를 믿어 주는 사람이 없습니다. 신뢰할 수 없는 사람이 되어 버리는 것입니다. 너무 의로워도, 너무 지혜로워도 힘이 듭니다. 그러므로 결혼 생활을 할 때 너무 의롭지도, 지혜롭지도 않은 것이 좋습니다. 서로 용납하고 인정해 주는 태도가 더불어 살아감에 있어서 매우 중요합니다.

또한 과도한 악행과 지나치게 우매한 행동 역시 멸망을 초래합니다. 그런데 하나님을 믿지 않는 사람이 중도적인 태도를 지니고 살아가는 것이 거의 불가능합니다. 지나치게 의인이 되거나 지나치게 지혜자가 되지 않으면 지나치게 악인이 되거나 지나치게 우매한 자가 되기 십상입니다. 그렇다면 어떻게 전도자가 말하는 중도의 길을 걸을 수가 있을까요? 그 비결은 바로 하나님을 믿고 사는 것입니다.

하나님을 믿지 않는 사람은 자신이 의롭다고 착각하여 지나치게 의인이 됩니다. 또한 다른 사람보다 머리만 조금 좋아도 자신의 꾀를 의지하는 사람이 됩니다. 하나님을 믿지 않으면 악행을 중단

할 명분이 없습니다. 도를 넘어 악한 일을 하고 도를 넘어 미련한 행동을 하는 것입니다. 그러나 하나님을 믿는 사람은 그런 위험을 피해갈 수 있습니다. 지나치게 의인이 되려고 하면 "주여, 저의 교만을 용서하여 주시옵소서."라고 기도할 수 있습니다. 지나친 의로움을 피해가는 것입니다. 지나치게 지혜자가 되려고 하면 "주여, 제가 이익을 얻기 위해 양심을 속이지 않게 하여 주옵소서."라고 기도함으로 인간적인 지혜를 제어할 수 있습니다.

하나님을 믿는 사람 안에는 성령이 내주하시기 때문에 지나치게 악을 행할 수 없습니다. 또한 지혜의 근원 되시는 하나님을 믿기 때문에 지나치게 우매한 자가 되는 것도 피할 수 있습니다. 성령이 친히 우리의 삶을 바른 길로 운행해 가시기 때문입니다. 완전히 잘못 가는 것 같아도 성령이 함께하시면 제자리로 돌이키게 됩니다. 이처럼 하나님을 믿고 성령을 의지할 때 사람을 망하게 하는 극단적인 태도를 피할 수 있습니다.

6. 지혜의 필요성과 어려움 (7:19-24)

¹⁹지혜가 지혜자를 성읍 가운데에 있는 열 명의 권력자들보다 더 능력이 있게 하느니라 ²⁰선을 행하고 전혀 죄를 범하지 아니하는 의인은 세상에 없기 때문이로다 ²¹또한 사람들이 하는 모든 말에 네 마음을 두지 말라 그리하면 네 종이 너를 저주하는 것을 듣지 아니하리라 ²²너도 가끔 사람을 저주하였다는 것을 네 마음도 알고 있느니라 ²³내가 이 모든 것을 지혜로 시험하며 스스로 이르기를 내가 지혜자가 되리라 하였으나 지혜가 나를 멀리 하였도다 ²⁴이미 있는 것은 멀고 또 깊고 깊도다 누가 능히 통달하랴

19절 지혜가 지혜자를 성읍 가운데에 있는 열 명의 권력자들보다 더 능력이 있게 하느니라

지혜로운 사람은 열 명의 권력자들이 해결할 수 없는 문제도 해결할 수 있습니다. 지혜가 권세보다 더 능력이 있기 때문입니다. 한 나라에도 권력자가 많다고 해서 나라가 잘되는 것이 아닙니다. 지혜로운 백성이 많아야 나라가 잘됩니다.

성경은 "야훼를 경외함이 지혜의 근본이라"(시 111:10)고 말씀합니다. 지혜로운 사람을 양성하는 길은 전도에 있습니다. 예수님을 구주로 영접한 하나님의 백성이 많아지면 그 나라가 번창하는 것은 당연합니다. 복음화가 나라의 운명을 좌우합니다.

20절 선을 행하고 전혀 죄를 범하지 아니하는 의인은 세상에 없기 때문이로다

이 세상에서 죄를 짓지 않은 사람은 한 사람도 없습니다. 예수 믿는 사람도 죄를 짓습니다. 그렇다면 예수 믿는 사람과 믿지 않는 사람의 다른 점이 무엇입니까? 회개입니다. 예수 믿는 사람은 죄를 짓고 회개하지만, 예수 믿지 않는 사람은 죄를 짓고도 돌이키지

않습니다. 자꾸 반성하는 사람은 발전합니다. 같은 죄를 짓고 천 번을 회개하면 다시는 같은 죄에 넘어지지 않습니다. 그러나 죄를 짓고도 반성하지 않는 사람은 늘 죄 속에 있습니다.

회개하는 것은 때를 씻는 것과 같습니다. 때가 묻으면 씻고, 또 묻으면 다시 씻으면 됩니다. 씻는 사람은 깨끗해집니다. 그러나 씻어봤자 도로 먼지 묻는다고 아예 씻지 않는 사람은 계속해서 더러워질 뿐입니다.

예수 믿는 사람은 자꾸 회개하는 사람입니다. 예수님을 영접하자마자 곧바로 천사와 같이 되어 의로운 삶을 사는 사람은 없습니다. 예수 믿는 즉시 삶의 모든 영역이 의로워지지 않습니다. 사람들은 "예수 믿는 사람이 왜 거짓말하느냐? 왜 도둑질하느냐? 왜 나쁜 일 하느냐?"라고 묻습니다. 그들이 변화되는 과정에 있기 때문입니다.

예수님을 믿더라도 사람이 한꺼번에 변화되지는 않습니다. 예수님을 믿어서 성령이 들어오셔도 이미 우리 속에 옛사람의 부패한 성격이 꽉 차 있기 때문에 육체를 입고 있는 동안은 자꾸 넘어집니다. 그러나 죄를 짓고 자주 회개하면 점차로 인격이 변화됩니다. 일 년에 노루꼬리만큼씩 나아집니다. 그래서 처음에는 별로 변화되는 것 같지 않지만 시간이 흐르면 그 변화의 폭이 뚜렷이 나타납니다.

우리 육체를 죽이는 데는 오랜 세월이 필요합니다. 예수님을 믿고 난 후에 죄 짓고 넘어진다고 손가락질하지 마십시오. 죄 짓는 것으로부터 자유로운 사람은 아무도 없습니다. 다른 사람에게 손가락질하기보다 그 영혼을 위해 기도해 주어야 합니다. 우리가 천국에 가는 것은 용서받은 의인이기 때문입니다. 자신의 행위로 의롭다 함을 받은 것이 아닙니다. 죄를 짓지 않는 의인은 세상에 없습니다. 예수님을 믿고 용서를 받은 사람은 다른 사람도 용서받도록 기도해 주시기 바랍니다.

21-22절 | 또한 사람들이 하는 모든 말에 네 마음을 두지 말라 그리하면 네 종이 너를 저주하는 것을 듣지 아니하리라 너도 가끔 사람을 저주하였다는 것을 네 마음도 알고 있느니라

전도자는 사람들의 평판에 지나치게 마음을 두지 말 것을 권면하고 있습니다. 인생은 소신껏 살아가는 것입니다. 다른 사람이 나에 대하여 무슨 말을 하는가에 관심을 기울이다 보면 나를 칭찬하는 말뿐 아니라 나를 저주하는 말도 듣게 됩니다. 사람들이 처음에는 잘한다고 하다가도 나중에 자기 마음과 맞지 않으면 돌아서서 욕하고 저주합니다. 옛말에 '인심조석변(人心朝夕變)'이라는 말이 있습니다. 사람의 마음이 아침저녁으로 바뀐다는 말입니다. 그러므로 인심만을 믿고 일을 하면 안 됩니다. 본문에 나오는 것처럼 종도

주인을 저주할 때가 있습니다.

성경은 우리에게 우리 자신도 가끔 앞에서는 칭찬하고 돌아서서 욕하지 않느냐고 반문합니다. 맞는 말입니다. 우리도 좋으면 칭찬하고 싫어지면 욕합니다. 우리 자신도 그러한데 하물며 다른 사람은 어떻겠습니까?

저도 젊은 시절에 목회할 때는 귀가 얇아서 성도들의 말에 귀를 많이 기울였습니다. 성도들이 이 쪽이다 하면 이 쪽으로 기울어지고, 저 쪽이다 하면 저 쪽으로 기울어졌습니다. 그러다가 나이가 들고 목회 경력이 쌓이면서 목회는 하나님께 받은 사명을 가지고 소신껏 해야 한다는 것을 깨달았습니다.

사람들의 좋고 싫음이 나의 행동을 결정하게 해서는 안 됩니다. 평가는 하나님께 받는 것입니다. 그러므로 하나님께 기도하고 하나님 앞에 올바르다고 생각하는 것이 있으면 담대하게 소신을 갖고 추진하는 것이 좋습니다.

23절 | 내가 이 모든 것을 지혜로 시험하며 스스로 이르기를 내가 지혜자가 되리라 하였으나 지혜가 나를 멀리 하였도다

하나님께서 만물을 창조하신 후에 각각의 만물에게 지혜를 주셨습니다. 식물들을 보십시오. 가을이 오면 일제히 잎사귀를 떨어뜨

립니다. 추운 겨울에는 수분과 양분을 흡수할 수 없으므로 불필요한 잎을 떨어뜨리고 앙상한 나뭇가지만으로 겨울을 납니다. 동물 중에도 개구리, 뱀, 곰 같은 동물들은 겨울에 긴 잠을 잡니다. 자연 스스로 살아갈 수 있도록 하나님께서 지혜를 주신 것입니다. 거미가 집을 짓는 걸 보십시오. 이 나무와 저 나무 사이에 그물로 집을 짓습니다. 새도 높은 나무 사이에 나뭇가지로 집을 짓습니다. 하나님께서는 모든 살아가는 만물에게 본능적인 지혜를 주셔서 그 지혜를 가지고 살아가도록 만드셨습니다.

그런데 사람에게는 본능적인 지혜 이외에 창조적인 지혜를 주셨습니다. 창조적인 지혜는 운명과 환경을 창조하고, 개발하는 능력입니다. 인류의 역사를 보면 인간은 정치, 경제, 교육, 문화, 군사, 산업의 전 영역에서 끊임없이 문제를 해결하고 발전시켰습니다. 창조적인 지혜가 있기 때문입니다.

사람에게는 경험적인 지혜도 있습니다. 어떤 사람은 어머니 뱃속에서부터 지혜롭게 태어났는가 하면 미련하게 태어난 사람도 있습니다. 그러나 아무리 미련하게 태어난 사람이라도 경험이 쌓이면 지혜로워집니다.

제가 어릴 때 우리 아래채에 태동이라는 이름의 바보가 살았습니다. 동네에서 바보로 유명했습니다. 당시 그의 나이가 50대였는데 힘이 얼마나 좋은지 논일, 밭일을 다하고도 산에서 나무를 한 짐씩 해가지고 내려왔습니다. 하루는 제가 그 바보 집에 놀러가서 보니 자신의 아이들을 앉혀놓고 교훈을 하고 있었습니다. "반드시 잠자기 전에 손발을 씻고 이를 닦아라. 이를 닦지 않으면 나중에 이가 썩어서 병원에 가야 한다.", "잘 때는 이불을 잘 덮고 자야 배앓이를 하지 않는다. 밥 먹을 때 천천히 먹어라." 이런 이야기를 얼마나 조리 있게 하던지 깜짝 놀랐습니다. 전혀 바보 같지 않았습니다. 그래서 제가 "태동이 영감, 바보 아니네."라고 하자, 싱긋이 웃으며 "내 머리야 바보죠. 그러나 내가 살아오면서 경험한 것은 압니다."라고 말했습니다. 살아오면서 얻은 경험이 지혜를 준 것입니다.

성경에 "너는 센 머리 앞에서 일어서고 노인의 얼굴을 공경하며"(레 19:32)라는 말씀이 있습니다. 센 머리, 즉 백발을 가진 사람은 인생을 살아온 경험이 있기 때문에 그의 지혜를 존중하라는 말씀입니다. 그러나 아무리 태어날 때 지혜롭게 태어나고, 인생을 살아오면서 얻은 경험이 있다 할지라도 인간의 지혜는 한계에 부딪히고 맙니다. 그러나 하나님을 믿고 경외하는 사람에게는 하나님께서 인간의 한계를 뛰어넘는 성령의 지혜를 주십니다.

성경은 "야훼께서 너를 머리가 되고 꼬리가 되지 않게 하시며 위에만 있고 아래에 있지 않게 하시리니 오직 너는 내가 오늘 네게 명령하는 네 하나님 야훼의 명령을 듣고 지켜 행하며 내가 오늘 너희에게 명령하는 그 말씀을 떠나 좌로나 우로나 치우치지 아니하고 다른 신을 따라 섬기지 아니하면 이와 같으리라"(신 28:13-14)고 말

쏨합니다. 하나님을 믿고 신실하게 계명을 지키는 자들에게 범인을 뛰어넘는 성령의 지혜를 주신다는 뜻입니다. 성령의 지혜는 가장 고차원적이고 능력 있는 지혜입니다. 역사적으로 예수님을 믿은 개인이나 국가가 발전하는 이유가 여기에 있습니다.

예전에 미국의 타임지에 한국 기독교에 관한 기사가 실린 적이 있습니다. 그 기사를 보면 한국의 기독교인은 전체 인구의 30%에 못 미치지만 정치, 경제, 교육, 문화, 군사, 산업의 지도적 위치를 기독교인들이 점령했다고 보도했습니다. 대통령이 기독교인이요, 지도적인 군 장성 9명 중에 8명이 기독교인이며, 지도적인 실업가들, 전문직 종사자들 대부분이 기독교인으로 한국은 기독교인들이 이끌어가고 있다고 보도했습니다.

이처럼 우리 믿는 사람들이 한국 사회에서 지도력을 발휘할 수 있었던 이유도 성령의 지혜가 있기 때문입니다. 그러므로 예수님을 믿고, 하나님 말씀을 연구하며, 주님께 기도하므로 하나님의 지혜를 얻어 인생을 사는 것이 가장 현명한 길입니다.

하나님께서는 끝없는 지혜를 가지고 계십니다. 인간이 하나님만큼 지혜로울 수는 없습니다. 그러므로 절대로 교만하지 말아야 합니다. 언제나 겸손하게 하나님께 엎드려 지혜를 구해야지 내가 하나님처럼 되었다고 건방지게 어깨를 내밀어서는 안 됩니다.

본문에서 전도자가 "내가 이 모든 것을 지혜로 시험하며 스스로 이르기를 내가 지혜자가 되리라 하였으나 지혜가 나를 멀리 하였도다"라고 말한 것은 인간이 극히 부분적인 지혜밖에 소유할 수 없는 현실을 토로한 것입니다. 물론 인간은 창조적인 지혜를 가졌기 때문에 본능적인 지혜를 가진 동식물을 다스립니다. 사람 중에서도 성령의 지혜를 가진 사람들은 사회에서 우위를 점합니다. 그러나 아무리 노력해도 인간은 하나님의 지혜를 따라갈 수 없습니다. 하나님께서는 창조주요, 인간은 피조물이기 때문에 그 한계를 뛰어넘을 수 없는 것입니다. 그러므로 하나님을 의지하고 그 앞에 겸손하게 행하는 인생이 가장 복되고 지혜롭다는 것을 반드시 기억하시기 바랍니다.

24절 | 이미 있는 것은 멀고 또 깊고 깊도다 누가 능히 통달하랴

이미 있는 것, 즉 하나님께서 지으신 이 우주와 만물의 원리는 참으로 심오합니다. 단순하게 사는 사람들은 그저 무엇을 먹을까, 무엇을 입을까, 무엇을 마실까 하는 일에만 관심을 기울이며 본능에 따라 살아갑니다. 그러나 조금만 더 생각하고 우주와 만물을 살펴보면 신기하기 짝이 없습니다.

밤하늘을 한번 쳐다보십시오. 무수한 별들이 하늘에 있습니다. 밤하늘에서 우리 눈으로 볼 수 있는 별들은 모두 지구보다 큰 별들로 대략 6천여 개에 달합니다. 우주에는 지구가 속한 태양계와 같은 것이 무수히 많습니다. 무수한 태양계가 모여 은하계를 만드는데, 이런 은하계 역시 셀 수 없이 많습니다. 숫자로는 도저히 헤아릴 수 없는 별들이 이 우주에 존재하는 것입니다.

그런데 그 많은 별들이 서로 충돌하지 않고 잘 운행됩니다. 조금만 오차가 나도 심각한 일이 벌어질 텐데 하나님께서 정해 놓으신 우주의 법칙을 따라서 질서 정연하게 움직입니다. 혹자는 우주가 우연히 생겼다고 주장하는데, 우연히 생긴 우주에 어떻게 이런 법칙이 있고 원리가 있을 수 있습니까? 만든 이가 없이 저절로 되었다고 주장하는 것이 터무니없는 것입니다.

제가 차고 있는 이 손목시계도 원리를 따라 움직입니다. 만든 사람이 정해 놓은 원리를 따라가는 것입니다. 자동차, 컴퓨터, 비행기, 인공위성 등 이 모든 것의 배후에는 그것을 연구하고 설계해서 만든 이가 있습니다. 하물며 이런 기계와 비교할 수 없는 우주와 생명을 어떻게 우연히 생겨났다고 할 수 있습니까?

아기를 한번 보십시오. 얼마나 신기하고 오묘한지 말로 다 할 수 없습니다. 제가 총각 시절에는 어린아이를 봐도 그냥 어린아이인가 보다 했습니다. 그런데 결혼해서 첫아이를 낳아보니까 얼마나 신기하던지, 그 조그마한 손을 움직이고, 그 조그마한 입을 오물거리는데 발가락도 신기하고 눈코입도 신기하고 말로 설명할 수가 없었습니다. 이 생명이 어떻게 자연적으로 만들어집니까? 하나님께서 그렇게 태어나도록 하셨기 때문에 존재하는 것입니다.

우리는 그저 하나님을 찾고, 지혜를 다하여 하나님께서 하신 일의 원리를 알아볼 뿐입니다. 과학자들이 하는 일이 무엇입니까? 그들은 하나님께서 창조하신 우주와 자연 만물을 연구해서 그 원리를 아는 것입니다. 그러므로 우리가 소유한 지식이란 저 바닷가에서 조그마한 조약돌 하나 가진 것에 불과합니다. 우주 만물을 지으시고 운행하시는 하나님의 지식이 너무나 깊고 오묘하기 때문에 사람은 능히 통달할 수 없습니다.

7. 인간의 죄성 (7:25-29)

25내가 돌이켜 전심으로 지혜와 명철을 살피고 연구하여 악한 것이 얼마나 어리석은 것이요 어리석은 것이 얼마나 미친 것인 줄을 알고자 하였더니 26마음은 올무와 그물 같고 손은 포승 같은 여인은 사망보다 더 쓰다는 사실을 내가 알아내었도다 그러므로 하나님을 기쁘게 하는 자는 그 여인을 피하려니와 죄인은 그 여인에게 붙잡히리로다 27전도자가 이르되 보라 내가 낱낱이 살펴 그 이치를 연구하여 이것을 깨달았노라 28내 마음이 계속 찾아 보았으나 아직도 찾지 못한 것이 이것이라 천 사람 가운데서 한 사람을 내가 찾았으나 이 모든 사람들 중에서 여자는 한 사람도 찾지 못하였느니라 29내가 깨달은 것은 오직 이것이라 곧 하나님은 사람을 정직하게 지으셨으나 사람이 많은 꾀들을 낸 것이니라

25-26절 내가 돌이켜 전심으로 지혜와 명철을 살피고 연구하여 악한 것이 얼마나 어리석은 것이요 어리석은 것이 얼마나 미친 것인 줄을 알고자 하였더니 마음은 올무와 그물 같고 손은 포승 같은 여인은 사망보다 더 쓰다는 사실을 내가 알아내었도다 그러므로 하나님을 기쁘게 하는 자는 그 여인을 피하려니와 죄인은 그 여인에게 붙잡히리로다

전도자는 악하게 사는 것이 어리석다고 말합니다. 악행을 저지를 당시는 아무 문제 없이 잘 먹고 잘 입고 잘 자고 영화를 얻는 것 같지만 종국에는 악으로 거두기 때문입니다. 그러므로 악한 것은 미련할 뿐 아니라 비정상적이요, 결국 미친 것과 마찬가지입니다.

그런데 어리석은 것 중에서도 가장 으뜸은 마음이 올무 같고 손은 포승 같은 여인, 다시 말해 나쁜 여자에게 잡히는 것입니다. 아무리 괜찮은 남자라도 여자를 잘못 만나면 낭패를 당합니다. 아담이 선악과를 따먹은 것도 하와가 권했기 때문입니다. 아담이 지도력을 발휘해서 하와가 못 따먹도록 막았으면 괜찮았을 텐데 먹으면 죽는 줄 뻔히 알면서도 하와가 주는 대로 받아먹었습니다. 대체로 남자는 여자 앞에서 지도력을 발휘하지 못하고 여자의 소견에 넘어가고 맙니다.

여자는 남자를 돕는 배필로 지음 받았습니다. 여자가 남자보다 지혜롭고 말을 잘합니다. 이 때문에 남자를 움직이기 위해서는 여

자를 먼저 움직여야 합니다. 마귀도 이 원리를 잘 알아서 남자를 넘어뜨리기 전에 여자를 먼저 공격합니다. 여자가 다정하게 속삭이면 남자는 맥없이 그 말에 따라 움직이는 것입니다. 죄를 지은 남자를 조사해 보면 배후에 반드시 여자가 있습니다. 여자가 연루되지 않은 범죄는 거의 없습니다. 그래서 전도자는 악한 것의 뿌리는 여자에게 있다고 경고합니다.

선한 여자만큼 귀한 존재는 세상에 없습니다. 선한 여자는 은금을 주고도 살 수 없는 가치를 지니고 있습니다. 반면에 악한 여자는 남자로 하여금 어리석고 미친 행동을 하게 하는 근원이 됩니다. 악한 여자의 마음은 올무나 그물과 같습니다. 올무와 그물은 생명을 빼앗는 도구입니다. 올무로는 짐승을 잡고, 그물로는 새를 잡습니다. 악한 여자는 마치 사냥을 하듯이 남자의 생명을 빼앗는 것입니다. 그러므로 악한 여자와 결혼한 남자는 살았으나 죽은 것과 같습니다. 악한 여자와 사업을 해도 마찬가지입니다. 여자의 손에 잡혀서 시키는 대로 악행을 하고 죄를 짓다가 멸망하는 것입니다.

솔로몬 왕을 보십시오. 그는 인류 역사상 전례를 찾아볼 수 없는 지혜로운 사람이었습니다. 그러나 말년에 이방 여인들을 아내로 삼고 그들을 예루살렘 궁에 거하게 하자, 그들은 이방에서 섬기던 모든 우상을 가지고 와서 제단을 쌓았습니다. 그리고 그들이 밤마다 솔로몬의 품에 안겨 속삭이자 그처럼 지혜롭던 솔로몬 왕도 완전히 타락하고 말았습니다. 그래서 솔로몬 왕궁에는 이방 여인들이 쌓아 놓은 제단이 곳곳에 세워지고, 하나님의 성전에까지 우상 제단을 쌓는 죄가 행해졌던 것입니다. 그 결과로 이스라엘은 북이스라엘와 남유다로 갈라지고, 나중에는 각각 앗수르와 바벨론에 멸망하고 말았습니다.

우리 교회 성도들도 90% 이상이 아내가 먼저 예수님을 믿고 온 가정을 구원한 경우입니다. 남편이 먼저 예수님을 믿은 가정은 지극히 적습니다. 대개 부인이 먼저 예수를 믿어 남편과 아이들을 전도합니다. 결사적으로 기도해서 남편을 집사로 만들고, 장로로 세웁니다. 여자를 통해 천국 백성이 늘어나는 것입니다.

그러므로 아들을 두신 분들은 앞으로 며느리를 보실 때 기도를 많이 해야 합니다. 며느리가 잘못 들어오면 큰일입니다. 당장에 아들과 부모 사이가 원수가 되고 맙니다. 가족의 화목이 여자에게 달려있습니다. 또한 딸을 가진 부모들은 신앙으로 딸을 잘 교육해 딸이 결혼한 후 남편을 믿음 안에서 선하게 이끌도록 해야 합니다.

제가 지금까지 목회하면서 경험한 바로도 이 세상에서 은금과 진주보다 더 귀한 것이 착한 여자입니다. 악한 여자는 개인과 가정, 교회를 분열시키고 망하게 하지만, 착한 여자는 영혼을 구원하고 서로 하나 되게 하는 귀한 일을 합니다. 그러므로 여자로 태어나신 분들은 성령님께 붙들려 착한 여자로 쓰임 받으시길 축원합니다.

27절 전도자가 이르되 보라 내가 낱낱이 살펴 그 이치를 연구하여 이것을 깨달았노라

전도자 솔로몬은 여자의 존재가 매우 큰 영향력을 지니고 있다는 사실을 깨달았지만 정작 본인은 그 올무에 잡히고 말았습니다. 말년에 이방 여인에게 넘어가 하나님의 성전에 우상을 세우는 죄를 범했습니다.

이처럼 머리로 깨닫는 것과 현실의 삶은 상당한 차이가 있습니다. 사람이 아무리 지식으로 알아도 환경이 나쁘면 넘어집니다. 인간은 환경의 영향을 받는 존재이기 때문입니다. 그러므로 우리는 어찌하든지 모이기에 힘써야 합니다. 주일에 모이고, 수요일에 모이고, 구역예배로 모여서 함께 찬송하고, 말씀 듣고, 기도해야 합니다. 이런 환경에 있다 보면 하나님께 더 가까이 나아가게 됩니다. 반대로 믿지 않는 친구들과 어울려서 술 마시고, 노름하고, 춤이나 추다 보면 신앙이 자랄 수 없습니다.

그러므로 가정에서도 예수 믿는 분위기를 조성해야 합니다. 가정예배 드리는 것이 별것 아닌 것 같지만 굉장한 효과가 있습니다. 함께 모여 찬송하고, 기도하고, 성경을 읽다 보면 가정 안에 하나님을 섬기는 분위기가 조성됩니다. 믿지 않는 가족이 세상에 나가 어울리더라도 신앙의 분위기가 그들을 사로잡습니다. 깊은 죄악

의 수렁에 들어가지 못하도록 잡아 주는 것입니다.

특별히 어머니에게는 가정에서 신앙의 분위기를 만들 책임이 있습니다. 예수님은 십자가를 지고 가시면서도 우는 여인들을 향해 "예루살렘의 딸들아 나를 위하여 울지 말고 너희와 너희 자녀를 위하여 울라"(눅 23:28)고 말씀하셨습니다. 가족을 위해 기도할 사명이 어머니에게 있는 것입니다.

28절 | 내 마음이 계속 찾아 보았으나 아직도 찾지 못한 것이 이것이라 천 사람 가운데서 한 사람을 내가 찾았으나 이 모든 사람들 중에서 여자는 한 사람도 찾지 못하였느니라

전도자 솔로몬은 자신이 얻는 지혜를 토대로 일천 명의 사람을 만나서 인터뷰를 한 결과, 지혜 있는 사람을 단 한 사람 찾았습니다. 그는 다름 아닌 솔로몬 자신이었습니다. 하나님께서 솔로몬에게만 특별하게 지혜를 주신 것입니다. 그러나 지혜가 있다고 해서 성공적인 인생을 살 수 있는 것은 아닙니다. 지혜로운 사람이라 할지라도 여자를 잘못 만나면 그 지혜가 모두 허사가 되고 맙니다. 다른 무엇보다 선하고 좋은 여자를 만나는 것이 중요합니다.

여자가 성령에 잡히면 복음화는 쉽게 이루어집니다. 반대로 여자가 세속에 잡히면 교회는 세속적으로 변하고 맙니다. 여자는 돕

는 배필로 지어졌기 때문입니다. 돕는 배필이란, 도와주는 사람을 말합니다. 일국의 대통령도 나라를 다스리려면 돕는 사람들이 있어야 합니다. 대통령 자신이 나라를 대표하긴 하지만 국정을 결정하는 데 필요한 사안을 연구하여 보고할 수석 비서관들이나 장관들이 필요한 것입니다.

마찬가지로 남자에게는 여자의 도움이 필요합니다. 여자가 필요한 정보를 수집하고 연구해서 설명해 주어야 그 내용을 토대로 남자가 의사 결정을 합니다. 여자의 도움이 남자의 행보에 지대한 영향을 미치는 것입니다. 세상적인 원리이긴 하지만 권력자에게 도움을 받기 위해 그의 부인을 찾아가는 이유가 여기에 있습니다.

29절 | 내가 깨달은 것은 오직 이것이라 곧 하나님은 사람을 정직하게 지으셨으나 사람이 많은 꾀들을 낸 것이니라

하나님께서는 본래 사람을 정직하게 만드셨습니다. 아담과 하와도 처음부터 선악을 분별하지 않았습니다. 그들은 하나님만 바라보고 살았기 때문에 자신들이 벌거벗은 사실도 몰랐습니다. 아담과 하와는 성인으로 지음 받은 존재입니다. 아이로 만들어진 후 성장한 것이 아닙니다. 그러나 그 안에 어린아이와 같은 순수함과 천진함이 있었기 때문에 벌거벗은 것이 수치스럽다는 사실을 몰랐

습니다. 하지만 선악과를 따먹은 후에는 자신들이 벌거벗었다는 것을 깨닫게 되었습니다. 선악과를 따먹자 더 이상 하나님 중심이 아닌 자기중심의 삶을 살게 된 것입니다.

선악과를 따먹은 이후의 삶은 자신을 기준으로 선악을 판단하는 삶입니다. 자기에게 좋은 것은 선하고 나쁜 것은 악하다고 판단합니다. 내게 이익이 되고 손해가 되느냐에 따라 선악을 결정합니다. 욕심이 판단의 기준이 되는 것입니다.

그러나 예수 그리스도와 함께 십자가에서 죽었다가 살아난 사람은 옛사람을 십자가에서 청산했기 때문에 하나님만 쳐다보고 살아갑니다. 모든 것을 하나님 중심으로 판단하고 하나님께 유익이 되는지의 여부로 선악을 결정합니다. 하나님의 영광이 모든 것의 기준이 됩니다. 또한 하나님만 쳐다보고 즐거워합니다. 하나님께서 허락하신 모든 것에 만족하면서 하나님께 감사할 뿐입니다.

모든 일에 내가 중심이 되는 인본주의, 이것이 선악과를 따먹은 결과입니다. 인본주의적으로 신앙생활을 하는 사람은 아무리 교회를 열심히 다니고, 예수님을 열렬히 믿어도 그 중심이 잘못되었습니다. 그는 하나님을 이용합니다. 하나님의 명령이 자신에게 이익이 되면 순종하고 그렇지 않으면 순종하지 않습니다. 자신의 인생을 위해 하나님을 이용하는 것입니다. 이처럼 하나님을 이용하려고 하는 인본주의적인 자세, 교만한 마음은 선악과를 따먹은 후에 나타난 타락한 성품입니다.

우리는 항상 두 나무 밑에 서 있습니다. 어떠한 사람은 선악과 나무 밑에 서서 예수님을 믿습니다. 내게 손해가 나면 불순종하고 이익이 있으면 순종합니다. 이런 신앙은 가짜 신앙입니다.

또 어떠한 사람은 십자가 나무 밑에 서 있습니다. 십자가에서 나와 세상을 못 박아 버리고 주님만 쳐다보고 살아갑니다. 내가 선악을 판단하지 않습니다. 내게 이익이냐 손해냐를 생각하지 않습니다. 하나님께 영광이 되느냐에 모든 관심을 기울입니다. 하나님께 영광이 된다면 내가 죽어도 상관이 없습니다. 하나님께 유익하다면 그 어떤 손해를 당해도 감수하는 것입니다.

우리는 선악과가 아닌 십자가 밑에서 신앙생활을 하는 사람이 되어야 합니다. 십자가 밑에 나의 짐을 풀어야 합니다. 찬송가 288장 가사를 보면 "세상과 나는 간 곳 없고 구속한 주만 보이도다"라는 구절이 있습니다. 십자가 밑에서 주님을 믿는 사람의 고백인 것입니다.

선악과 밑에서 인간이 타락했고, 십자가 밑에서 인류가 구원받았습니다. 선악과나무 밑에서 살면 나를 쳐다보게 되고 탐욕적인 인간이 되어 하나님 앞에 벌거벗은 인간, 수치와 곤욕이 들어찬 인간이 되고 맙니다. 그러므로 오직 십자가 밑에서 주님을 바라보고 살면서 하나님의 영광을 나타내는 여러분 모두가 되시기를 바랍니다.

Chapter 8

왕과 악인들

1. 왕의 권위(8:1-8)
2. 악인의 종말(8:9-13)
3. 사람이 알 수 없는 하나님의 행사(8:14-17)

전도자는 권위가 무엇이며 악인의 종말은 어떠한지 말합니다. 모든 권세는 하나님께로부터 나왔습니다. 그러므로 통치자에게 순종해야 합니다. 전쟁과 같이 어려운 때는 더욱 그렇게 해야 합니다. 악인이 때로는 잘되는 것 같고 죄를 지은 사람이 벌을 받지 않을 것처럼 보일 때가 있습니다. 그러나 모든 사람에게 임하는 심판을 피할 수 없고 하나님은 사람이 행한 대로 반드시 갚아 주십니다.

1. 왕의 권위 (8:1-8)

1누가 지혜자와 같으며 누가 사물의 이치를 아는 자이냐 사람의 지혜는 그의 얼굴에 광채가 나게 하나니 그의 얼굴의 사나운 것이 변하느니라 2내가 권하노라 왕의 명령을 지키라 이미 하나님을 가리켜 맹세하였음이니라 3왕 앞에서 물러가기를 급하게 하지 말며 악한 것을 일삼지 말라 왕은 자기가 하고자 하는 것을 다 행함이니라 4왕의 말은 권능이 있나니 누가 그에게 이르기를 왕께서 무엇을 하시나이까 할 수 있으랴 5명령을 지키는 자는 불행을 알지 못하리라 지혜자의 마음은 때와 판단을 분변하나니 6무슨 일에든지 때와 판단이 있으므로 사람에게 임하는 화가 심함이니라 7사람이 장래 일을 알지 못하나니 장래 일을 가르칠 자가 누구이랴 8바람을 주장하여 바람을 움직이게 할 사람도 없고 죽는 날을 주장할 사람도 없으며 전쟁할 때를 모면할 사람도 없으니 악이 그의 주민들을 건져낼 수는 없느니라

1절 누가 지혜자와 같으며 누가 사물의 이치를 아는 자이냐 사람의 지혜는 그의 얼굴에 광채가 나게 하나니 그의 얼굴의 사나운 것이 변하느니라

이 세상의 모든 존재는 지혜의 등급에 따라 하등 또는 고등 존재로 분류됩니다. 육체적인 힘이 세다고 등급이 높지 않습니다. 비록 힘은 보잘것없어도 지혜, 즉 문제를 해결하는 능력이 있는 존재가 고등 존재로서 다른 존재를 다스리는 것입니다.

세상에서 인간이 가장 우위를 점하고 있는 것도 지혜 때문입니다. 사람은 지혜가 있기 때문에 도구를 사용할 줄 압니다. 구석기로부터 시작해서 신석기, 청동기, 철기 순으로 더 강한 도구를 만들었고 과학을 이용하여 하늘을 정복하고 땅을 정복하고 우주를 정복하는 존재가 된 것입니다.

인간에게는 두 종류의 지혜가 있습니다. 태어날 때부터 주어진 인간적인 지혜와 예수를 구주로 믿고 성령으로 충만한 자에게 주어지는 하나님의 지혜입니다. 성령은 지혜와 총명의 영이요, 모략과 재능의 영이기 때문에 성령이 함께하는 사람은 지혜롭고 총명해질 수밖에 없습니다.

잠언서에는 "지혜를 얻는 것이 은을 얻는 것보다 낫고 그 이익이 정금보다 나음이니라"(잠 3:14)고 기록되어 있습니다. 지혜가 있

으면 은이나 금, 즉 물질은 언제든지 얻을 수 있습니다. 그러나 지혜가 없는 자는 은이나 금을 얻어도 그것을 유용하게 사용할 능력이 없기 때문에 망하는 것입니다.

전도자는 "사람의 지혜는 그의 얼굴에 광채가 나게 하나니 그의 얼굴의 사나운 것이 변하느니라"고 말합니다. 지혜는 빛 가운데 거하시는 하나님으로부터 나오는 것이기 때문에 얼굴에 광채가 나게 하고 또한 가장 온유하신 예수님께 속해 있으므로 얼굴의 사나운 것을 바꿔 부드럽게 만들어 줍니다.

성경은 예수님을 가리켜 "하나님의 영광의 광채시요 그 본체의 형상이시라"(히 1:3)고 말씀합니다. 사도 요한은 밧모 섬에서 예수님의 얼굴을 보고 "그 얼굴은 해가 힘있게 비치는 것 같더라"(계 1:16)고 기록했습니다. 예수 그리스도 안에 모든 지혜가 있고 하나님의 모든 지식이 그 안에 거하기 때문에 예수님의 얼굴이 햇빛같이 빛나는 것입니다.

2절 | 내가 권하노라 왕의 명령을 지키라 이미 하나님을 가리켜 맹세하였음이니라

전도서를 기록할 당시의 왕은 절대 권력의 상징이었습니다. 왕이 입법, 사법, 행정의 권력을 모두 가지고 있었습니다. 왕이 법을 만들고, 그 법을 집행하고, 또 법을 어긴 사람을 판단하는 주체였습니다. 그러므로 왕의 명령에 불복하는 것은 곧 파멸을 의미했습니다.

우리나라도 조선 시대까지는 왕의 권력이 절대적이었습니다. 왕의 명령 한 마디면 그 어떤 사람이라도 유배를 가야 했고, 사약을 내리면 마시고 죽어야 했습니다. 이런 시대에는 왕이 어떤 사람이냐에 따라 온 나라가 영향을 받았습니다. 선한 임금은 선정을 베풀어 백성을 편안하게 살도록 해 주었지만, 악하고 폭정을 일삼는 임금은 백성 전체에게 고통과 괴로움을 주었습니다.

지금은 시대가 많이 달라졌습니다. 오늘날에는 국민이 선출한 대통령이 나라를 다스립니다. 대통령에게 모든 권력이 집중되어 있지 않습니다. 입법, 사법, 행정의 삼권이 분립되어 어느 한 쪽에 권력이 편향되지 않고 조화를 이루며 발전해 나갈 수 있습니다.

그런데 우리 믿는 사람들에게는 절대 권력자 되시는 하나님이 계십니다. 하나님께서 우리의 왕이 되시고 우리는 하나님의 다스리심을 받습니다. 역사의 표면을 보면 왕이나 독재자가 나라의 운명을 좌지우지하는 것처럼 보이지만, 실제적인 통치권은 하나님께 속해 있습니다. 하나님께서는 전지하시기 때문에 삼권 분립이 필요하지 않습니다. 하나님께서 친히 법의 근원이 되시고, 모든 판단의 근원이 되시며, 다스림의 주체가 되십니다.

하나님께서는 전지전능하십니다. 세상에 하나님보다 지혜롭고 지식이 많은 존재는 없습니다. 하나님보다 선하고 의로운 사람도 없습니다. 그러므로 누가 하나님의 판단을 대결해서 싸울 수 있겠습니까? 왕을 대적하면 파멸하는 것과 마찬가지로 하나님을 거스르고 대적하는 사람은 멸망당할 수밖에 없습니다. 그러므로 우리는 그저 하나님의 뜻에 전적으로 복종해야 합니다. 하나님을 사랑하고 하나님을 신뢰하고 하나님을 의지하며 하나님께 전적으로 순종하는 삶, 이런 삶이야말로 가장 행복한 삶입니다.

하나님을 미워하고, 하나님의 뜻에 저항하고, 하나님을 의지하지 않는 사람은 결국 심판대 앞에 서서 버림을 받고 맙니다. 누구도 그를 건져 줄 수 없습니다. 우주도, 시간도, 공간도, 현재와 미래도 모두 하나님의 것입니다. 하나님의 판단에 불복할 존재는 전 세계를 통틀어 아무도 없습니다. 생각해 보십시오. 하나님의 시간과 공간 안에서 하나님의 섭리 안에 살면서 하나님을 부인하고 대적하고 반발하고 사는 것이 얼마나 어리석은 행동입니까? 그러므로 하나님을 배제한 지혜와 지식은 자신의 목숨 하나 건지지 못하는 어리석은 도구에 불과합니다.

참된 지혜자는 하나님을 알고 섬깁니다. 성경의 말씀과 같이 하나님을 아는 것이 지혜의 근본이요(잠 9:10), 또한 지식의 근본입니다(잠 1:7). 그러므로 우리는 절대 주권을 가지신 하나님께 우리의 삶을 맡기고, 의지하고, 순종하며 살아가야 합니다.

3절 왕 앞에서 물러가기를 급하게 하지 말며 악한 것을 일삼지 말라 왕은 자기가 하고자 하는 것을 다 행함이니라

"왕 앞에서 물러가기를 급하게 하지 말라"는 말은 왕의 말을 끝까지 들으라는 명령입니다. 왕의 말이 자신의 마음에 맞지 않는다 해서 자리를 박차고 나오면 왕의 진노를 살 뿐입니다. 또한 "악한 것을 일삼지 말라 왕은 자기가 하고자 하는 것을 다 행함이니라"는 말은 생사여탈권이 왕의 손에 있다는 말입니다.

우리는 이 왕의 자리에 하나님을 모셔야 합니다. 우리의 왕 되신 예수 그리스도, 만주의 주가 되시는 하나님 앞에서 우리는 급히 물러나지 말아야 합니다. 하나님의 말씀이 마음에 맞으면 받아들이고, 싫으면 받아들이지 않는 것은 하나님보다 자신의 뜻이 우위에 있다는 증거입니다. 하나님의 말씀은 내가 좋고 싫음을 떠나 순종해야 할 대상입니다.

오늘날 구라파가 하나님을 저버리고 기독교의 공동묘지가 된 이유가 어디에 있습니까? 하나님을 자기 편의에 따라 믿었기 때문입니다. 오늘날 그들은 하나님 말씀에 귀 기울이지 않고, 주일에도 교회에 출석하지 않습니다. 말씀도 읽지 않습니다. 성경에 위배되는 행동을 서슴없이 합니다. 그저 자기 편한 대로 하나님을 이용하는 것입니다. 그 결과 교회당마다 거미줄이 끼고 하나님을 찬송하

는 소리는 어디서도 들을 수 없게 되었습니다.

그런데 구라파 사람들은 자신들이 기독교인이라고 생각하고 삽니다. 저도 예전에 구라파에 가서 만난 사람에게 예수님을 믿느냐고 물었더니 믿는다고 대답했습니다. 하지만 그 사람은 교회도 나가 본 적이 없으며, 성경도 읽지 않는다고 했습니다. 어찌나 어이가 없던지 어안이 벙벙했습니다. 그러면서 그가 하는 말이 자신은 아내가 둘인데, 자신을 가운데 두고 너무 괴롭히니 자신을 괴롭히지 않게 해 달라고 기도를 부탁했습니다. 완전히 자기중심적인 삶입니다. 필요하면 하나님도 이용하고, 예수님도 이용하고, 종교도 이용합니다. 내가 원하는 대로 살다가 도움이 필요하면 하나님을 불러 도움을 요청하고, 필요하지 않으면 찾지 않습니다. 이것은 신앙이 아닙니다.

신앙이란 나 중심적인 삶을 버리고 하나님 중심으로 사는 것입니다. 하나님을 섬기기 위해서 사는 사람은 나를 섬기지 않습니다. 내게 손해가 될지라도 하나님을 섬깁니다. 내게 슬픔이 올지라도 하나님께서 기뻐하시는 일은 행하는 것입니다. 나의 정욕과 탐심을 십자가에 못 박고 하나님을 위해 사는 것이 진정한 신앙입니다.

예전에 구라파는 하나님을 잘 섬기고 주님 뜻대로 살려고 애쓰는 곳이었습니다. 그 때문에 많은 복을 받고, 머리가 되고 꼬리가 되지 않고, 위에 있고 아래 내려가지 않는 나라들이 되었습니다. 그 후손들은 조상들의 신앙 덕에 잘 먹고, 잘 입고, 잘살게 되었지만 자신들의 신앙은 황무지가 되어가고 있습니다. 신앙이 황무지가 되어버리면 개인의 심성과 가정도 황무지로 변합니다. 환경적으로는 부요하지만 불행한 삶을 살아가는 것입니다.

이것이 바로 하나님을 떠난 사람들이 당하는 기근입니다. 성경은 "내 백성이 두 가지 악을 행하였나니 곧 그들이 생수의 근원되는 나를 버린 것과 스스로 웅덩이를 판 것인데 그것은 그 물을 가두지 못할 터진 웅덩이들이니라"(렘 2:13)고 말씀합니다. 사람들이 생수의 근원되시는 하나님을 버리고 인간의 수단과 방법으로 행복해지려고 애를 쓰지만 이것은 마치 터진 웅덩이를 파는 것과 같습니다. 터진 웅덩이는 아무리 파도 터진 웅덩이입니다. 생수를 담을 수가 없습니다. 하나님을 버리고 스스로 잘살려고 하면 결국 헐벗고 굶주리고 황폐하게 되는 것입니다. 우리가 진정으로 잘사는 방법은 생수의 근원 되시는 하나님을 섬기며 예수 그리스도를 통해 주시는 생명수를 받아 마시는 것입니다. 그리할 때 참으로 행복한 삶을 살 수 있습니다.

4절 | 왕의 말은 권능이 있나니 누가 그에게 이르기를 왕께서 무엇을 하시나이까 할 수 있으랴

왕의 말에는 권능이 있어서 왕의 말 한 마디에 삼천초목이 떨었습

니다. 왕이 가라면 가고 오라면 왔습니다. 왕의 허락이 있어야만 일이 진행되었습니다. 일개 왕의 말이 가진 권능도 이러한데 하물며 하나님의 말씀이 얼마나 큰 권능을 지니고 있겠습니까?

예수님께서는 "하늘과 땅의 모든 권세를 내게 주셨으니 그러므로 너희는 가서 모든 민족을 제자로 삼아 아버지와 아들과 성령의 이름으로 침례를 베풀고 내가 너희에게 분부한 모든 것을 가르쳐 지키게 하라 볼지어다 내가 세상 끝날까지 너희와 항상 함께 있으리라"(마 28:18-20)고 말씀하셨습니다. 성경, 즉 하나님의 말씀에는 권세가 있습니다. 그러므로 창세기부터 요한계시록까지 기록된 말씀을 우리가 헛되이 읽거나, 헛되이 받아들이지 말아야 합니다. 말씀을 귀하게 여기고 그 말씀에 순복해야 합니다.

사람들은 하나님께서 오래 참으시고 잠잠히 계시기 때문에 하나님의 존재를 부정하고 무시합니다. 그러나 실제 온 우주를 다스리시고 최후 심판을 하실 분은 하나님이십니다. 잠잠히 계신다고 해서 하나님을 무기력한 분으로 생각하면 큰 오산입니다.

하나님께서는 절대 주권자이십니다. 하나님께서는 자신의 뜻에 따라 일을 행하시고 움직이십니다. 하나님의 방식에 따라 움직이시므로 사람의 방식으로 좌지우지할 수 없습니다. 예수님이 십자가에 달려 "나의 하나님, 나의 하나님 어찌하여 나를 버리셨나이까?"(막 15:34)라고 절규하실 때도 하나님께서는 침묵하셨습니다. 예수님을 십자가의 제물로 삼으시는 것이 하나님의 뜻이었기 때문입니다.

세상의 주권자가 자기 방식을 고집하면 잘못된 결과를 낳습니다. 그러나 하나님께서는 전지전능 무소부재하신 분이시기 때문에 하나님의 뜻이 가장 선하고 좋습니다. 하나님의 행하심에는 일말의 오류나 실수도 존재할 수 없습니다. 그러므로 인간에게는 하나님의 뜻에 반론을 제기할 권한이 없습니다. 그 뜻에 순복할 뿐입니다. 성경은 "하나님을 사랑하는 자 곧 그의 뜻대로 부르심을 입은 자들에게는 모든 것이 합력하여 선을 이루느니라"(롬 8:28)고 말씀합니다. 사람의 눈에 좋지 않게 보이는 것이라 할지라도 하나님은 합력하여 선을 이루십니다. 그러므로 모든 것을 하나님의 뜻에 맡기고 하나님께 순종하면 궁극적으로 선한 결과를 얻게 됩니다.

하나님의 뜻은 수틀에 비교할 수 있습니다. 수를 놓을 때 그 수틀의 뒷면을 보면 온갖 실이 얽히고 설켜서 형체도 알아볼 수 없고 지저분하기까지 합니다. 그러나 수를 다 놓고 난 후, 앞면을 보면 아름다운 꽃이 피고 나비가 날고 시냇물이 흐르는 아름다운 모습이 펼쳐져 있습니다. 하나님도 우리 인생의 수를 놓고 계십니다. 사람 편에서 보면 실이 이리저리 엉켜서 무슨 모양인지 알 수 없고 형편없어 보이지만, 하나님께서 이루어 놓으신 일들의 결국을 보면 한 폭의 아름다운 그림이 되어 있는 것입니다.

5절 명령을 지키는 자는 불행을 알지 못하리라 지혜자의 마음은 때와 판단을 분변하나니

여기서 "불행을 알지 못한다."는 말은 화를 당하지 않는다는 뜻입니다. 왕의 명령을 지키는 자는 화를 모면합니다. 하물며 천상의 왕 되시는 하나님의 명령을 지키는 자는 어떻겠습니까? 그에게는 장차 다가올 심판의 화가 미치지 못하는 것입니다.

모든 인간에게는 하나님의 구원의 기회가 주어져 있습니다. 살아 있는 동안 예수 그리스도를 구주로 영접하고 영원한 삶에 동참할 기회가 있습니다. 이 기회를 붙잡아 구원받은 사람은 장차 새 하늘과 새 땅, 새 예루살렘에 들어가 하나님과 영원히 살게 됩니다. 그러나 기회를 저버린 사람들은 유황불이 타오르는 지옥에 던져질 것입니다.

하나님께서는 인류를 향해 예수 믿고 구원을 받으라고 외치십니다. 하나님의 명령입니다. 하나님께서는 예수 그리스도 이외에 천하 인간에게 구원받을 만한 다른 이름을 주신 적이 없습니다. 예수 그리스도를 구주로 모셔야만 영원히 멸망 받을 운명에서 벗어나 구원의 반열에 오를 수 있습니다. 하나님의 명령에 순종하는 사람만이 지옥에 떨어지는 화를 면할 수 있습니다.

지혜로운 사람은 때와 판단을 분별하기 때문에 우주가 어떻게

운행되고, 인생이 이 땅에 왜 태어나서 어떻게 살고 죽는가를 압니다. 현재 삶의 의미와 장차 인생이 어떤 방향으로 나아갈 것을 아는 것입니다. 그런 의미에서 하나님의 구원의 명령에 순복한 사람이 가장 지혜로운 자입니다. 예수 그리스도를 구주로 영접하고 구원을 받은 자들입니다. 예수 믿고 구원을 받았다면 인생의 존재의 목적을 달성한 것입니다. 예수 그리스도를 구주로 영접할 때 인생의 알맹이가 채워져 알곡이 됩니다. 추수 때 곡간에 들어가는 것입니다. 그러나 예수 없는 사람들은 쭉정이에 불과합니다. 쭉정이는 나중에 따로 모아 불 속에 던져질 수밖에 없습니다.

6절 | 무슨 일에든지 때와 판단이 있으므로 사람에게 임하는 화가 심함이니라

무슨 일이든지 때와 그 시기를 판단하는 길이 있습니다. 전도서에 기록된 것처럼 "날 때가 있고 죽을 때가 있으며 심을 때가 있고 심은 것을 뽑을 때가 있으며 죽일 때가 있고 치료할 때가 있으며 헐 때가 있고 세울 때가 있으며 울 때가 있고 웃을 때가 있으며 슬퍼할 때가 있고 춤출 때가 있으며 돌을 던져 버릴 때가 있고 돌을 거둘 때가 있으며 안을 때가 있고 안는 일을 멀리 할 때가 있으며 찾을 때가 있고 잃을 때가 있으며 지킬 때가 있고 버릴 때가 있으며 찢을 때가 있고 꿰맬 때가 있으며 잠잠할 때가 있고 말할 때가 있으며 사랑할 때가 있고 미워할 때가 있으며 전쟁할 때가 있고 평화할 때가"(전 3:2-8) 있는 것입니다.

우리의 삶 속에도 하나님께서 복을 주실 때가 있고, 시험을 주실 때가 있습니다. 성공할 때가 있고, 실패할 때가 있습니다. 그렇다면 어떻게 이 하나님의 때를 분별할 수 있을까요? 우리가 하나님을 섬기고 믿고 순종하면 알게 됩니다. 하나님을 떠나 있는 사람에게는 하나님께서 그 때를 가르쳐 주시지 않지만, 하나님을 따르는 자들에게는 그 때를 가르쳐 주십니다.

하나님께서는 소돔과 고모라 성을 심판하실 때 아브라함에게 그 시기를 미리 알려 주셨습니다. 성경에는 "야훼께서 이르시되 내가 하려는 것을 아브라함에게 숨기겠느냐"(창 18:17)라고 기록되어 있습니다. 하나님을 따르고 순종하는 아브라함에게 하나님의 뜻을 알리신 것입니다. 이에 아브라함이 조카 롯을 위해 기도한 결과 롯은 소돔과 고모라의 멸망 중에 건짐을 받았습니다.

이 땅을 살아가는 사람에게 때를 분별한다는 것은 매우 중요한 일입니다. 왜냐하면 때를 분별하지 못하고 노력하는 것은 허사가 되기 때문입니다. 농부가 한겨울에 아무리 열심히 논밭을 갈고 씨를 뿌릴지라도 헛수고가 됩니다. 모두 얼어 죽고 맙니다. 모든 만물이 소생하는 봄에 땅을 갈고 씨를 뿌려야 큰 수확을 얻는 것입니다.

성경은 "보라 지금은 은혜 받을 만한 때요 보라 지금은 구원의 날이로다"(고후 6:2)라고 말씀합니다. 지금 우리가 사는 이때가 회개하고 예수 믿을 때이고, 구원받을 시기인 것입니다. 이때를 놓치면 심판의 때가 다가옵니다. 그때가 되면 이미 늦습니다. 봄, 여름이 지나고 가을 추수 때가 되어 농사짓겠다고 결심하면 이미 늦습니다. 때가 지나고 만 것입니다. 영적인 것도 마찬가지입니다. 은혜 받을 만한 때요, 구원의 날에 예수님을 믿고 구원받아야 합니다.

지금 우리나라는 예수 믿는 성도들이 주야로 기도하기 때문에 하나님께서 좋은 때와 시기를 주시고 계십니다. 반대로 북한은 하나님을 부인하고 기독교를 탄압하는 독재 정권이 통치를 하고 있기 때문에 좋은 때와 시기가 주어지지 않습니다. 점점 쇠락해 가고 있습니다. 이대로 가면 남한과 북한의 경제적인 격차나 군사적인 격차가 더 벌어져서 나중에는 상대가 안 되는 날이 올 것입니다. 지금은 북한이 핵무기를 개발해서 남한을 위협하지만 곧 남한에 손을 들게 될 것입니다.

아무리 인간적인 수단으로 무기를 개발하고 군사력을 강화해도 하나님을 저버린 개인이나 국가는 경쟁력이 없습니다. 하나님께서 함께하시지 않기 때문에 결국 망하고 맙니다. 반대로 주를 섬기는 개인이나 국가는 날이 갈수록 왕성해집니다. 이스라엘 백성이 애굽에 거할 때 요셉을 모르는 왕이 일어나 이스라엘 백성들을 탄압하고 박해했습니다. 그들에게 중노동을 시키고 남자 아이가 태어나면 죽이라고 명령했지만 하나님께서 함께하시는 이스라엘 민족은 점점 강성하고 왕성해졌습니다.

정말 중요한 문제는 하나님께서 함께하시는가의 여부입니다. 여의도순복음교회도 초기에는 박해와 오해를 받아 사이비, 이단 시비에 휘말렸습니다. 그러나 아무리 기존 교단들이 우리를 공격해도 하나님께서 여의도순복음교회와 함께하시니 더 왕성해졌습니다. 하나님께서 함께하셨기 때문에 박해를 받을수록 더 왕성하고 활발한 성령운동이 일어났습니다. 오늘날에는 세계 최대의 교회가 되어 전 세계의 교회에 영향력을 미치는 교회가 되었습니다.

하나님께서 함께하신다는 것이 얼마나 좋은지 모릅니다. 사람이 어떻게 할지라도 겁낼 것 없습니다. 다윗은 "내가 하나님을 의지하였은즉 두려워하지 아니하리니 사람이 내게 어찌하리이까"(시 56:11)라고 노래했습니다. 사람이 나를 구박하고 박대할수록 하나님께서 더욱 복을 주시는 것입니다. 그러므로 우리는 어찌하든지 하나님 편에 서야 합니다. 사람 편에 서려고 하지 마십시오. 성경은 사람을 가리켜 "그들은 잠깐 자는 것 같으며 아침에 돋는 풀 같으니이다"(시 90:5)라고 말씀합니다.

하나님께서 문을 열어 놓으시면 닫을 자가 없고, 닫으시면 열 자가 없습니다. 하나님께서 복을 주신 사람을 망하게 할 수 없고, 하나님께서 높이신 사람을 낮출 수 없습니다. 그러므로 우리는

"야훼를 자기 하나님으로 삼은 나라 곧 하나님의 기업으로 선택된 백성은 복이 있도다"(시 33:12)는 말씀을 기억하고, 하나님을 전적으로 따르며 그 뜻에 순종하는 복된 삶을 살아야 합니다.

7절 | 사람이 장래 일을 알지 못하나니 장래 일을 가르칠 자가 누구이랴

사람은 한 치 앞도 알 수 없습니다. 성경은 우리에게 "너는 내일 일을 자랑하지 말라 하루 동안에 무슨 일이 일어날는지 네가 알 수 없음이니라"(잠 27:1)고 말씀합니다. 그러므로 인간은 내일을 알고 계시는 하나님의 손을 붙잡아야 합니다.

맹인이 안내하는 사람 없이 홀로 길을 가면 넘어지고 수렁에 빠지지만 안내하는 사람이 있으면 길을 바로 가는 것처럼 장래 일을 보지 못하는 맹인인 우리는 하나님의 안내를 받아야 올바른 인생길을 갈 수 있습니다. 그러므로 우리와 함께 거하시고 우리를 돕는 자로 와 계신 성령 하나님의 인도를 항상 구하며 살아가야 할 것입니다.

8절 | 바람을 주장하여 바람을 움직이게 할 사람도 없고 죽는 날을 주장할 사람도 없으며 전쟁할 때를 모면할 사람도 없으니 악이 그의 주민들을 건져낼 수는 없느니라

여기서 '바람'은 '생기', 즉 사람의 영혼을 의미합니다. 영혼이 떠나는 것은 곧 죽음을 의미하는데, 이 생기를 주장하시는 분이 바로 하나님이십니다. 생명에 있어서 사람은 철저히 무력한 존재입니다.

사람의 영혼은 생명입니다. 영혼이 있기 때문에 우리가 살아서 말하고 움직일 수 있습니다. 영혼이 떠난 몸은 한 줌 흙으로 돌아갈 뿐입니다. 성경은 "영혼 없는 몸이 죽은 것 같이"(약 2:26)라고 말씀했습니다.

우리의 힘으로는 생기를 주장할 수 없습니다. 내가 더 살고 싶다고 그 영혼을 머물게 할 수도, 당장 죽고 싶다고 영혼을 떠나가게 할 수도 없습니다. 인간의 출생도, 죽음도 모두 하나님의 손에 있습니다. 그러므로 인간은 자신이 얼마나 무력한 존재인가를 깨달아야 합니다. 인공위성을 띄우고, 땅과 바다를 정복하고, 디지털 시대를 열어 굉장한 일을 하는 것 같지만 결국 하나님께서 주신 지혜를 가지고 있는 것을 개발한 것에 불과합니다.

과학과 문명의 발달은 사람들로 하여금 인간이라는 존재가 무엇이든 할 수 있다고 착각하게 만들었습니다. 그러나 사람은 비일

비재하게 일어나는 전쟁의 때조차 알 수도, 피할 수도 없습니다. 일단 전쟁이 일어나서 전투에 참가하게 되면 그 누구도 자신의 생사를 결정할 수 없습니다. 오직 하나님께 맡길 뿐입니다. 인간이 모든 수단과 방법을 다 동원해서 스스로를 구원하려고 해도 하나님께서 막으시면 수포로 돌아갈 뿐입니다.

암으로 죽어가는 택시 기사가 전속력으로 질주한다고 합시다. 택시는 잘 달리고 있지만 정작 핸들을 잡고 있는 기사는 암에 걸려 죽어 갑니다. 속도가 문제를 해결하지 않습니다. 과학의 발달로 눈부신 성장을 이루었을지라도 그 과학을 발전시킨 사람은 죽음에 이르는 병에 든 사람입니다. 그는 죄의 절망에 처했으며, 허무와 무의미의 절망에 처했으며, 죽음에 이르는 병에 걸렸습니다. 아무리 마음껏 속도를 내어도 인간 자체가 절망적인 존재라는 사실을 바꾸지 못합니다.

생사의 모든 주권은 오직 하나님께 있습니다. 그러므로 그분을 의지하는 것이 가장 지혜로운 길입니다. 우리는 사나 죽으나 그리스도를 믿고, 하나님을 의지하는 믿음의 사람이 되어야 합니다.

2. 악인의 종말 (8:9-13)

9내가 이 모든 것들을 보고 해 아래에서 행하는 모든 일을 마음에 두고 살핀즉 사람이 사람을 주장하여 해롭게 하는 때가 있도다 10그런 후에 내가 본즉 악인들은 장사지낸 바 되어 거룩한 곳을 떠나 그들이 그렇게 행한 성읍 안에서 잊어버린 바 되었으니 이것도 헛되도다 11악한 일에 관한 징벌이 속히 실행되지 아니하므로 인생들이 악을 행하는 데에 마음이 담대하도다 12죄인은 백 번이나 악을 행하고도 장수하거니와 또한 내가 아노니 하나님을 경외하여 그를 경외하는 자들은 잘 될 것이요 13악인은 잘 되지 못하며 장수하지 못하고 그 날이 그림자와 같으리니 이는 하나님을 경외하지 아니함이니라

9절 내가 이 모든 것들을 보고 해 아래에서 행하는 모든 일을 마음에 두고 살핀즉 사람이 사람을 주장하여 해롭게 하는 때가 있도다

이 세상에는 사람이 사람을 주장하여 해롭게 되는 일이 얼마나 많은지 모릅니다. 그러므로 지도자를 잘 택하여야 합니다. 잘못된 지도자를 택하면 절망입니다. 한 가정에서도 아버지 한 사람이 잘못되면 온 가족이 고생합니다. 아버지가 술주정뱅이에 도박 중독이면 아내와 자식들이 처참한 고통을 당합니다. 한 가정의 가장이 주는 영향력이 큰 것입니다. 그렇다면 한 국가의 지도자가 주는 영향력은 얼마나 더 크겠습니까? 잘못된 지도자를 만나면 온 국민이 고통을 당합니다. 그러므로 대통령 선거나 국회의원 선거에 참여할 때는 기도하고 좋은 사람을 택해야 합니다.

우리가 선출한 국회의원들이 우리가 살아갈 법을 만들고 우리가 선출한 대통령이 우리의 삶에 영향을 미칩니다. 그러므로 어떤 지도자를 택할지 고민 한 번 해 보지 않고 장난삼아 투표를 하거나 아예 투표를 하지 않는 것은 스스로 자기 운명을 저버리는 행동입니다.

구소련을 보십시오. 레닌이라는 악한 지도자를 만난 결과 70년 만에 한 강대국이 거지 국가로 전락하고 말았습니다. 제정러시아 시대만 해도 구소련은 부강한 나라였습니다. 그러나 공산주의가 들어오고, 그의 수장 격인 레닌이 나라를 이끌자 70년 만에 나라가 처참

하게 변한 것입니다. 그 나라에 가면 머리가 노랗고 눈이 파란 사람들이 돈을 달라고 구걸합니다. 서양 사람은 잘 사는 사람이라는 인식을 가지고 있는 우리에게는 당혹스러운 광경이 아닐 수 없습니다.

북한을 보십시오. 남북이 휴전선으로 갈라지고 김일성이 다스린 지 60년 만에 완전히 거지 국가가 되었습니다. 국민은 헐벗고 굶주리고 그 삶의 질이 처참하기 이를 데 없습니다. 지도자의 영향력이 이토록 막중한 것입니다.

만일 우리나라의 대통령과 지도자들이 하나님께 기도하고, 성령 충만하고, 성령의 인도를 받아 국가를 이끌어 가면 우리 민족은 순식간에 잘살고 번영하게 될 것입니다. 반대로 지도자들이 교만하여 하나님을 등지고, 인간의 지혜로 국가를 이끌고자 하면 온 국민이 고통을 당하고 괴로움을 겪을 것입니다.

10절 | 그런 후에 내가 본즉 악인들은 장사지낸 바 되어 거룩한 곳을 떠나 그들이 그렇게 행한 성읍 안에서 잊어버린 바 되었으니 이것도 헛되도다

이 세상에는 매우 악하게 살다가 죽었으나 성대한 장례 절차를 거쳐 거창한 무덤에 안장되는 사람이 있는 반면, 선하게 살고도 죽어서 무덤도 없이 버림받는 사람도 있습니다. 이런 경우에 사람들은

고심을 하게 됩니다. 사람은 죽은 후에 어떠한 대접을 받느냐 하는 것에 관심을 두기 때문입니다. 그러나 정작 중요한 것은 살아서 하나님을 어떻게 섬겼는가 하는 것입니다. 영혼이 떠난 몸은 흙에 불과합니다. 거창한 무덤에 들어가든지, 공동묘지에 매장되든지 전혀 문제가 되지 않습니다.

누가복음 16장의 부자와 거지 나사로의 이야기를 보면 이 사실을 잘 알 수 있습니다. 부자는 자색 옷을 입고 밤낮으로 잔치하며 악하게 살았습니다. 장례식도 휘황찬란했습니다. 모든 사람이 와서 조문을 하고 깃발을 만들고 꽃으로 만든 상여에 태워 장례를 지냈습니다. 그런데 이처럼 거창한 장례식이 부자에게 무슨 영향을 주었습니까? 성경은 그가 음부에 들어가서 불꽃 가운데서 괴로워한다고 말했습니다. 반대로 거지 나사로는 부자의 상에서 떨어지는 부스러기를 얻어 먹는 신세였으며 개가 와서 그 헌데를 핥는 비참한 삶을 살았습니다. 그리고 죽은 후에는 거적때기에 둘둘 말아서 공동묘지에 던져졌습니다. 그러나 그는 아브라함의 품에 안겨 낙원에 들어갔습니다.

장사를 잘 지내고 못 지내고는 아무 의미가 없습니다. 영혼이 떠난 육체는 흙에 불과하기 때문입니다. 큰 무덤을 만들어서 고이 묻든지 길에 던져 버리든지 우리의 삶에 아무 영향도 주지 못합니다.

우리나라는 예로부터 풍수지리설의 영향으로 조상의 무덤에 온갖 정성을 기울여 왔습니다. 조상의 묘를 잘 써야 후손이 잘된다고 믿었습니다. 그래서 경치 좋은 곳에 대궐 같은 무덤을 만들었지만 정작 후손들은 먹을 것을 걱정하며 살아왔습니다. 외국인들은 보편적으로 평토장을 합니다. 봉분 없는 무덤에 십자가 하나 꽂아 놓을 뿐입니다. 그래도 그 후손들이 잘살아갑니다. 무덤에 큰 의미를 부여할 필요가 없는 것입니다. 우리나라가 언제부터 잘살게 되었습니까? 복음이 들어온 이후부터입니다. 그러므로 죽어서 무덤을 얼마나 크고 화려하게 만드느냐가 아니라 살아 있을 때 예수님 잘 믿고 올바로 사는 것이 중요합니다.

11절 | 악한 일에 관한 징벌이 속히 실행되지 아니하므로 인생들이 악을 행하는 데에 마음이 담대하도다

우리는 악을 행하는 자가 즉시 징계를 받고, 선을 행하는 자에게 당장 복이 임하기를 원합니다. 그러나 현실은 그렇지 않을 때가 더 많습니다. 어떤 때는 '하나님은 왜 저런 사람을 벌하시지 않는가?' 하는 의문이 들고 답답하기조차 합니다. 하지만 우리가 알아야 할 중요한 사실이 있습니다. 지금은 심판의 시대가 아니라 구원의 시대라는 것입니다. 하나님께서는 어찌하든지 한 영혼이라도 더 구원하시고자 오래 참고 계신 것입니다. 모든 사람에게 구원받을 기회를 주기 원하시는 것입니다.

우리는 주변에서 흉악한 범죄자들이 회개하는 경우를 종종 봅니다. 사형 선고를 받은 사람 중에 회개하여 예수 믿고 구원을 받는 경우도 있습니다. 사회에서 사기 치고 온갖 죄를 다 지어서 도저히 구원받을 가망이 없어 보이는 사람 중에도 장로가 되고 목사가 된 사람이 있습니다. 우리의 생각대로 사람이 악을 행할 때마다 하나님께서 벌을 주셨다면 구원받을 사람이 없었을 것입니다. 우리는 조급한 마음에 하나님께서 속히 심판해 주시기를 원하지만 하나님의 마음은 우리와 다릅니다. 성경은 "오직 주께서는 너희를 대하여 오래 참으사 아무도 멸망하지 아니하고 다 회개하기에 이르기를 원하시느니라"(벧후 3:9)고 말씀합니다. 회개의 기회를 주시기 위해 참으시는 것입니다.

그러나 하나님께서도 참지 않으시고 즉각 심판하시는 죄가 있습니다. 교회를 훼파하는 죄입니다. 교회는 그리스도의 몸이기 때문에 교회에 상처를 입히는 행동은 하나님께서 용납하지 않으십니다. 그동안 교회를 훼파하고, 교회에 상처를 입혔던 사람들은 모두 망했습니다. 이는 믿는 자나 믿지 않는 자 모두에게 해당합니다. 그러나 이런 경우를 제외하고는 하나님은 오래 참으십니다. 지금이 은혜의 때요, 구원의 시대이기 때문입니다. 그렇다고 하나님께서 언제까지나 참기만 하시지는 않습니다. 곧 구원의 시대가 끝나고 하나님의 심판의 시대가 올 것입니다. 그때까지 예수 그리스도를 영접하지 않은 자들은 지옥 형벌을 당하게 될 것입니다.

12절 | 죄인은 백 번이나 악을 행하고도 장수하거니와 또한 내가 아노니 하나님을 경외하여 그를 경외하는 자들은 잘 될 것이요

하나님께서 백 번이나 악을 행한 죄인을 장수하게 하시는 이유는 그가 살아 있는 동안 회개하고 구원을 받게 하시기 위함입니다. 죄를 짓는 자마다 곧바로 생명이 끊어진다면 그는 회개할 기회도 없이 지옥으로 떨어질 것입니다. 그러므로 죄인은 오래 사는 것이 좋습니다. 반면에 의인은 단명해도 괜찮습니다. 이미 구원받은 사람이 죽으면 천국에 올라갑니다. 우리는 천국을 모르기 때문에 이 땅에서 더 살기 위해 애를 쓰지만 천국에 다녀온 사람들은 하나같이 이 땅에 머물고 싶어 하지 않습니다.

그 대표적인 인물이 사도 바울입니다. 그는 셋째 하늘에 올라갔던 사람입니다. 후에 바울은 "그가 몸 안에 있었는지 몸 밖에 있었는지 나는 모르거니와 하나님은 아시느니라 그가 낙원으로 이끌려 가서 말로 표현할 수 없는 말을 들었으니 사람이 가히 이르지 못할 말이로다"(고후 12:3-4)라고 자신의 경험을 진술했습니다. 그 이후로 바울은 "우리가 담대하여 원하는 바는 차라리 몸을 떠나 주와 함께 있는 그것이라"(고후 5:8), "차라리 세상을 떠나서 그리스도와 함께 있는 것이 훨씬 더 좋은 일이라"(빌 1:23)고 말했습니다.

그가 이 땅에 머물렀던 유일한 이유는 복음을 전하고 믿는 자

들을 강건하게 하기 위함이었습니다. 사도 바울은 죽음을 두려워하지 않았습니다. "사망아 너의 승리가 어디 있느냐 사망아 네가 쏘는 것이 어디 있느냐"(고전 15:55)며 죽음을 비웃었습니다. 그는 자신의 죽음이 눈앞에 다가왔을 때도 조금도 두려워하지 않고 디모데에게 이렇게 편지했습니다.

"나는 선한 싸움을 싸우고 나의 달려갈 길을 마치고 믿음을 지켰으니 이제 후로는 나를 위하여 의의 면류관이 예비되었으므로 주 곧 의로우신 재판장이 그 날에 내게 주실 것이며"(딤후 4:7-8).

이미 구원을 받은 의인들은 언제 죽어도 이승보다 더 좋은 곳에 갑니다. 그러나 죄인들은 이 땅에서 구원받지 못하면 이승보다 천 배, 만 배 더 나쁜 지옥에 떨어지는 것입니다. 그러므로 이미 예수님을 믿고 구원받은 사람들은 삶과 죽음에 대하여 심각하게 생각할 필요가 없습니다. 이 땅에서 사명이 다하면 가는 것입니다. 꽃이 피었다 지고, 곡식도 익으면 추수되는 것처럼 믿는 자들도 사명을 다하면 더 이상 살아 있을 이유가 없습니다.

하나님을 경외하는 자들은 이 땅에서 잘되는 복을 받습니다. 하나님께서는 우리에게 복을 주실 능력이 있습니다. 이 땅에서도 부잣집 처마 밑에 있어야 떨어지는 부스러기라도 얻어먹지 가난한 집 처마 밑에 있으면 낡은 처마가 떨어져서 언제 다칠지 모릅니다. 하나님께서는 천지와 만물을 지으신 능력의 하나님이시며 큰 부자요, 좋으신 하나님이시기 때문에 하나님을 섬기는 사람은 헐벗고 굶주리지 않습니다.

성경은 "사랑하는 자여 네 영혼이 잘됨 같이 네가 범사에 잘되고 강건하기를 내가 간구하노라"(요삼 1:2)고 말씀합니다. 하나님께서는 우리 영혼뿐만 아니라, 우리 영혼이 들어 있는 육체도 건강하게 하시고, 무엇을 먹을까 무엇을 마실까 무엇을 입을까 하는 문제도 해결해 주십니다. 하나님 안에서 잘되는 것은 영혼육의 전인적인 축복을 의미합니다.

13절 | 악인은 잘되지 못하며 장수하지 못하고 그 날이 그림자와 같으리니 이는 하나님을 경외하지 아니함이니라

여기서 '악인'은 하나님을 부인하는 사람을 말합니다. '죄인'과 '악인'은 다릅니다. 죄인은 하나님을 인정하면서도 죄를 짓는 사람이지만 악인은 하나님의 존재 자체를 부인합니다. 이런 사람에게는 기회가 없습니다.

악인은 하나님을 부인하고, 무시하고, 하나님을 대적합니다. 복음을 듣고도 회개하지 않습니다. 성경은 사탄을 '악한 자'라고 표현합니다. 이런 사람은 하나님께서 장수하게 하시지 않습니다. 오래 참고 기다리시지 않으십니다.

3. 사람이 알 수 없는 하나님의 행사 (8:14-17)

14세상에서 행해지는 헛된 일이 있나니 곧 악인들의 행위에 따라 벌을 받는 의인들도 있고 의인들의 행위에 따라 상을 받는 악인들도 있다는 것이라 내가 이르노니 이것도 헛되도다 15이에 내가 희락을 찬양하노니 이는 사람이 먹고 마시고 즐거워하는 것보다 더 나은 것이 해 아래에는 없음이라 하나님이 사람을 해 아래에서 살게 하신 날 동안 수고하는 일 중에 그러한 일이 그와 함께 있을 것이니라 16내가 마음을 다하여 지혜를 알고자 하며 세상에서 행해지는 일을 보았는데 밤낮으로 자지 못하는 자도 있도다 17또 내가 하나님의 모든 행사를 살펴 보니 해 아래에서 행해지는 일을 사람이 능히 알아낼 수 없도다 사람이 아무리 애써 알아보려고 할지라도 능히 알지 못하나니 비록 지혜자가 아노라 할지라도 능히 알아내지 못하리로다

14절 세상에서 행해지는 헛된 일이 있나니 곧 악인들의 행위에 따라 벌을 받는 의인들도 있고 의인들의 행위에 따라 상을 받는 악인들도 있다는 것이라 내가 이르노니 이것도 헛되도다

전도서는 인간의 지혜로 인생을 바라보고 기록한 책입니다. 불신앙의 관점에서 바라본 인생의 모습을 소개하기 때문에 모든 것이 허무하다는 말이 자주 등장합니다. 악인의 벌을 받는 의인, 의인의 상을 받는 악인과 같은 정의가 실현되지 않는 상황을 말한 것입니다. 사람들은 이런 현상을 보고 적당히 살아야겠다고 생각하기도 합니다. 우리 주변에도 "적당히 둥글둥글 살라."고 조언하는 사람이 많습니다.

그러나 신앙의 눈으로 보면 인생은 결코 헛되지 않습니다. 믿음이 있는 사람은 예수 그리스도를 모시고 하나님을 경외하며 살기 때문에 인생에 가치가 있다고 생각합니다. 삶의 방향과 목적이 구체적입니다. 성경은 "야훼가 이르노라 너희가 완악한 말로 나를 대적하고도 이르기를 우리가 무슨 말로 주를 대적하였나이까 하는도다 이는 너희가 말하기를 하나님을 섬기는 것이 헛되니 만군의 야훼 앞에서 그 명령을 지키며 슬프게 행하는 것이 무엇이 유익하리요 지금 우리는 교만한 자가 복되다 하며 악을 행하는 자가 번성하며 하나님을 시험하는 자가 화를 면한다 하노라 함이라

그 때에 야훼를 경외하는 자들이 피차에 말하매 야훼께서 그것을 분명히 들으시고 야훼를 경외하는 자와 그 이름을 존중히 여기는 자를 위하여 야훼 앞에 있는 기념책에 기록하셨느니라 만군의 야훼가 이르노라 나는 내가 정한 날에 그들을 나의 특별한 소유로 삼을 것이요 또 사람이 자기를 섬기는 아들을 아낌 같이 내가 그들을 아끼리니 그 때에 너희가 돌아와서 의인과 악인을 분별하고 하나님을 섬기는 자와 섬기지 아니하는 자를 분별하리라"(말 3:13-18)고 말씀합니다.

사람들은 하나님 앞에 의롭게 사는 것이 헛되고 무의미하다고 불평하지만, 하나님께서는 그들의 행위를 기념책에 기록해 놓으시고 때가 이르면 의인과 악인을 분별하시겠다고 말씀하셨습니다. 사람들은 눈앞의 일에만 관심을 기울입니다. 의인이 화를 당하고 악인이 상을 받는 일이 벌어지면 인생에 회의를 느낍니다. 당장 악인은 심판을 받고 의인이 복을 받아야 한다고 생각하는 것입니다. 하나님께서는 길게 보십니다. 지금은 구원의 시기이기 때문에 오래 참으시며 회개의 기회를 주십니다. 그러나 종국적으로 세상을 심판하시고 의인과 악인을 구별하실 것입니다.

사도 바울을 생각하면 하나님의 오래 참으심이 얼마나 놀라운 결과를 가져왔는지 알 수 있습니다. 바울은 기독교인들을 박해하고 잡아서 감옥에 가두고 죽이는 일에 앞장섰던 사람입니다. 그러나 다메섹 도상에서 예수님을 만난 후 기독교 역사상 가장 위대한 사도가 되었습니다. 만일 그때 하나님께서 바울을 치셨더라면 지금의 신약성경은 존재하지 않았을 것입니다. 선교의 문도 막혔을 것입니다. 하나님께서 오래 참으시고 마지막까지 기회를 주셨기 때문에 사도 바울이 탄생한 것입니다.

하나님께서는 악인에게도 마지막까지 회개의 기회를 주십니다. 그러나 하나님의 정하신 시간까지 돌이키지 않으면 그때는 심판하십니다. 하나님의 심판의 바퀴는 천천히 도는 것 같지만, 일단 그 바퀴가 닿으면 형태도 없이 갈리고 맙니다. 성경은 "내가 악인의 큰 세력을 본즉 그 본래의 땅에 서 있는 나무 잎이 무성함과 같으나 내가 지나갈 때에 그는 없어졌나니 내가 찾아도 발견하지 못하였도다"(시 37:35-36)라고 말씀합니다. 하나님께서는 기회를 주시고 기다리시지만 그 기회가 사라지고 나면 심판의 바퀴가 돌기 시작합니다. 흔적도 없이 사라지는 것입니다.

독일의 히틀러나 일본의 도조 히데키, 구소련의 스탈린은 모두 생전에 악명을 떨쳤던 자들입니다. 그런데 지금 이들의 흔적이 어디 있습니까? 독일은 패전하고, 일본은 원자탄 공격을 받고, 구소련의 공산주의는 무너지고 말았습니다. 결국 하나님께서 심판하신 것입니다. 물론 이 세상에는 악이 존재합니다. 부정이 난무하고 폭력이 판을 치는 것처럼 보입니다. 그러나 정의와 질서가 더 우세합니다. 악한 자보다 선한 자가 많고 불의한 자보다 의로운 자가 더 많습니다. 혹자는 이 세상에 악하고 불의한 자가 더 많다고 주장하지만 실제로 그렇다면 우리는 이 세상을 살아갈 수 없을 것입니다. 이 땅에는 주택이 감옥보다 많습니다. 선한 자가 악한 자보다 많은 것입니다.

우리가 볼 수는 없지만 하나님께서 이 땅을 통치하고 계십니다. 인간의 지혜로 인생을 보면 악인이 많고 세상이 불공정하게 여겨지지만 길게 보아야 합니다. 악을 행하는 자는 결국 파멸하고 맙니다. 악에는 파멸의 씨앗이 있기 때문에 결국 악을 행하는 당사자와 상대를 파멸시킵니다. 개인이나 사회, 국가를 파멸로 몰아넣는 것입니다. 사람의 지혜는 인생을 근시안적으로 보지만 하나님의 지혜는 멀리 보게 하십니다. 그러므로 우리는 불의한 일을 만난다 할지라도 그 자체를 인생의 결론으로 삼지 말아야 합니다. 하나님의 손길을 기다리고 인내하면 결국 정의를 이루시고 복을 주시는 하나님을 경험하게 되기 때문입니다.

15절 | 이에 내가 희락을 찬양하노니 이는 사람이 먹고 마시고 즐거워하는 것보다 더 나은 것이 해 아래에는 없음이라 하나님이 사람을 해 아래에서 살게 하신 날 동안 수고하는 일 중에 그러한 일이 그와 함께 있을 것이니라

세상의 지혜로 볼 때 힘쓰고 애써서 돈을 벌었으면 그 돈으로 쾌락

을 누리며 살아가야 복된 인생입니다. 아무리 공부해도 그 이상의 결론은 없습니다. 그러나 믿음의 사람들은 세상의 지혜로 볼 때 전혀 이해되지 않는 행동을 합니다. 스스로를 희생해서 저 먼 아프리카, 동남아의 정글로 갑니다. 시간과 물질을 들여서 복음을 전파하다가 매를 맞고 죽기도 합니다. 그들은 눈에 보이지 않는 천국과 지옥을 외치며, 쾌락도 저버리고, 잠도 참으며 새벽 예배, 철야 예배를 드립니다. 소득의 십일조를 아낌없이 바칩니다. 도무지 이해할 수 없는 삶을 살아갑니다. 지혜가 다르기 때문입니다.

세상의 지혜와 하나님의 지혜는 하늘과 땅 차이입니다. 육신의 사람은 영의 세계를 도무지 이해할 수 없습니다. 사도 바울은 "만일 그리스도 안에서 우리가 바라는 것이 다만 이 세상의 삶뿐이면 모든 사람 가운데 우리가 더욱 불쌍한 자이리라"(고전 15:19)고 말했습니다. 육신의 눈으로 보면 그리스도인들은 불쌍한 자들입니다. 세상 사람들에게는 쾌락이 전부입니다. 그러나 믿는 자들에게 세상은 잠시 머무르는 곳에 불과합니다.

예수님은 "너희는 마음에 근심하지 말라 하나님을 믿으니 또 나를 믿으라 내 아버지 집에 거할 곳이 많도다 그렇지 않으면 너희에게 일렀으리라 내가 너희를 위하여 거처를 예비하러 가노니 가서 너희를 위하여 거처를 예비하면 내가 다시 와서 너희를 내게로 영접하여 나 있는 곳에 너희도 있게 하리라"(요 14:1-3)고 약속하셨습니다. 다가오는 새 하늘과 새 땅, 새 예루살렘이 우리의 영원한 처소인 것입니다. 이 사실을 마음에 품고 있는 사람은 세상을 초월해서 살아갑니다. 세상에 살지만 세상에 속하지 않고, 소유했으나 소유에 집착하지 않고, 눈물을 흘리지만 기뻐하고, 웃지만 그 즐거움에 얽매이지 않습니다. 바울처럼 "나는 비천에 처할 줄도 알고 풍부에 처할 줄도 알아 모든 일 곧 배부름과 배고픔과 풍부와 궁핍에도 처할 줄 아는 일체의 비결을 배웠노라"(빌 4:12)고 고백할 수 있는 것입니다.

우리의 본향은 천국입니다. 이 땅에 발을 딛고 살지만 실제로 하늘에 속해 있습니다. 따라서 세상에 얽매이고 요동하지 않습니다. 세상을 극복할 비결을 가슴에 품고 있는 것입니다. 세상 사람들은 현실에 머물지만, 믿음의 사람들은 현실 저 너머의 하나님의 영광과 능력을 바라보고 살아갑니다. 그러므로 우리는 사람이 먹고 마시고 즐거워하는 것보다 더 나은 것이 해 아래에 없다고 생각할 것이 아니라, 예수님 안에서 진정한 즐거움을 찾아야 합니다. 세상이 주는 즐거움은 순간적이지만, 예수님 안에서 찾는 즐거움은 영원합니다. 즐거움과 더불어 감사의 열매가 열리는 것입니다.

16-17절 | 내가 마음을 다하여 지혜를 알고자 하며 세상에서 행해지는 일을 보았는데 밤낮으로 자지 못하는 자도 있도다 또 내가 하나님의 모든 행사를 살펴 보니 해 아래에서 행해지는 일을 사람이 능히 알아낼 수

없도다 사람이 아무리 애써 알아보려고 할지라도 능히 알지 못하나니 비록 지혜자가 아노라 할지라도 능히 알아내지 못하리로다

전도자의 말과 같이 하나님의 행사는 사람의 지혜로 도무지 깨달을 수 없습니다. 고린도전서에는 "십자가의 도가 멸망하는 자들에게는 미련한 것이요 구원을 받는 우리에게는 하나님의 능력이라 기록된 바 내가 지혜 있는 자들의 지혜를 멸하고 총명한 자들의 총명을 폐하리라 하였으니 지혜 있는 자가 어디 있느냐 선비가 어디 있느냐 이 세대에 변론가가 어디 있느냐 하나님께서 이 세상의 지혜를 미련하게 하신 것이 아니냐 하나님의 지혜에 있어서는 이 세상이 자기 지혜로 하나님을 알지 못하므로 하나님께서 전도의 미련한 것으로 믿는 자들을 구원하시기를 기뻐하셨도다 유대인은 표적을 구하고 헬라인은 지혜를 찾으나 우리는 십자가에 못 박힌 그리스도를 전하니 유대인에게는 거리끼는 것이요 이방인에게는 미련한 것이로되 오직 부르심을 받은 자들에게는 유대인이나 헬라인이나 그리스도는 하나님의 능력이요 하나님의 지혜니라 하나님의 어리석음이 사람보다 지혜롭고 하나님의 약하심이 사람보다 강하니라"(고전 1:18-25)고 기록되어 있습니다. 세상의 지혜를 모은 결과가 무엇이었습니까? 예수님을 십자가에 못 박은 것입니다. 인류를 구원하러 오신 구세주를 저주의 십자가에 달려 돌아가시게 만들었습니다.

예수 그리스도의 십자가는 하나님의 지혜였습니다. 세상은 지혜를 모아 예수님을 제거했다고 생각했지만, 하나님께서는 그 십자가로 인류의 죄를 청산하시고 구원의 길을 열어놓으셨습니다. 마귀의 진을 파하고 세상의 권세를 무력하게 만드셨습니다. 전도도 마찬가지입니다. 사람들에게는 전도하는 것이 미련하게 보입니다. 그러나 전도의 미련한 것을 통해 성령께서 일하십니다. 성령님이 함께하시면 미련한 전도를 통해 영혼이 살아납니다.

아무리 공부를 많이 해도 그리스도 없는 지식은 어리석습니다. 세상의 지혜는 육신의 한계를 뛰어넘지 못하기 때문에 영적인 세계에 무지합니다. 가장 중요한 생명을 놓치고 그림자 같은 현실에 집착합니다. 그러나 하나님의 지혜는 가시적인 세계를 뛰어넘습니다. 세상에 왜 악이 존재하는지, 죽음 이후에 어떤 일이 있을지 깨닫게 됩니다. 세상의 종말과 마지막 심판에 대한 눈이 열립니다.

세상 사람들은 사람이 죽으면 한 줌 흙으로 돌아간다고 생각합니다. 그러나 성경은 "주께서 호령과 천사장의 소리와 하나님의 나팔 소리로 친히 하늘로부터 강림하시리니 그리스도 안에서 죽은 자들이 먼저 일어나고 그 후에 우리 살아 남은 자들도 그들과 함께 구름 속으로 끌어 올려 공중에서 주를 영접하게 하시리니 그리하여 우리가 항상 주와 함께 있으리라"(살전 4:16-17)고 말씀합니다. 죽음이 끝이 아닌 것입니다.

진정한 지혜는 영원에 대한 지혜입니다. 이 지혜는 하나님께로부터 옵니다. 그러므로 공부를 얼마나 했느냐 하는 것이 사람을 지혜롭게 하지 못합니다. 전도서를 기록한 솔로몬은 이전에도 없고 이후에도 없을 최고의 지혜자였습니다. 그러나 그 지혜를 가지고 인간 편에서 세상의 섭리와 인생을 바라보았기 때문에 허무와 무의미에 대하여 노래했습니다. 하나님의 뜻을 도무지 알 수 없다고 탄식했던 것입니다.

Chapter 9

사람의 지혜와
하나님의 섭리

1. 모든 사람의 결국(9:1-6)
2. 만족스런 삶의 추구(9:7-10)
3. 때와 우연(9:11-12)
4. 인정받지 못한 지혜(9:13-18)

전도자는 하나님의 섭리에 대해 말합니다. 의인이라고 해서 반드시 악인보다 더 나은 인생을 살지는 않습니다. 모두 죽는다는 점에서 사람의 결국은 똑같습니다. 그러나 생명이 있는 곳에는 항상 희망이 존재합니다. 세상을 살아가는 동안 하나님께서 허락하신 각자의 몫에서 즐거움을 찾아야 합니다. 또한 모든 일의 때를 사람이 다 알 수 없고 사람이 주관할 수도 없습니다. 그럴지라도 결과는 하나님께 맡기고 최선을 다 해야 합니다.

1. 모든 사람의 결국 (9:1-6)

1 이 모든 것을 내가 마음에 두고 이 모든 것을 살펴 본즉 의인들이나 지혜자들이나 그들의 행위나 모두 다 하나님의 손 안에 있으니 사랑을 받을는지 미움을 받을는지 사람이 알지 못하는 것은 모두 그들의 미래의 일들임이니라 **2** 모든 사람에게 임하는 그 모든 것이 일반이라 의인과 악인, 선한 자와 깨끗한 자와 깨끗하지 아니한 자, 제사를 드리는 자와 제사를 드리지 아니하는 자에게 일어나는 일들이 모두 일반이니 선인과 죄인, 맹세하는 자와 맹세하기를 무서워하는 자가 일반이로다 **3** 모든 사람의 결국은 일반이라 이것은 해 아래에서 행해지는 모든 일 중의 악한 것이니 곧 인생의 마음에는 악이 가득하여 그들의 평생에 미친 마음을 품고 있다가 후에는 죽은 자들에게로 돌아가는 것이라 **4** 모든 산 자들 중에 들어 있는 자에게는 누구나 소망이 있음은 산 개가 죽은 사자보다 낫기 때문이니라 **5** 산 자들은 죽을 줄을 알되 죽은 자들은 아무것도 모르며 그들이 다시는 상을 받지 못하는 것은 그들의 이름이 잊어버린 바 됨이니라 **6** 그들의 사랑과 미움과 시기도 없어진 지 오래이니 해 아래에서 행하는 모든 일 중에서 그들에게 돌아갈 몫은 영원히 없느니라

1절 이 모든 것을 내가 마음에 두고 이 모든 것을 살펴 본즉 의인들이나 지혜자들이나 그들의 행위나 모두 다 하나님의 손 안에 있으니 사랑을 받을는지 미움을 받을는지 사람이 알지 못하는 것은 모두 그들의 미래의 일들임이니라

전도자는 모든 사람의 미래는 하나님의 손 안에 있으며 그들의 미래는 오직 하나님만이 아신다고 말합니다. 하지만 세상 사람들은 미래가 하나님 손에 있음을 모르기 때문에 '팔자'라는 말을 많이 합니다. 모든 일을 운명 탓으로 돌리고 운명론자로 살아갑니다.

믿음의 사람은 운명에 대해 불안해하거나 염려하지 않습니다. 하나님을 믿고 그분의 사랑을 신뢰합니다. 독생자를 주시기까지 우리를 사랑하신 하나님께서 가장 좋은 것으로 채우시고 인도해 주실 것을 확신하는 것입니다.

성경은 "자기 아들을 아끼지 아니하시고 우리 모든 사람을 위하여 내주신 이가 어찌 그 아들과 함께 모든 것을 우리에게 주시지 아니하겠느냐"(롬 8:32)는 말씀을 통해 하나님의 지극한 사랑을 증명합니다. 사망이나 생명이나 천사들이나 권세자들이나 현재 일이나 장래 일이나 능력이나 높음이나 깊음이나 다른 어떤 피조물이라도 우리를 우리 주 그리스도 예수 안에 있는 하나님의 사랑에서 끊을 수 없습니다(롬 8:38-39).

예수님은 "내가 온 것은 양으로 생명을 얻게 하고 더 풍성히 얻게 하려는 것이라"(요 10:10)고 말씀하셨습니다. 또한 성경은 "사랑하는 자여 네 영혼이 잘됨 같이 네가 범사에 잘되고 강건하기를 내가 간구하노라"(요삼 1:2)고 말씀합니다. 그러므로 이와 같이 우리에게 약속된 하나님의 사랑과 축복을 믿고 담대히 살아가시기를 바랍니다.

2절 모든 사람에게 임하는 그 모든 것이 일반이라 의인과 악인, 선한 자와 깨끗한 자와 깨끗하지 아니한 자, 제사를 드리는 자와 제사를 드리지 아니하는 자에게 일어나는 일들이 모두 일반이니 선인과 죄인, 맹세하는 자와 맹세하기를 무서워하는 자가 일반이로다

하나님을 알지 못하는 사람은 인생을 회의적으로 생각합니다. 모든 사람의 인생이 별반 다르지 않다고 생각합니다. 의인이나 악인, 정결한 자와 그렇지 않은 자, 선인과 죄인의 인생이 종국에는 죽어 사라지기 때문에 어떻게 사나 다를 것이 없다고 여깁니다. 이처럼 하나님의 진리를 모르면 미래에 대하여 깊이 생각하지 않습니다. 인생에 진리와 정의가 없고, 참된 가치도 없다고 여기며 동물적으로 살아갑니다. 그러나 진리를 깨닫게 되면 인생을 보는 눈이 완전히 달라집니다. 길이요, 진리요, 생명이신 예수님을 모시면 모호하

게만 여겨졌던 삶의 섭리가 청명하게 보입니다. 의인과 불의한 자, 선인과 죄인이 구별되고 하나님께 예배드리는 자와 그렇지 않은 자의 판이한 종국을 깨닫는 것입니다.

하나님의 정하신 때가 오면 천국 갈 사람과 지옥으로 떨어질 사람이 구별될 것입니다. 주를 믿어 의롭고 선하게 살고 하나님을 경외한 자들은 천국에 가지만 성경의 기록과 같이 "두려워하는 자들과 믿지 아니하는 자들과 흉악한 자들과 살인자들과 음행하는 자들과 점술가들과 우상 숭배자들과 거짓말하는 모든 자들"(계 21:8)은 불과 유황으로 타는 못에 던져질 것입니다. 세상 사람들이 바라본 인생의 결국은 죽음이지만 믿는 자들에게 인생은 방향과 목적이 확실한 여정입니다.

3-6절 모든 사람의 결국은 일반이라 이것은 해 아래에서 행해지는 모든 일 중의 악한 것이니 곧 인생의 마음에는 악이 가득하여 그들의 평생에 미친 마음을 품고 있다가 후에는 죽은 자들에게로 돌아가는 것이라 모든 산 자들 중에 들어 있는 자에게는 누구나 소망이 있음은 산 개가 죽은 사자보다 낫기 때문이니라 산 자들은 죽을 줄을 알되 죽은 자들은 아무것도 모르며 그들이 다시는 상을 받지 못하는 것은 그들의 이름이 잊어버린 바 됨이니라 그들의 사랑과 미움과 시기도 없어진 지 오래이니 해 아래에서 행하는 모든 일 중에서 그들에게 돌아갈 몫은 영원히 없느니라

"모든 사람의 결국은 일반이라"는 말은 인간은 누구나 태어나면 죽는다는 뜻입니다. 전도자의 눈에 비친 사람들은 그 마음에 악을 가지고 미친 인생을 살아가는 사람들입니다. 그러므로 전도자는 기왕 살거면 인생에서 쾌락을 누리는 것이 제일이라고 생각합니다. "산 개가 죽은 사자보다 낫다."는 말은 그 삶의 형편이 어떻든 간에 살아 있는 것이 좋다는 뜻입니다. 우리나라 속담에도 "개똥밭에 굴러도 이승이 낫다."는 말이 있습니다. 비굴하고 구차하게 살더라도 죽음만은 피하고 싶어 하는 사람들의 심리를 표현한 말입니다.

사람들은 죽음을 인생의 끝으로 여기기 때문에 이승의 삶에 집착합니다. 6절에 "그들의 사랑과 미움과 시기도 없어진 지 오래이니 해 아래에서 행하는 모든 일 중에서 그들에게 돌아갈 몫은 영원히 없느니라"는 말씀은 현실을 살아가는 사람들의 철학을 담고 있습니다. 그들은 어차피 죽으면 그만이라고 생각합니다. 믿는 사람들이 "거룩하게 살아라, 참되게 살아라, 회개하라."고 말하는 것을 부질없다고 생각합니다. 삶의 정의, 선한 행동도 죽음과 함께 허무로 돌아간다고 여깁니다.

그러나 실제로 인생은 죽음과 더불어 새로운 삶이 시작됩니다. 이 세상은 찰나에 불과합니다. 죽음 이후에 영원한 삶이 있습니다. 그렇기 때문에 믿음의 사람들은 하나님과 함께하는 영광스럽고 영원한 삶을 위해 이 땅에서 더 정의롭고 참되게 살려고 노력합니다. 하나님의 말씀에 순종하여 이웃을 사랑하고, 용서하고, 온유하고, 겸손한 자세로 살아갑니다. 탐욕을 버리고 감사하는 것입니다.

진리를 모르는 사람에게는 삶의 도덕과 윤리가 영향을 미치지 못합니다. 마음속에 죽고 나면 그만이라는 철학을 가지고 살아가므로 강제적인 법과 규칙을 동원해야 간신히 사회의 질서를 유지할 수 있습니다. 그러나 예수 그리스도를 믿는 사람들은 법으로 강제하지 않아도 성령 안에서 도덕과 윤리를 좇아 살아갑니다. 성령께서 믿는 사람들의 양심에 계시기 때문에 거룩한 삶을 지향하는 것입니다.

그러므로 우리나라가 진정으로 잘사는 길은 기독교인이 많아지는 것입니다. 그중에서도 특히 성령 받은 자들이 많아져야 합니다. 사람은 절대 자신의 힘으로 세상의 유혹과 육신의 정욕을 제어할 수 없습니다. 성령을 받아야 변화된 삶을 살아갈 수 있습니다. 성령의 음성에 반응하며 하나님을 기쁘시게 하고 영원한 천국을 사모하기 때문에 법이 정하는 수준보다 더 높은 정의와 도덕을 좇아 살아가는 것입니다.

그런데 세상에는 예수님을 믿는다고 하면서도 입술로만 "주여! 주여!"를 외치는 사람들도 있습니다. 이들의 삶은 믿지 않는 자들과 별반 다르지 않습니다. 윤리와 도덕을 짓밟고 삽니다. 자신의 힘으로 살아가기 때문입니다. 성령 없는 교인은 결코 윤리와 도덕적인 삶을 살아갈 수 없습니다. 성령을 받지 않았기 때문에 유혹을 이길 수가 없습니다. 성경은 "그리스도 예수 안에 있는 생명의 성령의 법이 죄와 사망의 법에서 너를 해방하였음이라"(롬 8:2)고 말씀합니다. 생명의 성령의 법이 없으면 절대 죄와 사망의 법에서 벗어날 수 없습니다. "육체의 소욕은 성령을 거스르고 성령은 육체를 거스르나니"(갈 5:17)라는 말씀과 같이 성령이 충만해야 육체의 소욕을 이길 수 있습니다. 그러므로 우리 모두는 꼭 성령 충만함으로 이 세상의 회의주의를 벗어나 하나님을 기쁘시게 하는 삶을 살아가야 할 것입니다.

2. 만족스런 삶의 추구(9:7-10)

7너는 가서 기쁨으로 네 음식물을 먹고 즐거운 마음으로 네 포도주를 마실지어다 이는 하나님이 네가 하는 일들을 벌써 기쁘게 받으셨음이니라 8네 의복을 항상 희게 하며 네 머리에 향기름을 그치지 아니하도록 할지니라 9네 헛된 평생의 모든 날 곧 하나님이 해 아래에서 네게 주신 모든 헛된 날에 네가 사랑하는 아내와 함께 즐겁게 살지어다 그것이 네가 평생에 해 아래에서 수고하고 얻은 네 몫이니라 10네 손이 일을 얻는 대로 힘을 다하여 할지어다 네가 장차 들어갈 스올에는 일도 없고 계획도 없고 지식도 없고 지혜도 없음이니라

7-9절 │ 너는 가서 기쁨으로 네 음식물을 먹고 즐거운 마음으로 네 포도주를 마실지어다 이는 하나님이 네가 하는 일들을 벌써 기쁘게 받으셨음이니라 네 의복을 항상 희게 하며 네 머리에 향 기름을 그치지 아니하도록 할지니라 네 헛된 평생의 모든 날 곧 하나님이 해 아래에서 네게 주신 모든 헛된 날에 네가 사랑하는 아내와 함께 즐겁게 살지어다 그것이 네가 평생에 해 아래에서 수고하고 얻은 네 몫이니라

전도자는 쾌락주의에 대해 말합니다. 진리나 의를 위한 희생을 언급하지 않습니다. 그저 이 세상에서 쾌락을 누리는 것이 살면서 수고한 대가라고 말합니다. 그리고 전도자는 사람들에게 산해진미를 먹고 온갖 아름다운 의복과 장신구로 치장을 하며 살라고 합니다. 사랑하는 아내와 즐겁게 살 것을 권합니다. 사랑하지 않으면 헤어지고 다시 사랑하는 아내를 맞으라는 것입니다. 육체의 쾌락, 즉 식욕의 쾌락, 성적 쾌락, 안목의 쾌락을 누리며 살라고 가르칩니다.

하나님 없는 인간은 쾌락을 추구할 수밖에 없습니다. 기독교 문화, 기독교 전통 속에 살아도 마찬가지입니다. 구라파에서는 부활절, 성탄절과 같은 기독교 절기를 공휴일로 지키지만 하나님은 믿지 않습니다. 하나님 없는 삶을 살아갑니다.

오늘날 미국이나 구라파에서는 결혼하지 않고 함께 사는 것이

하나의 문화로 자리를 잡았습니다. 만나서 좋으면 아이 낳고 살다가도 싫으면 헤어집니다. 부모들은 각자 제 갈 길로 가고 아이는 국가에서 키웁니다. 가정의 개념이 무너지고, 윤리와 도덕이 땅에 떨어졌습니다.

어떤 젊은이들은 5년 정도 같이 살아보고 결혼을 결정하겠다고 말합니다. 5년 동안 함께 살아도 싫증나지 않으면 결혼하겠다는 것입니다. 그들의 안중에는 하나님도 없고 십계명도 없습니다. 책임은 지지 않고 인간 본능에 충실하겠다는 것입니다. 이제는 동성애까지도 합법화 되어서 세상이 소돔과 고모라와 같이 변해갑니다. 문명이 발달하고 선진국이라는 평가를 받는 나라일수록 도덕적 문란과 타락의 첨단을 걸어갑니다. 하나님이 없기 때문에 타락한 육체의 본성을 따라 살아가는 것입니다.

10절 네 손이 일을 얻는 대로 힘을 다하여 할지어다 네가 장차 들어갈 스올에는 일도 없고 계획도 없고 지식도 없고 지혜도 없음이니라

여기서 '스올'은 무덤을 의미합니다. 세상 사람들은 죽어서 무덤에 묻히면 모든 것이 끝났다고 생각합니다. 그러나 실상은 전혀 다릅니다. 죽음 이후에는 엄연히 천국과 지옥이 존재합니다. 믿음의 사람들은 천국에 들어가 하나님을 예배하고, 앞서간 선배들과 만

나서 찬송하며, 하나님의 영광을 위해 살아갈 것입니다. 어떤 사람들은 천국에 가면 쉬는 줄로 생각하는데 그렇지 않습니다. 이 땅에서보다 더 많은 일들을 할 것입니다. 우주를 경영하고, 무수한 별들 위에 영광스러운 제단을 세우며 방대한 일을 하게 될 것입니다.

우리가 이 땅에서 살아가면서 할 일도 마찬가지입니다. 열심히 주를 섬기며 하나님 사업에 힘써야 합니다. 하늘나라를 위해 시간뿐 아니라 물질도 투자해야 합니다. 정직하고 성실하게 벌어서 보람 있게 쓸 줄 알아야 합니다. 이 땅에 하나님 나라를 세우는 데에는 물질이 많이 필요합니다. 선교사를 보내고 교회를 세우는 일 모두 물질이 있어야 합니다. 남북이 통일되면 당장 우리는 북한에 교회를 세워야 합니다. 천 명 정도가 들어가는 교회를 지으려면 적어도 20, 30억이 필요합니다. 하나님의 백성들을 양육하는 데에도 물질이 필요합니다.

어떤 사람들은 가난을 미덕으로 생각하는데, 가난은 미덕이 아닙니다. 하나님 영광을 위해 가진 것을 다 바쳐서 가난하게 된 것은 칭찬받을 일이지만, 게을러서 가난한 것은 절대로 미덕이 아닙니다. 하나님 믿고 복을 받아 주의 사업을 많이 하는 것이 미덕입니다. 우리는 긍정적이고, 적극적이고, 창조적이고, 생산적인 생각을 해야 합니다. 형통한 삶을 꿈꾸고 뒤로 물러서지 않는 진취적인 삶을 살아야 합니다. 청빈만을 주장하다가 국제 사회에서 그 힘을 인정받지 못하면 강대국의 속국으로 전락하고 맙니다.

성경은 "야훼께서 너를 위하여 하늘의 아름다운 보고를 여시사 네 땅에 때를 따라 비를 내리시고 네 손으로 하는 모든 일에 복을 주시리니 네가 많은 민족에게 꾸어줄지라도 너는 꾸지 아니할 것이요 야훼께서 너를 머리가 되고 꼬리가 되지 않게 하시며 위에만 있고 아래에 있지 않게 하시리니 오직 너는 내가 오늘 네게 명령하는 네 하나님 야훼의 명령을 듣고 지켜 행하며 내가 오늘 너희에게 명령하는 그 말씀을 떠나 좌로나 우로나 치우치지 아니하고 다른 신을 따라 섬기지 아니하면 이와 같으리라"(신 28:12-14)고 말씀합니다. 하나님을 섬기는 백성이 깡통 차고 가난하게 살 것이라고 말씀하지 않습니다. 하나님께서는 출애굽하는 이스라엘 백성에게 젖과 꿀이 흐르는 가나안 땅을 약속하셨습니다.

진정한 복은 하나님께 받은 풍성함을 나누는 것입니다. 성경에는 "그가 흩어 가난한 자들에게 주었으니 그의 의가 영원토록 있느니라"(고후 9:9)고 기록되어 있습니다. 그러므로 우리는 인생을 진취적으로 살되 날마다 복음으로 전진해야 합니다. 축복의 근원이 되시는 하나님을 의지하여 세상을 향해 담대하게 나아가 선한 영향력을 끼치는 삶을 살아야 합니다.

3. 때와 우연(9:11-12)

11 내가 다시 해 아래에서 보니 빠른 경주자들이라고 선착하는 것이 아니며 용사들이라고 전쟁에 승리하는 것이 아니며 지혜자들이라고 음식물을 얻는 것도 아니며 명철자들이라고 재물을 얻는 것도 아니며 지식인들이라고 은총을 입는 것이 아니니 이는 시기와 기회는 그들 모두에게 임함이니라 **12** 분명히 사람은 자기의 시기도 알지 못하나니 물고기들이 재난의 그물에 걸리고 새들이 올무에 걸림 같이 인생들도 재앙의 날이 그들에게 홀연히 임하면 거기에 걸리느니라

11절 내가 다시 해 아래에서 보니 빠른 경주자들이라고 선착하는 것이 아니며 용사들이라고 전쟁에 승리하는 것이 아니며 지혜자들이라고 음식물을 얻는 것도 아니며 명철자들이라고 재물을 얻는 것도 아니며 지식인들이라고 은총을 입는 것이 아니니 이는 시기와 기회는 그들 모두에게 임함이니라

우리가 이 세상을 가만히 살펴보면 배후의 어떤 거대한 힘이 인간의 운명을 다스린다는 것을 느낄 수 있습니다. 하나님을 믿지 않는 사람도 이 거대한 운명의 손을 느끼기 때문에 여러가지 어리석은 방법을 동원하여 그 힘을 이용하려고 합니다.

예를 들면 정부의 청사를 짓거나 회사의 사옥을 지을 때, 또는 개인적으로 집을 짓기 전에도 고사를 드립니다. 심지어는 최첨단 항공기의 순항을 기원하면서 그 앞에 돼지 머리를 놓고 절하는 일도 있습니다. 예수 믿는 사람 중에도 믿음이 약한 사람은 하나님을 의지한다고 하면서 동시에 귀신도 이용하려는 경우가 있습니다. 한번은 제가 엘리베이터를 새로 설치한 빌딩에 예배를 인도하러 갔다가 돼지 머리와 명태를 갖다 놓은 것을 보고 혼을 낸 적이 있습니다. 예배드리고 난 후에 무당을 데려다가 푸닥거리를 할 참이었던 것입니다.

이처럼 사람들은 인간의 힘만으로는 미래에 일어날 불행을 막

지 못한다는 것을 알기 때문에 배후의 큰 힘을 끌어다가 불행을 막아보려 합니다. 그러나 세상 사람들은 그 힘이 정확히 무엇인지 모릅니다. 지푸라기라도 잡는 심정으로 힘이 있다고 느껴지는 대상을 섬기는 것입니다. 믿음의 눈으로 보면 돼지 머리에 절을 하고 무당을 데려다가 푸닥거리를 하는 일이 어리석기 짝이 없지만, 그 힘의 근원을 모르는 세상 사람들은 그들 나름의 최선을 다하는 것입니다. 또한 하나님 없이 사는 인간에게는 불투명한 미래가 그만큼 두렵기 때문입니다.

전도자 역시 인간의 미래는 결코 알 수 없다는 것을 말하기 위해 다섯 가지의 경우를 예로 들어 설명합니다.

첫째로, 발이 빠른 경주자가 반드시 1등을 하는 것은 아닙니다. 평소에 굉장히 빨리 달리던 사람이라도 경기 당일에 컨디션이 좋지 않거나, 달리다가 넘어지면 1등을 할 수 없습니다. 마라톤 선수가 1년 내내 열심히 연습을 했어도 시합 전에 배탈이 나면 제대로 달리지 못합니다. 이처럼 인생에는 인력으로 막을 수 없는 불행한 일들이 발생하는 것입니다.

둘째로, 용사라고 반드시 전쟁에 승리하는 것은 아닙니다. 막강한 군사력을 갖춘 군대라 할지라도 패전할 수 있습니다. 월남전이 그 예입니다. 미국이 엄청난 군비와 군사력을 쏟아 부었지만 결국 월맹군에게 패하고 말았습니다. 구소련은 현대무기로 무장하고 아프가니스탄 전쟁에 개입했지만 소규모의 게릴라들에게 패했습니다.

그리고 규모가 크고 막강한 힘을 가진 나라라 할지라도 내부 분열이 있으면 전쟁에서 패합니다. 우리나라 역사에서도 고구려를 그 예로 들 수 있습니다. 고구려는 당대의 강국이었던 수나라, 당나라의 침략을 막아내고 만주벌판 일대를 점령했지만 연개소문의 아들들이 서로 싸우는 바람에 나라가 분열되었습니다. 그들 중 한 명이 당나라로 도망쳐서 나라를 배신하고 적이 된 결과, 신라와 당나라의 연합군에 의해 거대한 고구려가 무너지고 만 것입니다. 만일 그때 고구려가 망하지 않았다면 오늘날 우리 한국은 세계적인 열강 중 하나가 되었을 것입니다. 이러므로 용사라고 해서 반드시 전쟁에 이기는 것이 아닙니다.

셋째로, 모든 지혜자들이 잘 먹고 잘사는 것은 아닙니다. 지혜가 있다 할지라도 시대를 잘못 만나서 빛을 보지 못하고 끼니 거리를 해결하지 못하는 사람들도 있습니다.

넷째로, 명철자라고 해서 재물을 얻는 것은 아닙니다. 명철한 사람이 반드시 돈벌이를 잘하지는 않습니다. 학교 다닐 때 1등 하던 사람이 사회에서도 1등을 하지는 않습니다. 제 동창들 중에도 공부를 잘하던 친구들은 대개 학교 선생이나 공무원이 되어 있고, 공부를 중간쯤 하거나 그보다 못했던 친구들이 도리어 큰 사업도 하고 정치를 하는 경우를 종종 봅니다. 그 중 한 친구는 점심시간마다 저에게 맛있는 음식을 주곤 해서, 제가 시험 때마다 답안지를 보여 주었는데 제대로 베끼지도 못하던 친구였습니다. 그 친구는 고등학교에도 겨우 들어가고 대학 시험도 물론 낙제했는데, 지금 동창들 중에 가장 성공한 사업가가 되었습니다. 학교에서 공부를 잘했다고 해서 사회에서 성공하는 것이 아닙니다. 사회생활은 몸이 건강하고 마음이 좋아야 합니다. 어려운 일을 견딜 체력이 있어야 하고 많은 사람을 포용할 수 있어야 합니다. 사람의 신뢰를 받아야 큰일을 할 수 있는 것입니다.

다섯째로, 지식인들이라고 은총을 입는 것은 아닙니다. 또한 특별한 기술을 가졌다고 해서 사람들의 마음을 얻고 대접을 받는 것은 아닙니다.

우리는 대개 경주자가 1등을 하고, 용사가 전쟁에서 이기고, 지혜자가 잘살고, 명철자가 돈을 벌고, 지식인이 대접을 받는다고 생각합니다. 그러나 인간의 능력이 행복과 성공을 무조건 보장하지 않습니다. 생각지도 못한 변수가 나타나 우리의 예상을 뒤엎는 것입니다.

전도자는 여러 사례들을 들어 인생의 불확실함에 대하여 이야기한 후, 시기와 기회가 모두에게 임한다고 말합니다. 우리가 우연이라고 생각하는 것을 전도자는 시기와 기회라고 명명했습니다.

그런데 하나님 없는 사람에게는 예상치 못한 일이 우연으로 느껴지지만, 세상에 우연한 일은 없습니다. 하나님께서는 하늘과 땅을 지으시고 세계와 그 가운데 모든 것을 주장하시며 인간의 생사

화복을 주장하고 계십니다. 시기와 기회는 우연히 주어지는 것이 아니라 하나님의 손에 달려 있는 것입니다. 그러므로 경주자도 하나님을 의지해야 그 빠른 것이 효과가 있고, 용사도 하나님께서 함께하셔야 전쟁에서 이깁니다. 지혜자도 하나님께 속한 지혜를 가지고 있어야 쓸모가 있고, 하나님을 경외하는 명철함을 가져야 재물을 얻을 수 있습니다. 지식인 역시 하나님을 의지하여야 그 지식으로 은총을 얻을 수 있는 것입니다. 하나님을 배제한 인간의 능력은 시기와 기회를 분별할 수 없습니다. 내일을 기약할 수 없는 연약한 존재에 불과합니다.

우리는 우리가 가진 능력을 하나님께 드리고 날마다 하나님과 동행하는 삶을 살아야 합니다. 그러면 하나님께서 우리가 가진 것으로 놀라운 일을 일으켜 주십니다. 오병이어의 기적이 그렇습니다. 보리떡 다섯 개와 물고기 두 마리는 한 사람 점심거리로도 충분하지 않습니다. 그러나 보잘 것 없는 보리떡과 물고기가 예수님 손에 들어가자 장정만 5천 명을 먹이고도 열두 바구니가 남았습니다. 예수님의 제자들을 생각해 보십시오. 갈릴리 바다에서 물고기나 잡으며 한 평생을 보냈을 어부들과 동족의 혈세를 걷던 세리였습니다. 그러나 예수님을 만나자 전 인류의 운명을 바꾸는 위대한 사도들이 되었습니다. 형편없는 사람도 예수님 안에서 위대한 인물로 변화되는 것입니다.

우리도 마찬가지입니다. 우리 개인 한 사람을 보면 가능성도 없고 쓸모도 없어 보이지만 예수님께 자신을 맡기면 위대한 존재가 됩니다. 그러나 아무리 능력 있고, 똑똑한 사람도 예수님 없이는 그저 지나가는 인생일 뿐입니다. 그러므로 우리는 우리 자신을 하나님께 맡기고 모든 일에 하나님을 의지해야 합니다. 하나님을 떠난 인간은 그 자체로는 바람 앞에 촛불 같은 연약한 존재에 불과합니다.

12절 │ 분명히 사람은 자기의 시기도 알지 못하나니 물고기들이 재난의 그물에 걸리고 새들이 올무에 걸림 같이 인생들도 재앙의 날이 그들에게 홀연히 임하면 거기에 걸리느니라

물고기가 그물에 걸리거나 새들이 올무에 걸릴 때 미리 알고 잡히는 경우는 없습니다. 평소처럼 헤엄쳐 다니거나, 날아다니다가 갑자기 걸리는 것입니다. 인생도 마찬가지입니다. 아무리 지혜롭고 총명한 사람이라 할지라도 하나님께서 그물을 치시면 걸리고 맙니다.

이 땅에 태어난 사람 중 그 누구도 하나님의 죽음의 그물에 걸리지 않는 사람은 없습니다. 생전에 하나님을 부인하고 기독교를 박해하던 사람도 죽음의 그물을 피하지 못합니다. 죽음의 그물에 걸리면 반드시 심판을 받아야 합니다. 성경은 "한번 죽는 것은 사

람에게 정해진 것이요 그 후에는 심판이 있으리니"(히 9:27)라고 말씀합니다.

사람은 살아 있는 동안에도 하나님의 손을 피할 수 없습니다. 믿지 않는 사람들은 모든 것을 우연과 팔자 탓으로 돌리지만, 믿는 사람은 그 배후에 하나님께서 계신 것을 확실히 압니다.

하나님께서는 우리를 아시고 우리의 삶을 계획하셨습니다. 마태복음에는 "너희에게는 머리털까지 다 세신 바 되었나니"(마 10:30)라고 기록되었으며, 시편에서는 "내 형질이 이루어지기 전에 주의 눈이 보셨으며 나를 위하여 정한 날이 하루도 되기 전에 주의 책에 다 기록이 되었나이다"(시 139:16)라고 말씀합니다. 하나님의 손 안에 우리의 삶이 있는 것입니다.

하나님을 믿는 대신 자신의 능력과 힘을 믿는 사람은 결국 올무에 걸리고 맙니다. 하나님 없는 인생은 시험과 환난의 연속이요, 가시밭길입니다. 모든 인생의 염려와 근심과 불안을 자신이 감당하며 살아갑니다. 무엇을 먹을까, 무엇을 입을까, 무엇을 마실까 하는 문제로 끊임없이 근심합니다. 내일 어떤 일을 만날지 모르는 불안감을 가지고 살아가는 것입니다. 예수님은 "수고하고 무거운 짐 진 자들아 다 내게로 오라 내가 너희를 쉬게 하리라"(마 11:28)고 말씀하셨습니다. 하나님을 의지하면 진정한 안식을 누리며 살 수 있습니다. 하늘과 땅의 모든 권세를 다 가지신 전지전능 무소부재하신 하나님께서 책임져 주시므로 우리가 평안히 쉴 수 있습니다.

하나님께서 천지를 창조하실 때 사람을 여섯째 날에 만드셨습니다. 모든 것을 예비하시고 사람을 창조하셨습니다. 그 다음날인 제 칠일, 즉 일곱째 날은 안식하셨습니다. 사람이 지음을 받고 시작한 첫날이 쉬는 날입니다. 주신 것을 누리는 날입니다. 그러므로 인생은 하나님께서 예비하신 길을 따라가는 것입니다. 구원받은 사람들은 죄의 문제도 이미 해결 받은 사람들입니다. 그래서 육신이 죽으면 주님이 예비하신 천국에 갑니다. 이 땅에서 하나님 의지하고 평안히 살다가, 죽음 이후에 영광스러운 천국에서 하나님과 함께 영원히 사는 것입니다.

사람의 눈에는 내일이 불확실하고 인생에 해결해야 할 문제가 끊임없이 다가오지만 하나님의 눈에는 그 모든 것의 해답이 이미 예비되어 있습니다. 하나님을 믿고 하나님 편에 서서 사는 사람은 염려하고 근심할 필요가 없습니다. 성경은 "너희 염려를 다 주께 맡기라 이는 그가 너희를 돌보심이라"(벧전 5:7)고 말씀합니다. 우리가 할 일은 맡기는 것입니다. 염려하고 걱정하는 것은 우리 몫이 아닙니다. 우리를 돌보시는 하나님을 의지하는 것이 우리의 몫입니다.

4. 인정받지 못한 지혜 (9:13-18)

¹³내가 또 해 아래에서 지혜를 보고 내가 크게 여긴 것이 이러하니 ¹⁴곧 작고 인구가 많지 아니한 어떤 성읍에 큰 왕이 와서 그것을 에워싸고 큰 흉벽을 쌓고 치고자 할 때에 ¹⁵그 성읍 가운데에 가난한 지혜자가 있어서 그의 지혜로 그 성읍을 건진 그것이라 그러나 그 가난한 자를 기억하는 사람이 없었도다 ¹⁶그러므로 내가 이르기를 지혜가 힘보다 나으나 가난한 자의 지혜가 멸시를 받고 그의 말들을 사람들이 듣지 아니한다 하였노라 ¹⁷조용히 들리는 지혜자들의 말들이 우매한 자들을 다스리는 자의 호령보다 나으니라 ¹⁸지혜가 무기보다 나으니라 그러나 죄인 한 사람이 많은 선을 무너지게 하느니라

13-16절 내가 또 해 아래에서 지혜를 보고 내가 크게 여긴 것이 이러하니 곧 작고 인구가 많지 아니한 어떤 성읍에 큰 왕이 와서 그것을 에워싸고 큰 흉벽을 쌓고 치고자 할 때에 그 성읍 가운데에 가난한 지혜자가 있어서 그의 지혜로 그 성읍을 건진 그것이라 그러나 그 가난한 자를 기억하는 사람이 없었도다 그러므로 내가 이르기를 지혜가 힘보다 나으나 가난한 자의 지혜가 멸시를 받고 그의 말들을 사람들이 듣지 아니한다 하였노라

인구가 많지 않은 조그만 성이 힘 있는 이웃 나라의 왕과 군사들에 의해 함락될 위기에 처했습니다. 그 성의 군사력으로는 공격을 막아낼 수 없었습니다. 그때 마침 그 성 안에 살고 있던 가난한 지혜자가 이웃의 왕과 담판을 벌여 군대를 철수하도록 만들었습니다. 성 안에 살고 있는 모든 사람의 생명과 재산을 지켜준 것입니다. 그러나 군대가 물러나고 난 후에 아무도 이 가난한 지혜자에게 감사하거나 사례하지 않았습니다. 그는 계속해서 가난하게 살았고 사람들은 그의 지혜로운 말을 멸시하고 경청하지 않았습니다. 전도자는 이 이야기를 통해 지혜가 군대의 힘보다 낫지만 가난한 사람의 지혜는 인정을 받지 못한다고 말합니다.

이 세상에서 가난하게 살면 사람으로서 정당한 대우를 받지 못할 때가 많습니다. 가난한 사람이 친척집에 가면 도움을 청하지 않

아도 박대를 당합니다. 반대로 잘사는 사람이 가면 손해를 보더라도 융숭한 대접을 하고 환영합니다. 가난한 사람의 인간성이 나빠서 그런 것이 아닙니다. 가난 때문에 대우를 못 받는 것입니다. 동창회에 나가도 사회에서 실패하고 가난하다는 소문이 나면 소외를 당하고, 길 가다가 만나도 모르는 척 합니다. 혹시나 돈 빌려 달라고 할까 싶어서 골목으로 피해갑니다. 국가도 마찬가지입니다. 가난한 국가는 외교 석상에서도 무시를 당합니다.

제가 외국에 가보면 일본 때문에 덕을 볼 때가 많습니다. 일본이 미국의 주요 빌딩이나 골프장, 구라파의 한 부분을 통째로 사서 일본 없이는 그 나라 경제가 움직이지 않을 정도입니다. 독일의 뒤셀도르프의 한 부분, 프랑스 파리의 한 구역이 아예 일본 사람의 것입니다. 사정이 이렇다 보니 서양 사람들이 일본 사람과 생김새가 비슷한 한국 사람을 보고도 깍듯하게 예우를 합니다. 예전에는 동양 사람을 무시했지만, 일본의 경제력을 보고 생각이 달라진 것입니다.

60년대만 해도 한국은 국제무대에서 설움을 당했습니다. 저도 그 시절에 외국에 부흥회 가서 비자를 발급받으려다 여권을 빼앗겨서 굉장히 곤혹스러웠던 적이 있었습니다. 당시 필리핀에서 국제 대회를 마친 후 그 대회에 참석했던 강사들이 일본 동경에 다시 모여서 집회를 하기로 하고 비자를 받기 위해 다같이 일본 대사관에 갔습니다. 우리 차례가 되었을 때 일행 중 미국 사람이 여권을 내니까 바로 도장을 찍어 주었습니다. 영국 사람도, 불란서 사람도 여권을 내는 대로 도장을 받았습니다. 제 차례가 되어서 여권을 내밀었더니 보자마자 서랍 속에 집어넣고는 내일 오라고 했습니다. 그때 다른 사람들이 "당신 여권에 옴이 올랐느냐? 빈대가 있느냐?"라고 농담했지만 저는 마음으로 피눈물을 흘렸습니다. 국가 경제력이 약하니까 박대를 당한 것입니다.

그날 다른 사람들은 비행기 타고 모두 동경에 가고 저만 남아서 이튿날 대사관에 갔습니다. 갔더니 또 다음날 오라고 했습니다. 다음날 아침에 가니 낮에 오라, 낮에 가면 저녁에 오라, 저녁에 가니 다시 내일 오라고 했습니다. 그래서 그 다음날 가서 겨우 비자를 받아 동경을 갔는데, 이미 대회는 끝나고 말았습니다. 가난한 나라의 설움을 톡톡히 당한 것입니다. 요사이는 어느 나라에 가도 한국 사람이 괄시를 받지 않습니다. 한국이 그만큼 잘살게 되었고 세계적으로 경제력을 인정받은 것입니다.

우리나라에 취업을 위해 들어온 외국인 근로자들을 보십시오. 한국 사람이 그들을 귀하게 대하지 않습니다. 스리랑카, 필리핀 사람들이 몰려 다녀도 누구 하나 신경 쓰지 않습니다. 예전에 우리나라에서도 독일에 광부로, 간호사로 가신 분들이 있었습니다. 그때 그분들이 설움을 많이 당했습니다. 가난한 나라에서 왔다고 궂은 일을 하면서도 대접을 받지 못한 것입니다. 그러므로 우리는 하나님을 잘 믿고 물질의 복도 받아야 합니다. 개인적으로나 국가적으로 설움을 당하지 않으려면 경제력이 뒷받침되어야 합니다.

우리가 믿는 하나님, 아브라함의 하나님, 이삭의 하나님, 야곱의 하나님은 산 자의 하나님이실 뿐 아니라 거부 하나님이십니다. 하나님께 택함 받은 아브라함이 거부가 되었고, 이삭, 야곱도 거부가 되었습니다. 애굽에 종으로 팔려 갔던 요셉도 국무총리가 되었습니다. 성경을 보면 하나님을 모시고 산 사람 중에 거지가 없습니다. 하나님께서 잘살게 만드셨습니다.

그런데 요즈음 한국 교회에서 예수 믿으려면 가난하게 되어야 한다고 주장하는 사람들이 있는데 이는 잘못된 것입니다. 그들은 하나님께 복을 구하는 것을 기복 신앙이라고 매도하고 복에 대하여 이야기하는 것을 나쁘게 생각합니다.

가난은 결코 축복이 아닙니다. 가난은 저주입니다. 가난해보지 않은 사람은 가난이 얼마나 고통스러운가를 잘 모릅니다. 6·25전쟁을 겪으면서 헐벗고 굶주린 생활을 했던 사람들은 가난의 고통을 압니다. 가난하면 곤충도 사람을 무시합니다. 얼마 전 한 선생님이 학생들에게 '이'라는 곤충을 보여주기 위해 사방으로 구하다가 결국 종로에서 5천원을 주고 샀다는 말을 들었습니다. 알코올에 넣은 이 한 마리를 5천원이나 주고 샀습니다. 우리나라가 잘살게 되자 이도 도망치고 빈대도 도망친 것입니다. 그러나 사람이 가난하면 콜레라, 감기, 폐병, 온갖 질병과 저주가 사람을 무시하고 덤벼듭니다.

가난해도 낙심하지 않고 예수님을 믿는 신앙은 축복입니다. 그러나 가난 자체는 저주입니다. 가난하기 때문에 치료 한 번 받지 못하고 죽어가는 사람들이 얼마나 많습니까? 예수 믿은 사람은 저주의 굴레에서 해방된 사람들입니다. 성경은 "기록된 바 나무에 달린 자마다 저주 아래에 있는 자라 하였음이라 이는 그리스도 예수 안에서 아브라함의 복이 이방인에게 미치게 하고 또 우리로 하여금 믿음으로 말미암아 성령의 약속을 받게 하려 함이라"(갈 3:13-14)고 분명히 말씀하고 있습니다. 예수님께서도 가난을 얼마나 미워하셨던지 우리 대신 십자가에 달리셨습니다. 가난은 주님이 십자가에서 몸을 찢고 피를 흘려 청산할 정도로 무시무시한 저주입니다.

그러므로 우리는 가난의 저주가 청산되었음을 믿고 하나님 중심으로 서서 복을 구하여야 합니다. 복을 구하는 것은 절대로 나쁜 일이 아닙니다. 복을 구하는 것이 정상입니다. 복을 구하고 복을 받는 것은 하나님을 기쁘시게 하는 것입니다. 왜냐 하면 하나님의 뜻이 복을 주시는 데 있기 때문입니다. 하나님의 뜻은 우리가 생육하고 번성하는 것입니다. 형통한 삶을 사는 것입니다. 이러므로 예수님을 믿고 하나님께 나오면 우리가 복 받고 형통해지는 것입니다.

문제는 우리가 하나님께서 주신 물질을 육신의 정욕을 위해 사용하는 것입니다. 우리가 먼저 구할 것은 먼저 구하고 나중 구할 것은 나중 구하면 하나님께서 복을 주시는 것이 당연합니다. 하나님께서는 공중의 새에게도 번창하라고 명하셨고, 물고기와 땅 위의 짐승에게도 생육하고 번성하라고 명하셨습니다. 하물며 하나님의 형상과 모양을 따라 지으신 사람에게 복을 주시는 것을 왜 나쁘다고 생각합니까?

하나님께서는 우리에게 좋은 것을 주시기 원하십니다. 하나님을 반역하고 죄를 지을 때는 징계하시지만 사랑하시는 자녀에게 이유 없이 해로움을 주시지 않습니다. 요한 3서 2절은 "사랑하는 자여 네 영혼이 잘됨 같이 네가 범사에 잘되고 강건하기를 내가 간구하노라"고 기록하고 있습니다. 또한 성경은 "하나님이 능히 모든 은혜를 너희에게 넘치게 하시나니 이는 너희로 모든 일에 항상 모든 것이 넉넉하여 모든 착한 일을 넘치게 하게 하려 하심이라"(고후 9:8)고 말씀합니다. "야훼께서 너를 머리가 되고 꼬리가 되지 않게 하시며 위에만 있고 아래에 있지 않게 하시리니"(신 28:13)라고도 말씀하셨습니다.

그러므로 믿는 사람은 하나님께서 주시는 복을 받아 가난하고 헐벗고 굶주린 사람을 구제하고, 온 천하에 선교사를 보내고, 복음을 증거하는 일에 앞장서야 합니다. 가난 때문에 개인적으로나 국가적으로 설움을 당하고 멸시를 받을 것이 아니라 부요해져서 하나님을 섬기고 이웃을 섬기며 사는 것이 좋습니다. 성경에도 "그가 흩어 가난한 자들에게 주었으니 그의 의가 영원토록 있느니라

함과 같으니라"(고후 9:9)고 기록되어 있습니다.

사도행전에 나오는 백부장 고넬료는 이방인임에도 불구하고 많은 구제와 선행이 하나님께 상달되어 하나님의 천사를 만났습니다. 천사의 지시에 따라 베드로를 초청해 그에게 구원의 메시지를 듣고 그 자리에서 구원 받고 성령을 받았습니다. 예수님의 여제자였던 도르가도 생전에 많은 과부들에게 옷을 지어주고 선행을 베푼 결과, 죽었다가 다시 살아나는 기적을 체험했습니다. 하나님께 받은 물질로 다른 사람을 섬기고 선행을 하면 하나님도 기억하시고 복을 주시는 것입니다. 그러므로 주를 믿는 여러분은 하나님을 향하여 입을 넓게 열어 큰 복을 받아 하나님 사업에 헌신하시기를 바랍니다.

17-18절 │ 조용히 들리는 지혜자들의 말들이 우매한 자들을 다스리는 자의 호령보다 나으니라 지혜가 무기보다 나으니라 그러나 죄인 한 사람이 많은 선을 무너지게 하느니라

바보가 아무리 고함을 쳐도 그 소리에 귀를 기울이는 사람은 없습니다. 그의 말이 우매하고 어리석기 때문입니다. 그러나 지혜자의 말에는 사람들이 주의를 기울입니다. 그런데 세상에서 가장 지혜로운 말씀은 바로 하나님의 말씀입니다. 모여서 주의 말씀을 듣는

것만큼 세상에 값진 일이 없습니다.

또한 지혜는 무기보다 낫습니다. 15절의 경우처럼 지혜로운 한 사람이 큰 군대로 물리치는 것입니다. 그러나 죄인 한 사람이 많은 선을 무너지게 합니다. 한국 속담에 "미꾸라지 한 마리가 온 웅덩이를 흐려 놓는다."는 말이 있습니다. 좋은 이미지를 가진 사회단체나 국가라 할지라도 그 구성원이 범죄하여 온 나라를 떠들썩하게 만들면 그 단체나 국가가 부끄러움을 당하는 것입니다. 그러므로 우리는 모두 힘을 합쳐서 선을 추구하면서 살아가야 할 것입니다.

전도자의
노래

Chapter **10**

어리석은 사람

1. 지혜자의 마음(10:1-4)
2. 주권자의 허물(10:5-7)
3. 행동의 어리석음(10:8-11)
4. 어리석은 사람의 말과 행동(10:12-15)
5. 지도자의 자질(10:16-20)

전도자는 어리석음에 대해 말합니다. 어리석음은 사람을 부패하게 하고 무능력하게 만듭니다. 통치자가 우매하여 실수를 범하면 그 나라는 망하게 됩니다. 그리고 사람이 어리석은 말과 행동을 함으로써 자신의 삶을 황폐하게 만듭니다. 이처럼 어리석음은 개인과 가정, 그리고 국가에 이르기까지 실패와 절망을 불러옵니다.

1. 지혜자의 마음 (10:1-4)

¹죽은 파리들이 향기름을 악취가 나게 만드는 것 같이 적은 우매가 지혜와 존귀를 난처하게 만드느니라 ²지혜자의 마음은 오른쪽에 있고 우매자의 마음은 왼쪽에 있느니라 ³우매한 자는 길을 갈 때에도 지혜가 부족하여 각 사람에게 자기가 우매함을 말하느니라 4. 주권자가 네게 분을 일으키거든 너는 네 자리를 떠나지 말라 공손함이 큰 허물을 용서 받게 하느니라

1절 | 죽은 파리들이 향기름을 악취가 나게 만드는 것 같이 적은 우매가 지혜와 존귀를 난처하게 만드느니라

향기로운 기름이 가득 담겨져 있는 그릇에 파리 한 마리가 빠져죽으면 파리 썩은 냄새로 더 이상 향이 나지 않습니다. 악취가 납니다. 온 향기름에서 파리 썩은 냄새가 나서 쓸 수 없게 됩니다. 향기름이라는 것은 몸에 발라서 향기를 내고 사람들의 취각을 즐겁게 하는 것인데 흉악한 냄새가 나면은 못 쓰게 되는 것입니다.

마찬가지로 지혜로운 사람도 작은 실수 한 가지나 아주 작은 어리석은 일 하나로 나쁜 소문이 나서 모든 존귀와 명예가 다 사라지고, 인격에 모욕을 느끼게 되어 절망적인 상황에 떨어질 때가 많습니다.

우리 한국 사회도 보면 상당히 존귀하고 명예가 있고 높임을 받던 사람들이 과거에 잘못한 행동이 드러나서 명예와 지위를 다 잃어버리고 삶의 종지부를 찍는 사람들이 있습니다. 과거의 조그마한 욕심과 우매함 때문에 그렇게 된 것입니다.

제가 가끔 교도소에 수감되어 있는 저명인사들을 위로하고 격려하기 위해서 찾아갑니다. 그때마다 제가 느끼는 바가 대단히 많습니다. 그들도 한 때는 큰 권세, 지위, 명예도 있었고 한마디 말에 한국 전역을 떨게 했던 사람들입니다. 그리고 그들의 성공과 높은

지위로 인해 신문과 TV를 장식하던 그런 사람들입니다. 그러나 그곳에서는 이름도 없이 숫자만 찍힌 죄수복을 입고 실의에 찬 모습으로 있는 것을 볼 때 정말 마음이 아프기가 짝이 없습니다.

마찬가지로 우리가 성령으로 충만하면 향기가 나지만, 마귀는 우리를 죄에 빠지게 만들어 우리 삶에 수치와 곤욕의 악취를 불러옵니다. 그러므로 우리가 늘 성령 충만을 받아야 하고, 동시에 죽은 파리와 같이 악취를 풍기게 만드는 마귀를 다 쫓아내야 합니다.

예수님께서도 승천하시기 전에 믿는 자들에게 따를 표적으로 제일 먼저 '내 이름으로 귀신을 쫓아낼 것'을 말씀하셨습니다(막 16:17). 파리를 쫓아내지 않으면 사람에게 붙어서 귀찮게 하고, 귀한 음식에도 붙어서 그것을 오염시킵니다. 마찬가지로 귀신 마귀가 파리와 같이 우리 삶 속에 들어 와서 우리의 생각을 오염시키고, 우리의 행위를 오염시키고, 우리의 삶에 오점을 남기게 만들어 결국에는 우리로 하여금 명예와 지위를 잃고 고통을 당하게 만드는 것입니다. 그러므로 파리를 쫓아내고 잡아내듯 귀신 마귀도 쫓아내고 잡아내야 합니다.

베드로전서 5장 8절에 "근신하라 깨어라 너희 대적 마귀가 우는 사자 같이 두루 다니며 삼킬 자를 찾나니"라고 말씀했고, 야고보서 4장 7절에는 "그런즉 너희는 하나님께 복종할지어다 마귀를 대적하라 그리하면 너희를 피하리라"고 말씀했습니다. 항상 예수 이름으로 명하고 대적하면 악취가 나게 만드는 귀신 마귀는 한길로 왔다가 일곱 길로 쫓김을 받습니다. 소 잃고 외양간 고치는 것처럼 마귀에게 당하고 나서 정신 차리지 말고 도둑이 오기 전에 경계를 해야 합니다. 세상에도 도적이 많기 때문에 외출할 때면 문단속을 단단히 합니다. 눈에 보이는 도적만 조심하지 말고 눈에 보이지 않는 영적인 도적도 관심을 갖고 잡아내고 막아내야 합니다. 귀신 마귀가 언제 우리를 찾아와서 우리 삶을 부패하게 만들고, 악하게 만들고, 넘어지게 만들지 모릅니다. 이 도적을 막아내는 유일한 방법이 바로 기도입니다. 그래서 기도를 게을리 하면 안 됩니다. 매일같이 기도에 힘쓰되 하루 한 시간 이상씩은 기도해야 합니다.

또한 하나님의 말씀을 늘 읽고 듣고 묵상해야 합니다. 하나님의 말씀은 우리 마음의 눈을 밝혀줍니다. 기도로 우리 영혼을 살리고, 하나님 말씀으로 우리 눈을 밝히면 파리와 같은 귀신 마귀를 다 찾아낼 수 있습니다. 우리는 하나님 말씀을 통해서 마귀가 날아다니는 것, 마귀가 가까이 오는 것을 깨닫고 대적할 수 있습니다.

끝으로 예수 믿는 사람끼리 모이기를 폐하지 말아야합니다. 전도서 4장 12절에 "한 사람이면 패하겠거니와 두 사람이면 맞설 수 있나니 세 겹 줄은 쉽게 끊어지지 아니하느니라"고 말씀했습니다. 이러므로 우리 예수 믿는 사람이 모여서 함께 기도하면 서로를 도와줄 수 있습니다. 서로의 신앙의 그 온기로 서로를 따뜻하게 해주고 힘 있게 만들어 주는 것입니다. 이렇게 하면 한 평생 성령 충만을 받고, 성령이 주시는 아름다운 열매를 맺고, 그 향기를 날리면서 천당까지 올라갈 수가 있습니다. 우리는 항상 기도로써 경계하고, 말씀을 듣고 읽음으로 경계하고, 함께 모여서 서로 중보함으로써 원수 마귀를 경계하는 일을 해야 합니다.

2절 | 지혜자의 마음은 오른쪽에 있고 우매자의 마음은 왼쪽에 있느니라

지혜로운 자의 마음이 오른쪽에 있다는 것은 그 마음이 정의롭다는 것을 말합니다. 성경에서 오른쪽은 정의로움을 나타냅니다. 그래서 지혜로운 사람은 언제나 긍정적이고 적극적이며 의로운 것을 생각합니다. 반면에 우매자, 즉 어리석은 자의 마음은 왼쪽에 있습니다. 왼쪽은 불의하고 부정한 것을 의미합니다. 어리석은 자의 마음은 늘 부패한 것을 생각하기 때문에 부정적이고 파괴적입니다.

그런데 세상을 살다보면 우리의 마음이 오른쪽에 있지 못하도록 흔드는 것들이 있습니다. 첫째로, 환경입니다. 그런데 환경은 우리 마음대로 할 수 없습니다. 우리 마음대로 날씨를 결정할 수 없고 정치, 경제, 문화 등의 사회 환경도 움직일 수 없습니다. 환경은 좋을 때도 있고 나쁠 때도 있습니다. 그러나 환경의 좋고 나쁨에 따라 마음이 흔들리면 평안을 잃어버리고 맙니다.

둘째로, 인간관계가 우리의 마음을 흔듭니다. 인간관계 역시 우리 마음대로 할 수 없습니다. 남편, 아내, 자식, 형제, 이웃 등 어떤 사람도 내 마음대로 되지 않습니다. 그들 중에는 선한 사람도 있고 악한 사람도 있으며, 유익이 되는 사람도 있고 손해를 끼치는 사람도 있습니다. 위로해 주는 사람이 있는가 하면 고통을 주는 사람도 있습니다. 이렇게 다양한 사람이 우리 주위에 있지만, 좋은 사람하고만 관계를 이어갈 수 없습니다. 더더군다나 관계가 나쁜 사람을 무조건 피할 수도, 그에게 영향을 받지 않을 수도 없습니다.

그렇다면 환경과 관계에서 오는 영향력을 어떻게 처리할 수 있을까요? 먼저 마음을 잘 돌보아 간수하되 중심에 예수 그리스도를 모시고 살아야 합니다. 항상 예수님을 바라보고, 예수님을 의지하고, 예수님께 감사해야 합니다. 성경은 "모든 지킬 만한 것 중에 더욱 네 마음을 지키라 생명의 근원이 이에서 남이니라"(잠 4:23)고 말씀합니다. 생명의 원천이 마음에 있는 것입니다.

또한 우리가 중심에 예수님을 모시고 항상 기뻐하고, 쉬지 말고 기도하고, 범사에 감사하면 주위 환경이 어렵고 인간관계가 힘들어도 승리할 수 있습니다. 예수님을 간절히 의지하고 모든 것을 맡기고 나아가면 하나님의 은혜 가운데 살 수 있습니다. 종국에는 하나님께서 환경도 변화시켜 주시고, 인간관계도 좋게 만들어 주십니다. 환경이나 사람으로 인해 원망하지 않고 주님으로 인하여 기뻐하고 감사하면 마음속에 주님의 평안이 넘쳐납니다. 마음의 근심은 뼈를 마르게 하지만 주님으로 인해 마음에 즐거움이 넘쳐나면 그것이 양약이 되는 것입니다.

일본을 방문했을 때 TV에 나온 쌍둥이 할머니를 본 적이 있습니다. 할머니 두 분은 연세가 백 살이 넘었는데도 아주 정정했습니다. 말도 잘하고 특히 얼굴에는 웃음이 떠나지 않습니다. 프로그램 진행자는 쌍둥이 할머니에게 장수하는 비결을 물었습니다. 두 분은 특별히 좋은 음식을 먹는 것도 아니고, 운동도 하고 싶을 때만 하고, 잠도 자고 싶은 대로 다 잔다고 대답했습니다. 그런데 단 한 가지는 평생 지켜왔는데 그저 항상 기뻐했다고 말했습니다. 소녀 시절부터 지금까지 부정적이고 우울한 마음 갖지 않고 언제나 기쁜 마음으로 살려고 노력했다는 것입니다. 그리고 나이가 먹었지만 하루하루가 다 재미있고 즐겁다고 하면서 그렇게 대답할 때도 웃고 또 웃었습니다.

항상 주님을 바라보고 기뻐하시기를 바랍니다. 다른 사람과 환경 때문에 마음에 기쁨을 잃어버리고 슬픔과 우울함에 빠져 있으면 결국 나만 손해입니다. 어느 누구도 대신 아파줄 수가 없습니다. 건강하고자 한다면 항상 마음이 기뻐야 합니다.

마음이 기쁨으로 가득 차려면 염려와 근심을 주님께 다 맡겨 버리고 항상 기도로써 주님 앞에 나아가야 합니다. 입은 하나님을 향한 찬송으로 가득 채우고, 마음 중심에는 주님을 모시고 살면 마음의 평안을 누리고 안식을 얻을 수 있습니다. 수고하고 무거운 짐은 우리 주님이 다 맡아주십니다.

예수님이 아니면 우리의 억울하고 원통한 사정을 들어주고 알아줄 사람이 없습니다. 예수님은 우리를 위해 사시는 분이시기 때문에 우리의 아픈 마음과 답답한 사정을 아뢰면 기뻐하시면서 다 맡아 주십니다. 우리의 삶은 예수님을 삶의 주인으로 모시고 주님께 신세지고 사는 삶입니다. 주님은 우리를 위해 계시고 우리는 주님을 의지하며 주님께 은혜를 입고 사는 것이 기독교 신앙입니다. 나를 사랑하사 날 위하여 자기 몸을 버리신 하나님의 아들 예수 그리스도를 믿는 믿음으로 사는 것입니다. 그러므로 문제를 만났을 때 그저 예수님만 의지하고 바라보며 나아가면 주님이 멋있게 해결해 주십니다.

하나님께서는 죽은 자의 하나님이 아니라 산 자의 하나님이십니다. 그리고 예수님은 우리의 신랑이 되시고, 우리는 주님의 신부입니다. 우리가 이 세상을 살면서 우리를 돌보아 주시고 함께하시는 하나님만 바라보고 신랑 되신 예수님을 따라 살면 기쁨과 감사가 넘치는 삶을 살 수 있습니다.

3절 | 우매한 자는 길을 갈 때에도 지혜가 부족하여 각 사람에게 자기가 우매함을 말하느니라

본래 바보가 말이 많습니다. 빈 깡통이 더 요란하다고 속에 아무것도 없는 사람이 자기한테 있는 것 없는 것 다 동원해서 말을 하기 때문에 시끄럽기 짝이 없습니다. 그리고 남에게 들은 비밀도 하나도 지켜주지도 않고 심지어 이야기를 덧붙여서 말해 버립니다. 그러므로 말을 많이 하는 사람을 보거든 '이 사람, 바보구나.' 라고 생각해 버리십시오. 또 여러분도 불필요한 말을 자기도 모르게 많이 하고 있거든 '내가 바보짓을 하고 있구나.' 하고 깨달으십시오. 침묵은 금이고 웅변은 은이라고 할 수 있습니다. 사람이 꼭 필요할 때만 말을 하고 필요하지 않을 때는 말을 안 하는 것이 제일 좋습니다.

저도 원래 말하기를 좋아하기 때문에 바보는 아니지만 바보짓을 했습니다. 예를 들면 사람들이 모여서 가만히 앉아 있으면 재미가 없기 때문에 제가 자꾸 말을 해서 분위기를 이끌어 갔습니다. 또 제가 말을 하면 다른 사람들도 말을 하고 제가 말을 안 하면 다른 사람들도 가만히 있습니다. 그래서 제 속에 있는 것 없는 것을 다 동원해서 말을 하고, 남의 말까지 다 해놓고 나면 굉장히 기운이 빠졌습니다. 그렇게 되면 영적으로 은혜도 빠져 버리고, 인격적으로 존귀함도 빠져 버리고, 육체적으로 에너지도 빠져 버려서 결국 이익은 하나도 없었습니다. 그러나 요즘은 제가 좀 바뀌어져서 다른 사람이 말을 안 하면 저도 안하고 가만히 있습니다. 사람들은 재미가 없겠지만 그래도 헤어지고 나면 영적으로 회개할 것이 없으니 영적 손해도 안 나고, 인격적으로도 남의 말이나 쓸데없는 말을 안 했으니 인격적 손해도 없고, 그리고 말을 많이 안 했으니 기운도 안 빠집니다.

할 수만 있으면 필요한 말 이외에는 하지 않는 여러분이 되시기를 바랍니다. 그러면 지혜로운 사람이 됩니다. 말을 안 하고 가만히 있으면 무서운 사람도 있습니다. 그 속에 뭐가 들어있는지 모릅니다. 그래서 '상당히 지혜로운 사람인가 보구나.' 하는 생각이 드는데, 입을 열어 쓸데없는 말을 많이 하면 '아이고, 서푼어치도 안 되는구나. 아무 것도 아니구나.' 라고 느껴집니다. 말을 아끼는 것이 굉장히 지혜로운 것임을 잊지 마시기 바랍니다.

4절 │ 주권자가 네게 분을 일으키거든 너는 네 자리를 떠나지 말라 공손함이 큰 허물을 용서 받게 하느니라

여기서 주권자는 나보다 권세가 있는 사람입니다. 전도자는 나보다 권세가 있는 사람이 분을 낼 때는 대꾸하지 말라고 말합니다. 주권자가 화가 나서 말할 때는 대꾸하지 말고, 그 말을 가만히 들으면서 변명하고 싶어도 변명하지 말아야 합니다. 그리고 주권자가 말을 다 할 때까지 기다려야 합니다. 주권자가 말을 할 때 기분 나쁘다고 일어나서 자리를 박차고 나가면 영영 주권자의 분이 풀리지 않습니다. 주권자가 말을 다 끝마치고 나면 일단 주권자의 분이 어느 정도 풀리기 때문에 그때 가서 사정을 설명할 수 있습니다.

이것은 부부 사이에서도 마찬가지입니다. 남편이 화가 나서 입에 거품을 물고 고함을 칠 때 아내가 같이 막말을 하면 가정이 평화롭지 못합니다. 아내는 자신이 듣기에 남편의 말이 아무리 개똥철학처럼 들리고, 말이 안 되는 것 같아도 말싸움을 해서 이기려고 해서는 안 됩니다. 아내가 남편과의 말싸움에서 이기면 기분은 잠깐 좋을지 모르지만, 남편의 사랑을 잃어버리게 됩니다. 남편은 자존심이 상하고 마음에 화가 나서 다음부터는 아내에게 사랑이 가지 않습니다. 직장에서 일찍 끝나도 밖으로 돌고 부인에게 돈 좀 줄 것이 있어도 안 주고 마음 문을 닫아 버립니다. 그러므로 지혜로운 아내는 남편이 화가 나서 심한 말을 해도 대꾸하지 않고 남편 마음이 가라앉을 때까지 기다릴 줄 압니다. 그리고 남편이 분이 다 풀리고 진정이 되었을 때 차분히 이야기를 하면 남편도 자신이 화내고 심한 말 한 것을 뉘우치게 됩니다. 남편과 아내 사이에 한창 싸움이 났을 때 감정적으로 말을 주고받으면 문제는 해결이 안 되고 관계만 나빠집니다. 손바닥이 부딪혀야 소리가 나는 법인데, 한쪽이 참고 기다리면 상대방의 흥분한 마음도 가라앉고 문제를 잘 해결할 기회가 생깁니다. 남편도 부인하고 싸워서 이겼다고 좋아하면 그뿐이지 저녁부터 반찬이 달라집니다.

지혜로운 부부는 서로 져 주는 일에 익숙합니다. 부부 사이에는 절대로 이기려고 하지 마십시오. 져 주면 가정에 평화가 찾아옵니다. 이기려고 달려들면 그때부터 가정에 고통이 찾아옵니다. 특별히 남편이 분을 내며 말을 할 때 참고 가만히 들어주는 아내는 결국 남편에게 존경을 받게 됩니다.

   그리고 학교나 직장에서 사회생활을 할 때 윗사람하고 싸우면 반드시 손해가 됩니다. 윗사람이 훌륭한 사람이든, 훌륭한 사람이 아니든 싸워서 이기려고 하지 마십시오. 이론을 앞세워서 윗사람을 이기고 내 주장에 맞게 굴복시킨다고 한들 그러다 회사에서 해고되면 아무 소용이 없습니다.

2. 주권자의 허물(10:5-7)

⁵내가 해 아래에서 한 가지 재난을 보았노니 곧 주권자에게서 나오는 허물이라 ⁶우매한 자가 크게 높은 지위들을 얻고 부자들이 낮은 지위에 앉는도다 ⁷또 내가 보았노니 종들은 말을 타고 고관들은 종들처럼 땅에 걸어 다니는도다

5-7절 내가 해 아래에서 한 가지 재난을 보았노니 곧 주권자에게서 나오는 허물이라 우매한 자가 크게 높은 지위들을 얻고 부자들이 낮은 지위에 앉는도다 또 내가 보았노니 종들은 말을 타고 고관들은 종들처럼 땅에 걸어 다니는도다

전도자는 주권자에게서 나오는 허물이 해 아래에서 벌어지는 재난이라고 말합니다. 나라를 다스리는 주권자에게 허물이 있으면 나라를 제대로 다스릴 수가 없습니다. 정치를 잘못하면 온 나라가 뒤죽박죽이 됩니다. 즉, 우매자가 높은 지위를 얻고 부자가 낮은 지위에 앉게 됩니다. 주인에게 순종해야 할 종들은 말을 타고 존경을 받아야 할 고관들은 걸어 다니게 됩니다.

우리는 공산주의에서 이러한 폐단을 볼 수 있습니다. 해방 후 공산주의가 한국에 들어와서 제일 먼저 토지를 많이 가진 부자들, 공장을 소유한 사람들, 그리고 사업가들을 모두 잡아다가 재산을 몰수하고 민족 반역자로 몰아세워 잡아갔습니다. 반대로 당시에 머슴 하던 사람, 아무 것도 모르고 백수로 지내던 사람들이 공산주의자가 돼서 완장을 차고 활보했습니다. 또한 사회적으로 지위가 있는 사람, 명예가 있는 사람들을 잡아다가 아무 것도 아닌 사람들로 만들어 버렸습니다. 사회지도층을 종으로 만들어 버린 것입니다.

아무 노력도 안하고 주인 밑에서 허드렛일만 하던 사람들이 사회지도층이 돼서 나라를 다스리려고 하고, 지식이 뛰어나고 나라를 이끌만한 재능이 있는 사람들은 다 몰락해 버렸으니 나라가 망할 수밖에 없습니다. 기업과 나라를 경영하려면 그만한 능력이 있어야 합니다. 부정부패를 저지르지 않고 정상적으로 부를 얻은 부자라면 그만큼 노력도 많이 하고, 부지런한 사람입니다. 그런데 공산주의 사상 하나로 사회를 뒤죽박죽을 만들어 놓았으니 공산주의를 신봉하던 나라들은 100년도 못 버티고 다 망해버렸습니다. 온 나라가 거지가 되고 말았습니다.

공산주의는 모두가 동등하게 나누어 가져야 한다고 말합니다. 그러나 사람 사는 게 다 똑같을 수는 없습니다. 우리 얼굴 생김새만 봐도 다 다르고, 성격도 다르고, 배경도 다 다릅니다. 한 부모 밑에 난 자식도 다 똑같지 않습니다. 똑똑한 자식이 있으면 조금 둔한 자식도 있고, 생김새가 잘난 자식이 있으면 조금 못난 자식도 있기 마련입니다. 그런데 사람의 힘으로 모든 것을 다 똑같게 만들 수 없습니다.

부를 얻을 수 있는 능력과 재능이 있는 사람은 사회가 그 능력과 재능을 발휘할 수 있도록 도와주고, 나라를 잘 경영할 수 있는 지식과 지혜가 있는 사람은 나라를 위해 일할 수 있도록 세워 줘야 합니다. 모두가 공평하게 성공할 수 있는 기회를 주고, 많이 가진 사람들이 가난하고 소외된 사람들을 도울 수 있도록 제도도 만들어야 합니다. 이러한 일들은 자유민주주의 체제 안에서 가장 잘 이루어질 수 있습니다.

하나님께서는 우리가 다 똑같이 되길 원하지 않으십니다. 각자의 부르심대로 최선을 다하며 살고 뿌린 대로 거두며 살기 원하십니다. 또한 어느 한 편으로 치우치지 않고 가난하고 소외된 사람들을 돌보아 주며 조화를 이루어 가기를 원하십니다.

성공하고 출세하고 부자가 되는 일에 부정적이 되어서는 안 됩니다. 물론 나 혼자 성공하고 출세하기 위해서 다른 사람을 짓밟고 올라서려는 사람이나 부정부패를 저질러 부를 독점하려는 사람이 있다면 막아야 합니다. 그러나 정당한 방법과 부지런한 노력으로 부를 얻고 성공하는 사람은 격려해 주고 박수쳐 줘야 합니다.

여의도순복음교회도 큰 교회라는 이유로 비난을 많이 받고 그로 인해 고통도 많이 겪었습니다. 그러나 큰 교회 세우려고 한다고 해서 다 큰 교회가 되는 것이 아닙니다. 하나님께서 허락하시고 능력을 부어 주셔야 할 수 있습니다. 옛날에 우리 교회가 서대문에 있을 때 총회가 열려서 제가 참석했습니다. 그런데 어느 목사님이 총회장님에게 서대문은 위치가 좋기 때문에 나무 막대기 하나만 세워놔도 만 명 이상이 모인다고 말했습니다. 그때 우리 교인이 만 팔천 명 정도 모일 때인데 저는 다른 사람 쉴 때 안 쉬고 일하고 휴가도 반납하고 심방하고 철야하고 해서 그 교인을 모았습니다. 그런데 그런 말을 들으니 속이 너무 상했었습니다.

그 후 우리 교회가 서대문을 떠나 여의도로 이사를 했습니다. 그때 교회를 팔고 나올 수도 있었는데 하나님의 교회를 팔수는 없는 일이었기 때문에 총회에 선물로 주었습니다. 그런데 우리는 여의도로 와서 계속 부흥되었지만 서대문 그 자리에 들어온 교회는 나무 막대기가 아니라 사람을 세워 놓았는데도 천 명이 안 모였습니다. 비난은 쉽게 할 수 있어도 그만큼의 열매를 맺는 일은 쉬운 일이 아닙니다.

또한 우리 교회에 큰 부흥이 임하고 나니까 한국 기독교에 크게 이바지하는 일들을 감당할 수 있었습니다. 국민일보를 세워서 한국 기독교를 대변하고, 기독교 NGO를 발족시켜서 세계 곳곳에 나가 구제하고, 또 한국 사회의 가난하고 소외된 이웃들을 물심양면으로 돌볼 수 있게 되었습니다.

공산주의 사상에 물든 사람들은 여의도순복음교회를 평등하게 나누면 서울 시내에 천 명 이상 되는 교회를 수백 개를 세울 수 있다고 주장합니다. 공산주의자들이 그런 식으로 나라를 경영하려다 다 망했습니다. 모두가 똑같아지면 모두가 행복하고 잘사는 나라가 된다고 생각하는 것은 어리석은 것입니다.

3. 행동의 어리석음(10:8-11)

8함정을 파는 자는 거기에 빠질 것이요 담을 허는 자는 뱀에게 물리리라 9돌들을 떠내는 자는 그로 말미암아 상할 것이요 나무들을 쪼개는 자는 그로 말미암아 위험을 당하리라 10철 연장이 무디어졌는데도 날을 갈지 아니하면 힘이 더 드느니라 오직 지혜는 성공하기에 유익하니라 11주술을 베풀기 전에 뱀에게 물렸으면 술객은 소용이 없느니라

8절 | 함정을 파는 자는 거기에 빠질 것이요 담을 허는 자는 뱀에게 물리리라

전도자는 함정을 파는 자는 자기가 파 놓은 함정에 빠지게 된다고 말했습니다. 즉, 다른 사람을 함정에 빠뜨리려고 모함하면 도리어 자기가 모함을 당합니다. 다른 사람을 곤경에 처하게 하려고 악한 꾀를 내면 결국 그 꾀에 자신이 넘어가는 것입니다.

저는 어렸을 때 시골에서 자랐기 때문에 함정이 무엇인지 잘 알고 있습니다. 짐승을 잡으려고 짐승이 잘 오고가는 길에 구덩이를 파 놓고 나뭇잎과 나뭇가지를 덮어서 위장을 해 놓습니다. 그러면 밤에 짐승들이 그 길로 다니다가 함정에 빠집니다. 아침에 가서 보면 여우도 들어가 있고 산돼지도 들어가 있었습니다. 그런데 그 함정에 들짐승이 안 빠지고 자기 집에서 기르는 소가 빠지는 것을 여러 번 보았습니다. 주인을 위해 일을 해야 하는 소가 도리어 주인이 파놓은 함정에 빠져서 다리가 부러지고 다치는 일이 생긴 것입니다. 그러면 주인이 그 손해를 고스란히 입었습니다.

또한 전도자는 담을 허는 자는 뱀에게 물린다고 말했습니다. 옛날 시골집을 보면 돌이나 흙으로 담을 쌓았는데 종종 밤중에 산돼지가 자주 내려와서 담에 코를 박고 밤새도록 흙을 파헤칩니다. 이유는 담 안에 있는 뱀을 잡아먹으려고 그러는 것입니다. 그만큼 담 안에 뱀이 많았습니다. 그래서 사람도 설불리 남의 집의 담을 헐려고 들었다가는 뱀에 물릴 수도 있었습니다.

전도자의 이 말은 비유입니다. 담은 집을 보호하는 울타리입니다. 남의 집의 울타리를 무너뜨리면 보복을 당한다는 말입니다. 남의 집의 울타리를 무너뜨려 손해를 입히고 어려움을 당하게 하면 뱀에게 물리는 것과 같은 보복을 당하는 것입니다. 다른 사람에게 상처를 입히면 반드시 자신도 상처를 입습니다. 그러므로 하나님을 믿는 사람은 다른 사람을 어려움에 빠뜨리려고 꾀를 써서는 안 됩니다. 그런데 다른 사람에게 고통을 주고 상처를 입히는 이유는 그 사람의 마음에 악이 가득 차 있기 때문입니다. 마음에 악이 들어오면 남을 해칩니다. 악은 가만히 있지 않고 악한 결과를 만들어내게 합니다. 따라서 악한 마음을 품은 사람은 악한 행실로 남을 괴롭게 하고 고통을 줍니다. 그리고 결국 자신도 그 악한 행실로 인해 화를 당하게 됩니다. 선한 사람은 자기도 평안하고 이웃도 평안하게 하지만 악한 사람은 자기도 괴롭고 남도 괴롭게 합니다.

9절 | 돌들을 떠내는 자는 그로 말미암아 상할 것이요 나무들을 쪼개는 자는 그로 말미암아 위험을 당하리라

전도자는 돌을 떠내는 일과 나무들을 쪼개는 일에 대해 경고합니

다. 여기서 돌들을 떠내는 일은 큰 개혁을 말합니다. 바위산에서 돌을 떠내려면 큰 연장이 필요하고, 때에 따라선 폭파를 시켜야하기 때문에 위험합니다. 그래서 돌을 떠낼 때 다치기도 하고, 무너진 돌무더기에 깔려 목숨을 잃기도 합니다. 마찬가지로 큰 개혁을 하려다 보면 그만큼 위험 부담이 크고, 상처 입을 각오를 해야 합니다.

나무를 쪼개는 일도 쉬운 일 같아 보이지만, 힘이 들고 어려운 일입니다. 숙련된 기술이 아니면 장작으로 쓸 나무를 쪼개다가 나무가 사방으로 튀어 몸이 크게 다칠 수도 있습니다. 그렇다고 장작을 패지 않을 수도 없습니다. 장작을 미리 준비해 놓아야 긴 겨울밤을 따뜻하게 날 수 있기 때문입니다. 만약에 장작을 패는 일이 위험하다고 패지 않으면 몸은 편하고 위험은 피할 수 있어도 얼어 죽을 수 밖에 습니다. 그러므로 우리가 안정되게 생활하고 따뜻함을 누리려면 반드시 위험과 수고를 감수해야 합니다. 사람이 인생을 사는데 있어서 위험 부담이 없는 것은 하나도 없습니다. 모든 일에는 위험이 따르고 때로는 어려운 도전과 모험을 감행해야 합니다.

이것이 우리에게 신앙이 필요한 이유이기도 합니다. 우리가 하나님을 의지하고 예수님을 주인으로 모시고 살면 주님께서 모든 위험을 감당해 주십니다. 사람의 힘으로는 도전과 모험의 위험을 다 감당할 수는 없지만 전지전능하신 하나님은 크신 능력으로 우리를 지키시고 보호해 주십니다.

10절 철 연장이 무디어졌는데도 날을 갈지 아니하면 힘이 더 드느니라 오직 지혜는 성공하기에 유익하니라

아무리 좋은 도끼도 사용하기만 하고 갈지 않으면 결국 날이 무디어져서 사용하는데 애를 먹게 됩니다. 흔히 쓰는 부엌칼도 갈지 않고 쓰면 무 하나를 베려고 해도 힘이 드는 것입니다. 이것은 사람에게도 마찬가지입니다. 아무리 사람이 지혜와 지식이 많아도 공부를 계속하지 않으면 지혜와 지식이 무뎌집니다. 칼날을 날카롭게 가는 것처럼 항상 공부를 해야 가진 지혜와 지식을 더욱 폭넓게 사용할 수가 있습니다.

저는 특별히 자매님들에게 이것을 많이 강조합니다. 결혼한 자매님들이 살림을 하는 일에 바빠서 공부를 하지 않으면 남편과 대화가 안 됩니다. 왜냐하면 남편은 사회생활을 하면서 경쟁에서 지지 않기 위해 계속 공부합니다. 그래서 나날이 지성이 날카로워집니다. 반면에 아내들은 공부에서 점점 멀어지기 때문에 지성이 무뎌져 버립니다. 그러므로 자매님들도 틈틈이 신문도 보고 책도 읽으면서 관심 분야를 넓혀야 합니다. 그렇지 않으면 남편과의 대화는 물론 자녀를 교육하는데 애를 먹게 됩니다. 그리고 집안의 중요한 문제를 결정할 때도 남편은 날카로운 지성과 사회 경험을 바탕으로 조리 있게 말하는데 아내는 무슨 말인지도 못 알아듣고 눈만

껌뻑껌뻑하고 있으면 가정에 유익이 안 됩니다. 아내들이 자녀를 돌보느라 시간이 부족하고 집안일에 피곤해도 지식과 지혜를 갈아 놓으면 남편과 말이 잘 통하게 됩니다. 또 남편과 말이 잘 통하면 문제가 생겨도 서로 의논해서 좋은 해결책을 찾을 수 있습니다. 남편은 아내와의 대화가 답답하지 않아 재미가 있어서 좋고, 자녀들은 아빠엄마가 자유롭게 대화하는 화목한 모습을 보니 자녀교육에도 도움이 됩니다.

교회에서 구역장, 지역장 세미나를 하고 성경 공부를 반복해서 시키는 이유도 마찬가지입니다. 구역장, 지역장들이 배우는 일에 나태해지면 말씀을 전하는 능력이 없어집니다. 힘이 배로 듭니다. 인생은 끝없는 교육의 장입니다. 교회에서도, 가정에서도, 직장에서도 늘 공부하고 배워야 합니다. 특별히 주님께 쓰임 받기 원하는 사람은 더 많이 공부해야 합니다. 공부하지 않는 사람은 주님께서 쓰실 때 힘이 드는 것입니다.

11절 | 주술을 베풀기 전에 뱀에게 물렸으면 술객은 소용이 없느니라

고대 사회에는 피리를 불어 뱀을 마음대로 움직이게 하는 주술을 부리는 사람들이 있었습니다. 그런데 뱀을 제대로 간수를 못하면 피리를 불기도 전에 뱀에게 물려 낭패를 당하기도 했습니다. 따라서 무서운 독을 가진 뱀을 다루려면 만만의 준비가 필요하고 행동도 민첩해야 합니다.

마찬가지로 우리가 무슨 일을 할 때 아무리 좋은 기술을 가지고 있어도 제대로 준비하지 않고 민첩하게 행동하지 않으면 실패할 수밖에 없습니다. 만반의 준비를 하고 기민하게 움직이지 않으면 뱀과 같은 실패가 달려와서 물고 늘어지는 것입니다.

우리 교회가 큰 경기장에서 대성회를 열 때 보면 준비해야 할 것이 한두 가지가 아닙니다. 적어도 6개월 전부터 철저하게 준비합니다. 그리고 주차장 안내부터 좌석 배치, 당일 행사 진행에 이르기까지 만반의 준비를 합니다. 아무리 좋은 성회를 열어도 준비가 부족하면 일을 그르치고 맙니다.

하나님께서는 열심히 준비하는 사람에게 복을 주십니다. 그리고 모든 일에 만반의 준비를 하고 부지런한 사람이 하나님의 복을 받아 누릴 수 있습니다.

4. 어리석은 사람의 말과 행동(10:12-15)

¹²지혜자의 입의 말들은 은혜로우나 우매자의 입술들은 자기를 삼키나니 ¹³그의 입의 말들의 시작은 우매요 그의 입의 결말들은 심히 미친 것이니라 ¹⁴우매한 자는 말을 많이 하거니와 사람은 장래 일을 알지 못하나니 나중에 일어날 일을 누가 그에게 알리요 ¹⁵우매한 자들의 수고는 자신을 피곤하게 할 뿐이라 그들은 성읍에 들어갈 줄도 알지 못함이니라

12-13절 지혜자의 입의 말들은 은혜로우나 우매자의 입술들은 자기를 삼키나니 그의 입의 말들의 시작은 우매요 그의 입의 결말들은 심히 미친 것이니라

전도자는 지혜자의 말과 우매자의 말이 어떻게 다른지 살펴보았습니다. 지혜자는 은혜로운 말을 하지만, 우매자는 어리석은 말로 시작해서 미친 말로 끝나 버립니다. 그래서 결국 자기가 한 말 때문에 망하게 됩니다.

지혜의 근원이신 예수님의 말씀은 은혜롭습니다. 예수님의 말씀이 은혜롭다는 것은 듣는 사람의 마음이 그 말씀으로 인해 기쁨과 평안을 얻고 따뜻해진다는 것입니다. 그래서 예수님의 말씀을 들은 사람들은 시간 가는 줄도 모르고 그 말씀에 완전히 매료되었습니다. 또한 성령 충만한 말씀은 우리의 마음을 은혜로 가득 차게 합니다. 마음에 기쁨과 평안이 넘치고 믿음이 더욱 강해지게 만듭니다. 그러나 우매자의 말을 그렇지 않습니다. 그들은 자기를 삼키는 말을 합니다. 우매자는 사람들이 듣기에 창피한 말을 하고 어리석은 말을 하기 때문에 결국에는 미친 사람처럼 취급을 받게 됩니다. 하나님께서는 이러한 우매자를 미워하십니다. 우매자는 곧 하나님을 떠난 사람이기 때문입니다.

하나님을 알고 믿는 것이 지혜의 근원이고, 지식의 근본입니

다. 이 세상에서 예수님의 말씀대로 살고 복음을 전하며 사는 것이 가장 좋은 지혜입니다. 따라서 예수님을 믿는 사람의 말은 은혜롭고 천국으로 인도합니다. 모든 말이 예수님을 중심으로 하기 때문에 모든 사람들에게 어디에서 와서 어디로 가며 왜 사는지 그 이유와 목적을 분명히 가르쳐줍니다. 예수님을 믿고 예수님 안에서 하는 모든 말은 지혜로 넘칩니다. 그러나 예수님 없이 사는 사람들의 말은 시작도 없고 끝도 없습니다. 모든 말이 혼돈 속에 있으며 그 말들은 하는 사람이나 듣는 사람 모두를 멸망으로 인도합니다.

14절 | 우매한 자는 말을 많이 하거니와 사람은 장래 일을 알지 못하나니 나중에 일어날 일을 누가 그에게 알리요

우매한 사람은 아는 것이 많은 것처럼 말을 합니다. 열 가지 일이 생기면 열 가지 일을 다 간섭하고 다닙니다. 어리석은 사람은 자기가 제일 잘났다는 생각에 빠져 매사에 간섭하려고 듭니다. 쓰레기통을 보십시오. 온갖 것이 다 들어있습니다. 자기가 만물박사인 냥 떠드는 사람들의 말을 들어보면 쓰레기통에 들어 있는 것들처럼 쓸모 있는 말이 하나도 없습니다.

또한 장래 일을 안다고 떠들고 다니는 자는 참으로 어리석은 자입니다. 성경은 "너는 내일 일을 자랑하지 말라 하루 동안에 무

슨 일이 일어날는지 네가 알 수 없음이니라"(잠언 27:1)고 말씀합니다. 내일은 하나님의 손에 있습니다. 내일 일은 하나님께 맡겨 놓고 하루하루 하나님을 의지하며 사는 사람이 지혜자입니다.

15절 | 우매한 자들의 수고는 자신을 피곤하게 할 뿐이라 그들은 성읍에 들어갈 줄도 알지 못함이니라

우매자들은 아무리 수고하고 애를 써도 지혜롭지 못하게 일을 하기 때문에 고생만 할뿐 결국 성읍에 들어가지 못합니다. 여기서 성읍에 들어가지 못한다는 말은 수고한 대로 열매를 얻지 못하고 성공을 이루지 못한다는 말입니다. 성읍에 들어가야 많은 사람들을 상대할 수 있고, 장사도 더 잘되고, 명예도 얻을 수 있습니다. 그런데 우매자는 성읍에 들어갈 만한 지혜가 없기 때문에 고생만 할뿐 부와 명예, 권세 어느 것 하나도 얻지 못합니다. 사람들에게 인정도 못 받고 이익도 얻지 못합니다. 그러므로 우매자와 손을 잡으면 안 됩니다. 지혜로운 사람과 함께 일해야 합니다.

가장 지혜로운 분은 누구십니까? 바로 예수님이십니다. 예수님과 손잡고 예수님과 일해야 합니다. 그럴 때 우리가 인생에서 성공을 거두고, 머리가 되고 꼬리가 되지 않습니다. 위에 있고 아래에 내려가지 않고 남에게 꾸어줄지언정 꾸지 않습니다.

5. 지도자의 자질 (10:16-20)

16 왕은 어리고 대신들은 아침부터 잔치하는 나라여 네게 화가 있도다 **17** 왕은 귀족들의 아들이요 대신들은 취하지 아니하고 기력을 보하려고 정한 때에 먹는 나라여 네게 복이 있도다 **18** 게으른즉 서까래가 내려앉고 손을 놓은즉 집이 새느니라 **19** 잔치는 희락을 위하여 베푸는 것이요 포도주는 생명을 기쁘게 하는 것이나 돈은 범사에 이용되느니라 **20** 심중에라도 왕을 저주하지 말며 침실에서라도 부자를 저주하지 말라 공중의 새가 그 소리를 전하고 날짐승이 그 일을 전파할 것임이니라

16절 왕은 어리고 대신들은 아침부터 잔치하는 나라여 네게 화가 있도다

나라가 잘되려면 좋은 지도자가 있어야 합니다. 그리고 지도자 주변의 사람들이 지도자를 잘 보필해야 합니다. 예로부터 나이가 어린 왕자가 왕이 되면 나라가 어지러워졌습니다. 지도자가 나이가 어리면 지혜와 리더십에 있어서 미숙하기 때문입니다. 지도자는 지혜가 있어야 하고 풍부한 경험을 바탕으로 한 세대를 잘 이끌어 나갈 수 있는 자질이 충분해야 합니다. 미숙한 지도자가 아첨만 일삼는 주위 사람들의 말만 듣고 따라가면 나라가 망하는 것입니다. 지도자를 잘 보필하고 나랏일을 성실히 수행하는 일꾼들이 있으면 나라가 잘되지만, 지도자에게 아부만 일삼고 부정부패를 저지르는 사람들이 지도자를 둘러싸면 나라는 망하게 되어 있습니다. 그러므로 나라가 잘되려면 성숙한 지도자와 지혜롭게 지도자를 돕고 따르는 훌륭한 무리가 반드시 있어야 합니다.

지도자에게 무엇보다 더욱 필요한 것은 하나님을 두려워할 줄 아는 마음입니다. 하나님을 두려워하고, 하나님의 뜻을 알기 위해 기도하고, 하나님의 도우심을 바라는 사람이 지도자가 되어야 합니다. 지도자가 기도할 때 성령께서 마땅히 행할 바를 하나하나 지시해 주시고 인도해 주시기 때문에 그러한 지도자가 있는 나라는

복 받은 나라입니다.

또한 하나님께로부터 지혜를 얻지 못하는 사람은 지도자가 될 수 없습니다. 하나님의 지혜가 없이 사람의 지혜로 사회를 바꾸려고 들면 백성들은 고통을 당할 수밖에 없습니다. 하나님의 뜻을 모르고 사람의 생각으로만 나라를 경영하려고 들면 나라는 반드시 혼란에 빠지게 됩니다. 왜냐하면 사람은 장래 일을 알지 못하고 장래 일은 하나님의 손에 있기 때문입니다.

17절 | 왕은 귀족들의 아들이요 대신들은 취하지 아니하고 기력을 보하려고 정한 때에 먹는 나라여 네게 복이 있도다

전도자는 복된 나라에 필요한 지도자들과 일꾼들에 대해서 말합니다. 한 나라의 왕이 귀족들의 아들이고, 대신들은 술에 취해 힘을 허튼 일에 쓰지 않고 자기를 잘 관리할 줄 알면 그 나라는 복을 받은 것입니다. 여기서 귀족을 아들이라는 것은 단지 신분을 말하는 것이 아닙니다. 당시 귀족들의 훌륭한 교육을 받고 인간관계의 예절에 대해 잘 배운 사람들입니다. 따라서 한 나라의 왕이 귀족이라면 나라를 경영하기 위해 충분한 교육을 받은 사람이고 인간관계를 잘 할 수 있는 사람일 것입니다. 그리고 대신들이 방탕하게 생활하지 않고 절제 있는 생활을 한다면 왕이 나라를 다스리는 데

에 훌륭한 조력자가 될 수 있습니다. 그러나 대신들이 술 취하고, 방탕하게 생활하고, 먹고 마시는 일에만 힘을 다 쏟으면 나라의 일을 온전히 맡아볼 수 없습니다. 그러한 대신들이 있으면 나라는 엉망이 되고 말 것입니다.

그런데 전도자는 백성들에 대해서는 말하고 있지 않습니다. 나라의 흥망성쇠는 지도자와 지도자를 돕는 관리들에게 가장 큰 책임이 있기 때문입니다. 지도자와 관리들이 좋으면 나라는 흥합니다. 그러나 지도자와 관리가 나쁘면 나라는 망합니다. 그래서 우리 믿는 사람들은 항상 훌륭한 지도자와 관리들이 세워지도록 기도해야 합니다.

18절 | 게으른즉 서까래가 내려앉고 손을 놓은즉 집이 새느니라

사람이 집을 아무리 크고 훌륭하게 지었어도 그 후에 손을 놓고 있으면 서까래가 내려앉고 비가 샙니다. 집을 아무리 튼튼하게 지어놨어도 세월이 흘러 비바람을 맞으면 집도 병이 듭니다. 따라서 주인은 부지런히 집 안팎을 살펴보고 보수할 부분이 있으면 미루지 말고 고쳐야합니다. 그러면 집안 구석구석이 항상 새롭게 되고 평안하게 생활할 수가 있습니다. 그러나 게으른 주인은 집이 무너져가는데도 손을 놓고 세월과 환경만 탓합니다. 세월이 흐르고 비

바람이 몰아치는 것은 사람이 어찌할 수 없는 일입니다. 그러나 주인은 집을 잘 보수해서 가족이 평안한 가운데 살게 할 책임이 있습니다.

　이처럼 우리 믿는 한 사람 한 사람이 국가의 허물어진 부분을 보수하고 하나님께 도우심을 구하면 모든 국민이 평안을 누리며 살 수 있습니다. 자연도 마찬가지입니다. 하나님께서 주신 아름다운 자연을 잘 보호하고 보존하면 우리는 그 안에서 평안하고 건강한 삶을 살 수 있습니다. 따라서 사람을 바르게 교육시키는 것이 무엇보다 중요합니다. 항상 맡은 일에 충성되고 부지런한 사람, 나라와 민족의 무너진 곳을 살펴 보수할 수 있는 있는 사람을 길러야 합니다. 세계 역사를 보면 영원한 강대국은 없습니다. 흥망성쇠를 거듭합니다. 하지만 하나님을 경외함으로 기도하고 부지런히 나라와 민족을 돌볼 줄 아는 일꾼이 있으면 그 나라의 장래는 밝고 비전이 있습니다.

19절 | 잔치는 희락을 위하여 베푸는 것이요 포도주는 생명을 기쁘게 하는 것이나 돈은 범사에 이용되느니라

사람들은 기쁜 일이 있거나 축하할 만한 일이 있으면 잔치를 엽니다. 그리고 잔치는 사람들의 기분을 좋게 만듭니다. 또 당시 이스라엘의 잔치에는 포도주가 빠지지 않았습니다. 사람들은 포도주를 마시면서 일상에 쌓였던 긴장과 스트레스를 풀고 즐거움을 찾았습니다. 그러나 잔치는 계속 되지 못합니다. 매일 잔치를 벌일 수는 없습니다. 포도주도 마찬가지입니다. 포도주를 마시고 취하면 세상 근심이 사라지고 세상살이에 흥이 나는 것 같지만, 일단 술기운이 사라지면 근심도 그대로 있고 고된 세상살이도 여전하다는 것을 알게 됩니다.

그래서 잔치나 포도주로 잠깐 삶을 즐겁게 하는 것보다 중요한 것이 바로 돈입니다. 돈은 모든 생활에 유용하게 쓰입니다. 돈은 다시 말하면 경제력입니다. 사람이 경제력을 가지고 있어야 헐벗고 굶주리고 절망스런 생활을 피할 수가 있습니다. 한 번 잔치나 술은 잠시잠깐 세상일을 잊게 해 줄 뿐이지만 경제력은 안정된 삶을 살도록 해 줍니다.

하나님도 사람의 경제력을 중요하게 생각하십니다. 우리 예수 믿는 사람들이 궁핍하게 살면서 남에게 손 벌리고 사는 것을 하나님은 기뻐하지 않으십니다. 하나님께 영광이 안 되는 것입니다. 하나님께서 우리 인간을 창조하시기 전에 먼저 인간이 살 수 있는 모든 환경을 마련해 주셨습니다. 사람을 지으시고 난 다음에 허겁지겁 사람이 살 수 있는 환경을 만드시지 않았습니다. 하나님께서는 구원 받은 백성들이 이 세상에서 충분히 안정된 삶을 살기 원하시는 것입니다. 먼저 그의 나라와 그의 의를 구하는 하나님의 백성들에게 복을 내려 주서서 꾸어줄지라도 꾸지 않게 하십니다.

현대사회에서 경제력이 없으면 사람다운 삶을 살 수가 없습니다. 삶이 피폐해지고 마음은 좌절감에 빠지고 인간관계에서 비굴해집니다. 사람들에게 무시당하고 정당한 대우를 받을 수 없습니다. 어떤 사람들은 예수 믿는 사람은 가난해져야 한다고 주장합니다. 이것은 사탄의 속임수입니다. 예수 믿는 사람이 가난해져서 항상 무시당하고, 힘이 없어서 아무 일도 못하고 있으면 이 세상에 하나님의 나라를 확장할 수 없습니다. 예수 믿는 사람들이 경제력이 있을 때 하나님의 나라를 위해 하나님의 뜻대로 물질을 사용할 수 있습니다. 헐벗고 굶주린 이웃들을 돕고 세계 만국에 나가 복음을 증거하려면 경제력이 꼭 필요합니다.

예수 그리스도를 구주로 영접하고 구원함을 얻어 영혼이 잘되면 하나님께서 범사가 잘되고 강건하도록 축복해 주십니다. 우리는 그러한 축복을 마땅히 받아 누릴 자격이 있습니다. 부요하게 되는 것이 부끄러운 일이 아닙니다. 부요하나 가난하나 하나님의 뜻대로 살지 않는 것이 부끄러운 것입니다.

제가 하나님을 믿으면 복을 받는다고 가르친다고 해서 기복신앙이라고 비판하는 사람들이 있었습니다. 어리석은 말입니다. 예수 믿는 사람이 하나님께 복 받는 것은 창세기부터 계시록에 이르기까지 모든 성경이 말씀하고 있습니다. 하나님의 창조물인 우리가 하나님께 축복을 구하지 않으면 누구에게 축복을 구하겠습니까? 이 세상에서 영적인 것뿐만 아니라 물질적으로도 하나님께 복을 받아 하나님의 영광을 위해 사는 것이 가장 영광스런 삶이라는 것을 잊지 마시기 바랍니다.

20절 심중에라도 왕을 저주하지 말며 침실에서라도 부자를 저주하지 말라 공중의 새가 그 소리를 전하고 날짐승이 그 일을 전파할 것임이니라

우리나라 속담에 "낮말은 새가 듣고 밤말은 쥐가 듣는다."는 말이 있습니다. 전도자도 이 속담처럼 남에 대해 이야기하는 일을 주의하라고 말합니다. 특별히 남을 저주하고 욕하는 말은 반드시 당사자의 귀에 들어가게 되어 있습니다. 내가 아무리 말하는 사람에게 말을 옮기지 말라고 해도 저주하는 말, 욕하는 말은 어떻게든 반드시 전달되기 때문에 하지 말아야 합니다.

그런데 전도자는 특별히 왕이나 부자에 대해서 저주하는 말을 하지 말라고 경고합니다. 왜냐하면 왕에게는 정치적인 권력이 있고, 부자에게는 경제적인 권력이 있기 때문입니다. 우리는 이 세상에서 정치권력과 경제 권력의 영향을 받고 삽니다. 그래서 왕이나 부자를 저주하면 결국에는 우리가 정치적으로 또는 경제적으로 어려움을 당하고 큰 손실을 볼 수 있습니다. 물론 권력자들이 잘못

한 일이 있을 때 정당한 비평을 하는 것은 옳지만 이유 없이 저주하고 욕을 하고 시기질투를 하면 화를 자초하는 것입니다. 우리 믿는 사람들은 특별히 정치와 경제 분야에서 일하는 사람들을 위해 많이 기도해야 합니다. 정권이 바로서야 나라가 흔들리지 않고, 경제가 잘 돌아가야 나라가 부강해질 수 있습니다. 이 두 가지가 무너지면 나라가 무너집니다.

우리 믿는 사람들은 항상 하나님께 기도하는 일을 쉬지 말고 긍정적이고 창조적인 말을 해야 합니다. 우리의 기도를 통해 하나님께서 우리나라의 정치와 경제를 붙들어 주십니다. 우리가 기도하지 않고 부정적이고 파괴적인 말을 하면 나라가 위태로워집니다. 또한 하나님을 의지해 살면서 하나님의 말씀 붙잡고 나아갈 때 우리 삶에 평안과 기쁨이 넘치게 된다는 것을 잊지 않는 여러분 되시기를 바랍니다.

Chapter 11

지혜로운 삶

1. 믿음의 모험(11:1-8)
2. 즐거운 인생(11:9-10)

전도자는 믿음에 대해 말합니다. 사람이 살면서 행하는 일들에 대한 결과를 다 예측할 수 없습니다. 또 그 노력에 따른 이익도 보장받을 수 없습니다. 그러나 믿음의 사람은 모험을 감행할 줄 아는 사람입니다. 그리고 사람이 믿음으로 행할 때 하나님은 반드시 믿음의 열매를 거두게 하십니다. 또한 주어진 삶에 최선을 다하며 마음에 즐거움을 얻는 일을 하되 하나님의 심판이 있음을 잊지 말고 선을 행해야 합니다.

1. 믿음의 모험 (11:1-8)

1너는 네 떡을 물 위에 던져라 여러 날 후에 도로 찾으리라 2일곱에게나 여덟에게 나눠 줄지어다 무슨 재앙이 땅에 임할는지 네가 알지 못함이니라 3구름에 비가 가득하면 땅에 쏟아지며 나무가 남으로나 북으로나 쓰러지면 그 쓰러진 곳에 그냥 있으리라 4풍세를 살펴보는 자는 파종하지 못할 것이요 구름만 바라보는 자는 거두지 못하리라 5바람의 길이 어떠함과 아이 밴 자의 태에서 뼈가 어떻게 자라는지를 네가 알지 못함 같이 만사를 성취하시는 하나님의 일을 네가 알지 못하느니라 6너는 아침에 씨를 뿌리고 저녁에도 손을 놓지 말라 이것이 잘 될는지, 저것이 잘 될는지, 혹 둘이 다 잘 될는지 알지 못함이니라 7빛은 실로 아름다운 것이라 눈으로 해를 보는 것이 즐거운 일이로다 8사람이 여러 해를 살면 항상 즐거워할지로다 그러나 캄캄한 날들이 많으리니 그 날들을 생각할지로다 다가올 일은 다 헛되도다

1절 | 너는 네 떡을 물 위에 던져라 여러 날 후에 도로 찾으리라

전도자는 하나님의 섭리 안에서 믿음으로 사는 것에 대해 여러 가지 예를 들어 설명합니다. 먼저 떡을 물 위에 던지면 여러 날 후에 다시 찾게 된다고 말합니다. 그러나 음식을 물에 던지면 음식을 먹을 수 없게 되고 물속에서 썩어 버립니다. 다시 찾을 수 없습니다. 상식적으로 이해가 되지 않는 행동입니다. 그런데 물에 던진 음식은 물고기의 밥이 됩니다. 그리고 사람은 물고기를 잡아서 식탁에 올립니다. 이처럼 물에 음식을 던지는 것이 무의미한 행동을 한 것 같지만 결국 그 행동의 열매를 찾게 됩니다.

이것은 하나님의 섭리를 말해줍니다. 하나님께서 하시는 일은 언제나 돌고 도는 물레방아와 같습니다. 나에게서 시작된 일이 돌고 돌아 다시 나를 찾아옵니다. 마치 땅에서 올라간 수증기가 다시 비가 되어 땅을 적시는 것과 마찬가지입니다. 그러므로 우리가 아무 일도 하지 않고 가만히 있으면 아무 것도 돌아오지 않고 심지 않으면 거둘 수 없습니다.

우리 인생에 우연과 요행은 있을 수 없습니다. 우리가 심은 그대로 거두게 되고, 조상대에 심어 놓은 것이 후손에게 돌아오는 것입니다.

제가 미국 교회에 부흥회를 갔을 때 일입니다. 설교를 마치고 성도들과 교제할 때 여러 명의 할머니들이 제게 와서 이 구절을 인

용하며 이런 이야기를 했습니다. 할머니들은 젊었을 때 성경의 가르침대로 물 위에 음식을 던지는 것처럼 선교 헌금을 많이 냈다고 합니다. 선교사들이 어디에 가서 어떻게 쓰는지도 몰랐지만 믿음으로 선교 헌금을 드렸는데, 세월이 흘러서 저와 같은 동양인들이 서양 선교사들에게 복음을 듣고 다시 자기 나라에 와서 말씀을 전하는 것을 보니 그 말씀대로 되었다는 것입니다.

이처럼 이 말씀은 복음 전파 사역에도 동일하게 적용이 됩니다. 우리는 물 위에 음식을 던지는 것처럼 오직 믿음으로 선교 사역을 위해 헌금하고 헌신합니다. 그러나 그러한 헌금과 헌신이 사라지지 않고 많은 열매를 맺습니다. 많은 사람이 구원을 받고 돌아와 간증하고 복음을 위해 헌신합니다. 우리 교회도 아프리카 원주민들을 위해 선교사를 파송하고 교회를 세워서 복음을 심었더니 그들이 구원 받고 하나님의 자녀가 되었습니다. 그리고 우리 교회를 방문해서 하나님 앞에 찬양을 드리고 간증하는 모습을 볼 수 있습니다.

2절 | 일곱에게나 여덟에게 나눠 줄지어다 무슨 재앙이 땅에 임할는지 네가 알지 못함이니라

우리가 일생을 살면서 곤경이나 환란이 없다고는 볼 수 없습니다. 그럴 때 우리는 도움을 받을 수밖에 없습니다. 우리를 도와주는 사람은 평소에 우리가 선을 베푼 사람들입니다. 평소에 악을 베풀어 놓으면 어려움을 당할 때 도와줄 사람이 아무도 없습니다. 도리어 좋아하며 박수를 칠 것입니다. 평소에 주위 사람들에게 선을 베푸십시오. 내가 도움이 필요할 때 그 사람들이 도와줍니다. 심은 대로 거두게 되는 것은 하나님의 법칙입니다. 물론 선을 베풀 때 대가를 기대하기 때문에 베푼다기보다 하나님께 받은 축복과 은혜를 나누는 것이 우리 믿는 사람들이 할 일이기도 합니다.

그러므로 우리가 선을 베풀 수 없을 때는 모르겠지만 선을 베풀만한 힘이 있을 때 부지런히 주위 사람들과 이웃들에게 선을 베푸시기 바랍니다. 그러면 우리가 나눈 축복과 은혜가 자연스럽게 열매가 되어 돌아오게 되어 있습니다. 우리가 베푼 선이 돌아와 곤경과 환란의 날에 외롭지 않게 됩니다. 또한 붙들어 주고 건져 주기 때문에 부끄러움을 당하지 않게 됩니다. 나 혼자만 살겠다는 사람은 나도 못 살고 남도 못 살립니다. 선을 베풀며 함께 잘살겠다고 하는 사람은 나도 살고 남도 잘살게 만들어 줍니다.

3절 | 구름에 비가 가득하면 땅에 쏟아지며 나무가 남으로나 북으로나 쓰러지면 그 쓰러진 곳에 그냥 있으리라

전도자는 우리가 자주 보는 자연 현상을 가지고 하나님께서 행하

시는 일들을 설명합니다. 먼저 구름에 비가 가득하면 땅에 쏟아진다고 말합니다. 이것은 누구나 다 아는 사실입니다. 비를 가득히 머금은 구름은 더 이상 버티지 못하고 결국 땅에 쏟아 놓게 됩니다. 그런데 이것은 우리의 기도를 하나님께서 응답해 주시는 것을 상징적으로 말해줍니다. 우리가 기도를 하는 것은 수증기가 하늘로 올라가는 것과 한 가지입니다. 우리가 기도하면 기도의 증기가 하늘에 쌓여 구름을 만듭니다. 그리고 쉬지 않고 지속적으로 기도하면 큰 구름이 되고, 구름이 기도의 수증기를 더 이상 머금고 있을 수 없게 되면 비가 되어 내리는 것처럼 하나님의 응답이 땅에 떨어지는 것입니다. 하나님의 놀라운 축복과 은혜가 단비가 되어 쏟아지는 것입니다.

우리 민족이 지금은 남북으로 갈라져 있지만 우리 믿는 사람들이 통일을 위해서 계속 기도해야 하는 이유가 여기에 있습니다. 남북통일을 위해서 계속 기도하다 보면 우리의 기도를 가득히 머금은 구름이 곧 응답의 단비가 되어 우리 민족 위에 떨어질 것입니다. 응답의 단비가 순식간에 쏟아질 것입니다. 그러면 우리는 평양을 지나 함경도 북청까지 이르러 부흥회를 열 수 있습니다.

그런데 기도의 수증기는 올려 보내지 않고, 원망과 불평으로 '언제나 복을 받는다는 말인가……' 라고 탄식하면서 하늘만 쳐다보고 있으면 절대로 축복의 단비가 쏟아지지 않습니다. 범사에 감사하고 쉬지 말고 기도하다 보면 반드시 하나님께서 축복과 은혜의 단비를 쏟아부어 주십니다.

또한 전도자는 나무가 남으로나 북으로나 쓰러지면 쓰러진 그대로 남게 된다고 말합니다. 나무는 큰 바람이 불면 뿌리가 뽑혀서 쓰러집니다. 뿌리가 뽑혀 한 번 쓰러져 버린 나무는 그대로 생명을 잃은 채 스스로 일어서지 못합니다. 이것은 하나님의 심판에 대해 말하는 것입니다. 하나님의 진노가 개인이나 사회, 그리고 국가에 임해서 뿌리부터 뽑혀지면 다시 일으켜 세울 자가 아무도 없습니다. 다른 방향으로 옮길 수도 없습니다. 아무리 능력이 많은 사람이나 강대국이라 할지라도 하나님께서 진노의 바람을 보내 뿌리째 뽑아서 쓰러지게 하시면 그대로 끝이 나는 것입니다.

하나님을 거역한 공산주의 국가들을 보십시오. 한번 쓰러져 버리고 나니 아무리 힘을 써도 다시 일어설 수가 없습니다. 교회를 박해하고 동포들을 굶어 죽게 놔두는 북한 공산당도 하나님의 바람을 맞으면 그대로 뽑혀서 다시는 일어서지 못할 것입니다. 아무리 강한 무기를 만들어 다른 나라들을 대적할지라도 하나님의 바람을 당할 수가 없습니다.

하나님께서 일하시면 피조물인 인간이 아무리 저항해도 소용이 없습니다. 막을 자가 없습니다. 그러므로 오직 하나님을 경외하고 높여 드리는 삶을 살아야 합니다.

4절 | 풍세를 살펴보는 자는 파종하지 못할 것이요 구름만 바라보는 자는 거두지 못하리라

온 우주만물을 다스리시는 분은 하나님이십니다. 모든 것이 하나님의 손에 달려 있습니다. 사람은 장래 일을 알 수도 없고 마음대로 바꿀 수도 없습니다. 하지만 그것을 핑계로 아무 일도 하지 않고, 미루고만 있으면 안 됩니다. 농부가 바람이 불 것을 걱정하면서 씨를 뿌리지 않는다면 농사를 지을 수 없습니다. 비가 와서 뿌려놓은 씨앗을 다 쓸어 내릴까 두려워하고만 있으면 역시 때를 놓쳐 한 해 농사를 망치게 됩니다.

저는 어렸을 때 시골에서 자랐기 때문에 농사짓는 것을 많이 봤습니다. 열네 살이 될 때까지 시골에서 밭 갈고, 김매고, 고구마 캐고, 메뚜기 잡고 지냈습니다. 그동안은 기차 구경, 바다 구경을 한 번도 못했습니다. 지금 돌아보면 그때 시골에서 보낸 것이 설교할 때 도움이 많이 됩니다. 도시에서만 자랐다면 성경에 농사에 관한 비유가 나와도 별로 실감을 하지 못했을 것입니다.

이렇게 시골에서 자라면서 농사일을 많이 해보아서 압니다만, 농부는 날씨에 굉장히 예민합니다. 파종할 때 바람이 불고 비가 오면 절대로 파종할 수가 없습니다. 그러나 날씨만 걱정하면서 파종하기 딱 좋은 날이 오기만을 기다리고 있으면 한 해가 다 가 버리

고 마는 것입니다. 지혜로운 농부는 마냥 걱정만 하고 파종 때를 기다리지 않습니다. 오랜 경험으로 날씨를 잘 알기 때문에 적당한 때에 파종을 하여 열매를 풍성히 거두는 것입니다.

이것은 우리 신앙생활에서도 마찬가지입니다. 항상 기도하고 성령님의 인도하심을 받는 사람은 하나님의 때를 분별하고 그 때에 맞춰 일하기 때문에 많은 열매를 거둘 수 있습니다. 하나님의 때를 분별하지 못하고 걱정만 하면서 일을 시작하지 못하고 미루고만 있으면 믿음의 농사를 망칩니다.

우리가 하나님의 뜻을 행할 때 하나님의 때를 알고 하는 것만큼 중요한 것이 없습니다. 하나님의 때가 되면 성령께서 우리 마음을 끓어오르게 하십니다. 하나님의 뜻을 행하고자 하는 뜨거운 소원을 주십니다. 성경은 "너희 안에서 행하시는 이는 하나님이시니 자기의 기쁘신 뜻을 위하여 너희에게 소원을 두고 행하게 하시나니"(빌 2:13)라고 말씀했습니다. 불타는 소원을 주실 때가 하나님의 일을 실행에 옮겨야 할 때입니다. 이렇게 하나님의 때에 맞게 일을 하면 하나님께서 복을 주셔서 많은 열매를 맺게 하십니다.

때로는 불타는 소원은 받았지만 환경이 따라오지 않을 때도 있습니다. 그럴 때는 더욱 열심히 기도하고 간절히 기다리면 그 소원이 하나님으로부터 온 소원인지 아닌지 분별이 됩니다. 그리고 그 소원이 하나님의 뜻이 맞는다면 하나님께 반드시 환경을 열어주십니다. 처음에는 희미해도 하나님의 뜻을 붙잡고 계속 기도하면 마음의 소원과 환경이 맞아떨어지게 됩니다. 그리고 그러한 과정 속에서 인간적인 소원, 마귀의 소원은 다 사라지게 됩니다. 오직 하나님의 소원만이 점점 불타오르게 됩니다.

5절 바람의 길이 어떠함과 아이 밴 자의 태에서 뼈가 어떻게 자라는지를 네가 알지 못함 같이 만사를 성취하시는 하나님의 일을 네가 알지 못하느니라

전도자는 바람이 부는 것과 어머니의 복중에 있는 아이를 예로 들어 하나님의 하시는 일을 사람이 다 헤아릴 수 없음을 말합니다. 먼저 사람은 바람이 불어 오고가는 것을 알지 못합니다. 물론 지금은 과학이 발달해서 바람은 고기압에서 저기압으로 분다는 것을 압니다. 그리고 바람의 길을 예측해서 일기예보를 합니다. 그러나 틀리는 날이 많습니다. 여름에 대기가 불안정할 때 기상대 말만 믿었다가는 낭패를 볼 때가 많습니다. 아무리 과학이 발달해도 그것을 참고만 할 수 있을 뿐이지 바람이 오고가는 길을 정확히 알 수는 없습니다. 이렇듯 하나님께서 하시는 일도 마찬가지입니다. 하나님께서는 하늘에서 우리가 하는 일을 주관하십니다. 땅에 있는 우리가 하늘에 계신 하나님께서 하시는 일을 정확히 예측하거나 주관할 수 없습니다.

또한 사람은 어머니의 복중에 있는 태아의 뼈가 어떻게 자라는가를 알지 못합니다. 물론 이것도 과학이 발달해서 오늘날 우리는 태아의 뼈도 볼 수 있고 생긴 것도 대략 알 수 있습니다. 그러나 신기하게도 똑같은 하얀 밥에 빨간 김치를 먹는데 어떻게 어떤 것은 까만 머리카락이 되고, 어떤 것은 하얀 치아가 되는지 사람이 알수 없습니다. 어머니의 물렁한 배에서 어떻게 태아의 딱딱한 뼈가 만들어지는 알 수가 없는 것입니다.

분명한 것은 하나님께서 그렇게 되도록 명령해 놓으셨다는 것입니다. 하나님께서 어머니가 먹은 영양분이 태아의 신체 중 어느 한 부분으로만 가지 않고 골고루 나누어 전달되도록 만들어 놓으셨습니다. 그 쓰임새에 맞게 자라도록 해놓으셨습니다. 영양분이 태아의 한 부분으로만 가서 눈만 크게 자라거나 발만 크게 자라거나 하지 않게 하셨습니다. 하나님께서 아기의 신체 부위가 균형에 맞게 자라도록 설계해 놓으셨습니다.

저는 결혼해서 제 자식을 낳기 전까지는 아기들을 그렇게 좋아하지는 않았습니다. 출산한지 얼마 되지 않은 집에 심방을 갔을 때 엄마아빠가 자꾸 아기를 보라고 하면 사실 저는 속으로 귀찮았었습니다. 그런데 제가 아이를 낳고 보니 어찌나 예쁘고 신기한지 한시도 눈을 뗄 수가 없었습니다. 그리고 아기를 보면 가장 신기한 것이 막 태어난 아기가 먹어야 사는 것을 어떻게 아는지 젖을 필사적으로 빨아 먹습니다. 입을 오물오물하면서 결사적으로 먹어대는 것입니다. 그런 것을 보면 참으로 신기합니다.

이처럼 하나님의 하시는 일은 참으로 신기합니다. 과학적으로 다 증명할 수는 없지만 하나님의 섭리라는 것을 우리는 믿음으로 알 수 있습니다. 그러므로 하나님께서 하시는 일에 대해서는 우리가 믿고 맡기는 도리밖에 없습니다. 눈에는 아무 증거 안 보이고, 귀에는 아무 소리 안 들리고, 손에는 잡히는 것 없어도 주님의 말씀을 믿고 하나님께 맡겨 버리는 것입니다.

신앙이 약할수록 질문을 많이 합니다. 예수를 믿는데 왜 고난이 오고, 예수를 믿는데 왜 일이 잘 안 되고, 예수를 믿는데 왜 아프냐며 자꾸 묻고 또 묻습니다. 그러나 하나님을 믿는 믿음이 강해지면 강해질수록 질문이 적어집니다. 믿고, 믿은 대로 전진합니다. 하나님을 사랑하는 자들의 삶은 모든 것이 합력하여 선을 이룬다는 것을 믿기 때문입니다. 항상 기도하고 쉬지 말고 기도하고 범사에 감사하면서 기쁨으로 나아가십시오. 그러면 하나님의 놀라운 축복을 경험할 수가 있습니다.

제가 신학교 졸업반이던 해, 경상남도 김해 맥도라는 곳에 있는 교회에서 부흥회를 인도한 적이 있습니다. 50여명 정도의 성도들이 모이는 교회였는데, 전도사가 돼서 처음으로 인도하는 부흥회인지라 신바람이 나고 패기가 넘쳤습니다. 그러나 일주일이라는 부흥회 기간 동안 얼마나 혼이 났는지 모릅니다. 새벽, 낮, 저녁으로 하루에 세 번씩 집회를 인도했는데 하루 이틀이 지나니까 더 이상 할 말이 없었습니다. 창세기부터 계시록까지 다 읽어 봐도 할 말이 떠오르지 않았습니다.

그런데 모든 집회에 빠지지 않고 참석하는 할머니 한 분이 있었습니다. 새벽, 낮, 밤 집회에 꼬박꼬박 나와서 제가 한마디 하면 아멘을 "안면! 안면!"이라고 잘못 발음하면서도 열심히 들었습니다. 그래서 그 할머니만 보고 설교를 했는데 열심히 듣는 모습에 위로도 되고 보람도 있었습니다.

그런데 토요일 저녁 집회를 인도하고 있는데 할머니가 보이지 않았습니다. 아침에만 나오고 점심때도 안 보이더니 저녁때도 나오지를 않았습니다. 그래서 저는 속으로 '내가 설교를 못하니까 이제 할머니도 안 나오는구나…….'라고 생각을 하고 굉장히 낙심을 했습니다. 그래서 풀이 죽어 설교를 하는데 설교 끝날 때 즈음에 바깥에서 웅성웅성하는 소리가 나더니 할머니가 아들 등에 업혀서 오는 것이었습니다. 그리고 그 뒤를 며느리와 손자손녀들이 줄줄이 따라 들어왔습니다.

저는 무슨 일인가 하고 기도를 해 주러 내려가서 물어봤더니 할머니가 낮에 밭일을 하느라 낮 집회에 못 와서 일을 마치고는 저녁을 서둘러 먹고 교회에 오려다가 그만 언덕에서 굴러 다리가 부러졌다는 것이었습니다. 그래서 아들과 며느리가 할머니를 뼈 맞추는 곳에 데려다가 뼈를 맞추고 나무 널빤지를 대서 붕대로 감아 놓았는데, 그래도 기어이 교회를 가야한다고 해서 모시고 나왔다는 것이었습니다.

저는 그 사연을 듣고 기도를 해 주는데 속으로 '내가 얼마나 은혜가 없었기에 내 부흥회 참석하는 사람이 다리가 부러졌나……' 라는 생각이 들었습니다. 그리고 할머니가 부흥회 나와서 은혜 받으려고 하는데 왜 다리가 부러지느냐고 물을까 봐서 기도를 할 때 "하나님 뜻대로 못 살면 다리도 부러질 수도 있고, 하나님이 시험해 보기 위해서 다리를 부러지게 할 수도 있고……." 라는 말들로 기도를 다 채워 넣었습니다. 그런데 기도가 끝나자 할머니가 제 손을 꼭 잡더니 "아이구, 고마워요. 내가 언덕에서 뒹굴다가 목이 부러졌으면 죽었을 텐데, 다리가 부러진 것이 고마워요."라고 말했습니다. 제가 그 말을 듣는데 사람이 다리가 부러졌으니 불행하면 불행하다고 말해야지 고맙기는 뭐가 고맙다고 그러는지 속으로 화가 났습니다. 숙소에 돌아와서도 할머니가 "하늘님 고마워요. 하늘님 고마워요." 하는 말이 자꾸 생각나서 또 화가 났습니다. 교회 나오다가 불행을 당했으니 하나님을 원망해야지 예수를 믿어도 참 이상하게 믿는다고 생각을 했습니다. 그때는 제가 신학교 다니는 학생이었기 때문에 경험도 없고 깨달음도 없어서 그랬습니다. 그리고 할머니는 마지막 집회까지 아들 등에 업혀 나와서 다 참석을 하고 그 틈에 손자손녀, 며느리도 나와서 참석을 했습니다.

그리고 3년쯤 지났을 때 부산 어느 교회에서 부흥회를 인도하는데 낯이 익은 할머니가 아는 척을 해서 봤더니 그 시골 할머니였습니다. 할머니가 또 제 손을 잡고 "고마워요. 고마워요." 하면서 "제가 그때 다리가 부러지는 바람에 아들 내외랑 손자손녀가 저를 교회에 데리고 나온다고 나왔다가 다 예수 믿고 구원받았습니다. 그 후로 예수 잘 믿고 신앙생활 열심히 하니까 하나님이 복을 주셔서 지금은 부산에 나와서 장사를 하는데 장사도 잘돼서 온 식구가 잘 살고 있습니다."라고 말하는 것이었습니다. 그래서 제가 그때 하나님께서 하시는 일을 사람이 다 알 수가 없다는 것을 확실히 깨달았습니다. 범사에 감사하고 믿음으로 사는 사람은 하나님께서 모든 것이 합력하여 선을 이루게 해 주시고 다 책임져 주십니다.

6절 | 너는 아침에 씨를 뿌리고 저녁에도 손을 놓지 말라 이것이 잘 될는지, 저것이 잘 될는지, 혹 둘이 다 잘 될는지 알지 못함이니라

전도자는 게으름을 경계합니다. 농부가 아침에 씨를 뿌렸다고 해서 저녁에 쉴 수 있는 것이 아닙니다. 씨를 뿌리고 나서 할 일이 더 많이 있습니다. 그리고 한 가지 씨만 뿌릴 것이 아니라 다른 씨도 뿌려서 수확할 때에 많은 것을 거두도록 해야 합니다. 씨를 뿌리기만 하고 손을 놓고 있거나, 한 가지 씨만 뿌려놓고 게으름을 피워서는 안 됩니다. 뿌려 놓은 씨앗이 알아서 자라는 것도 아니고, 한 가지 씨만 뿌려 놨다가 그해 작황이 좋지 않으면 낭패를 당하게 되

기 때문입니다. 이처럼 요행을 바라면서 매사에 게으르고 노력을 하지 않는 농부는 결코 기쁨으로 단을 거둘 수가 없습니다.

이것은 신앙생활에서도 마찬가지입니다. 하나님을 믿는 사람은 부지런해야 합니다. 그리고 하나님의 일을 할 때도 우리에게 주신 힘과 재능을 다 동원해서 할 수 있는 대로 최선을 다 해야 합니다. 왜냐하면 하나님께서 하시는 일을 우리가 다 가늠할 수가 없고, 모든 일의 결과는 하나님께 있기 때문입니다. 그리고 하나님께서는 은혜를 받아서 부지런히 헌신하는 사람들에게 한 가지 축복만 주시는 것이 아니라, 범사에 복을 내려주십니다.

제가 세계 곳곳을 다니며 복음을 증거했는데 자연환경이 좋은 남미국가들은 대체적으로 못살고, 환경이 열악하고 추운 나라들이 오히려 잘사는 것을 볼 수 있었습니다. 보통 생각했을 때 따뜻하고 일하기 좋은 기후에 사는 사람들이 더 잘살 것 같은데 그렇지 않습니다. 왜냐하면 좋은 환경이 있기 때문에 굳이 힘들게 일하지 않고 노력하지 않기 때문입니다. 좋은 환경만 믿으면서 게으른 것입니다. 그러나 열악한 환경과 기후에 사는 사람들은 부지런합니다. 그렇지 않으면 얼어 죽고 굶어 죽을 수밖에 없기 때문입니다.

그런데 사람만 그런 것이 아닙니다. 남미에 이민을 간 한국 사람들이 1년 사시사철 항상 꽃이 피어 있는 것을 보고 양봉업을 시작했습니다. 1년째 되는 해는 벌들이 말 그대로 벌떼같이 달려들어 꿀을 모았습니다. 그러나 2년째 되니까 벌들이 꿀을 모으지 않았습니다. 왜냐하면 항상 꽃이 피어 있으니까 필요할 때마다 꿀을 먹을 수 있기 때문에 벌들도 꿀을 모으지 않았던 것입니다. 그런데 벌들이야 꿀만 있어도 살지만 사람은 그렇지가 않습니다. 먹기 위해 살지 않습니다. 개인과 가정, 그리고 국가도 발전시키고 더 나은 사회를 만들기 위해 부지런히 노력을 해야 합니다. 우리 믿는 사람들도, 교회도 마찬가지입니다. 하나님의 나라를 30배, 60배, 100배 확장하기 위해서 항상 부지런히 노력해야 합니다.

지금 한국 사회나 교회에 문제가 참 많습니다. 옛날에는 목숨을 걸고 밤낮없이 일했는데 요즘 사람들은 적게 일하고 많이 거두어 편하게 살려고 합니다. 이것은 하나님의 섭리에 어긋나는 것입니다. 피터 와그너 박사는 우리 한국 교회가 올림픽을 기점으로 성장이 둔화되었다고 말했습니다. 이유는 단 한 가지입니다. 조금 잘 살게 되었다고 게을러졌기 때문입니다. 기도를 안 합니다. 모이기에 힘쓰지 않습니다. 전도를 안 합니다. 이렇기 때문에 교회가 성장을 멈출 수밖에 없습니다.

씨를 뿌렸으면 풍성한 열매를 거둘 때까지 부지런히 돌보아야 합니다. 그렇지 않으면 헛수고가 됩니다. 복음의 씨를 뿌리고 하나님의 선한 사업에도 최선을 다해야 합니다. 부지런히 일할 때 하나님께서 합당한 열매를 거두게 하십니다.

7절 | 빛은 실로 아름다운 것이라 눈으로 해를 보는 것이 즐거운 일이로다

세상이 아름다운 것은 빛이 있기 때문입니다. 시력을 잃은 장애를 가진 사람들은 세상에서 아름다운 것들을 볼 수 없다는 점에서 불행합니다. 제가 한 번은 시각 장애인들이 바다를 구경하고 왔다고 하기에 그게 어떤 의미인지 물었습니다. 시각 장애인들은 눈으로는 볼 수 없지만 바다 냄새를 맡고, 파도 소리도 듣고, 해변을 거니는 사람들의 음성도 들으면서 바다에 대해 상상해 보는 것이라고 했습니다. 그런데 태어날 때부터 앞을 못 보는 사람들은 상상도 할 수 없기 때문에 아무리 상상해도 백지라고 합니다. 이처럼 볼 수 없다는 것은 사람으로서 많은 것을 누릴 수가 없게 합니다.

또한 전도자는 눈으로 해를 보는 것이 즐거운 일이라고 말합니다. 여기에는 영적인 의미가 있습니다. 여기서 해는 빛 되신 예수님이십니다. 예수님은 "나는 세상의 빛이니 나를 따르는 자는 어둠에 다니지 아니하고 생명의 빛을 얻으리라"(요 8:12)고 말씀하셨습니다. 예수님을 믿는 사람은 빛 되신 예수님이 그 인생 가운데 비춰 주시기 때문에 어디에서 와서 어디로 가며 왜 사는지 알 수가 있습니다. 예수님의 보혈로 구원을 받고 예수님 계신 천국을 향해 가는 삶을 사는 것입니다. 그러나 예수님을 모르는 사람들은 어두움에 살기 때문에 삶의 방향을 잃어버리고 목적도 없이 사는 것입니다.

8절 | 사람이 여러 해를 살면 항상 즐거워할지로다 그러나 캄캄한 날들이 많으리니 그 날들을 생각할지로다 다가올 일은 다 헛되도다

사람이 여러 해를 살 동안 항상 즐거워하며 살아야 할 이유는 한 번 보낸 날들은 다시 살 수가 없기 때문입니다. 한 번 지나간 인생길을 다시 찾아갈 수가 없습니다. 따라서 즐거워하면서 인생길을 가는 것이 지혜로운 것입니다. 울면서 가는 것보다 웃으면서 가는 것이 좋습니다. 즐거운 마음으로 인생길을 가는 사람은 후회하지 않지만 울고 탄식하면서 인생을 살아온 사람은 후회가 끝이 없습니다. 인생은 일방통행입니다. 한번 지나가면 돌아갈 수 없습니다.

특별히 인간관계에서 원수를 맺지 않아야 합니다. 인생길에 원수가 생기면 굉장히 괴롭습니다. 원수가 생기면 원수와 멍에를 같이 매고 사는 것입니다. 평생 옆에서 떠나지 않고 괴롭게 만듭니다.

우리는 모든 원망과 억울함을 다 주님께 맡기고, 예수님과 함께 멍에를 매고 살아야 합니다. 그러면 예수님이 모든 문제를 해결해 주시고 마음에 기쁨과 평안함이 넘치게 하십니다. 무거운

세상 짐도 예수님이 우리를 대신하여 짊어져 주십니다. 주님을 따라 살면서 주님과 함께 기뻐하며 사는 것이 가장 행복한 삶입니다.

저도 살아온 인생을 돌아보면 범사에 기뻐하고 감사하면서 살았던 때가 가장 좋았습니다. 아내하고 싸우고 갈등할 때는 하나도 좋지 않았습니다. 서로 즐거움을 주고받고, 또 즐거움을 함께 만들어 가면서 살아가기를 바랍니다. 항상 기뻐하고, 또 기뻐하십시오. 주위 사람들을 기쁘게 해 주십시오. 가는 곳마다 화를 만들고 싸움과 분열을 일으키고 상처를 주고 살면 무엇이 좋습니까? 그러한 인생은 아무런 유익이 되지 못하고 가치가 없는 인생입니다.

우리가 인생을 살다보면 생활이 편하고 환경이 좋은 날이 그리 많지 않습니다. 캄캄한 날이 더 많습니다. 그러나 그러한 상황에서도 즐거움을 창조하는 것이 참으로 위대한 것입니다. 예수님을 믿는 사람은 환경이 괴로워도 예수님을 바라보면서 기뻐하는 사람입니다. 환경이 괴롭다고 해서 괴로워만 하고 있으면 믿는 사람이라고 할 수가 없습니다.

그리고 지금 당장 어렵다고 오늘을 불성실하게 사는 사람은 장래 일도 다 헛되게 만드는 것입니다. 마음으로 하나님을 의지하지도 않으면서 막연히 내일은 좋은 일이 생길지도 모른다고 생각하며 사는 사람에게도 미래는 없습니다. 지금 이 시간에 주님을 의지하고 착실하게 사는 사람에게는 희망찬 미래가 다가옵니다. 장래는 현재의 연속입니다.

모든 장래는 현재 내가 심은 것이 꽃을 피우고 열매를 맺어 펼쳐진다는 것을 잊지 마시기 바랍니다.

2. 즐거운 인생 (11:9-10)

9청년이여 네 어린 때를 즐거워하며 네 청년의 날들을 마음에 기뻐하여 마음에 원하는 길들과 네 눈이 보는 대로 행하라 그러나 하나님이 이 모든 일로 말미암아 너를 심판하실 줄 알라 10그런즉 근심이 네 마음에서 떠나게 하며 악이 네 몸에서 물러가게 하라 어릴 때와 검은 머리의 시절이 다 헛되니라

9절 청년이여 네 어린 때를 즐거워하며 네 청년의 날들을 마음에 기뻐하여 마음에 원하는 길들과 네 눈이 보는 대로 행하라 그러나 하나님이 이 모든 일로 말미암아 너를 심판하실 줄 알라

전도자는 자라나는 세대에게 교훈을 줍니다. 장년이 되기 전, 어린 시절과 청년의 때에 자신이 원하는 것을 하고 좋다고 판단되는 대로 행하라고 말합니다. 자유의지를 사용해서 뜻대로 살아가라는 것입니다.

옛말에 "엿장수 마음대로 한다."는 말이 있습니다. 요즘 세대는 이 말을 잘 모르겠지만 우리 세대는 이 말의 배경을 잘 압니다. 제가 어렸을 때 시골에서 기다려지는 사람이 있었습니다. 바로 엿장수입니다. 엿장수가 마을에 들어와서 큰 가위를 철거덕거리면 온 동네 아이들이 다 뛰어나옵니다. 그런데 그때는 돈이 없기 때문에 못 신게 된 고무신이나 양철 찌그러진 것, 구부러진 숟가락 등을 가지고 나옵니다. 그러면 엿장수는 가지고 나온 물건을 보고는 자기 마음대로 엿가락을 잘라줍니다. 저울로 무게를 재서 값어치를 매기는 것이 아니고, 자기가 주고 싶은 대로 줍니다. 그래서 엿장수가 마음 내키는 대로 준다는 뜻에서 "엿장수 마음대로 한다."라는 말이 나왔습니다.

전도자는 청년들에게 엿장수가 마음대로 엿가락을 잘라주듯

마음이 가는 대로 행동하라고 말합니다. 그러나 잊지 말아야 할 것은 하나님의 심판이 있다는 것입니다. 청년들이 마음 내키는 대로 살 수 있지만 그 행한 일에 대한 하나님의 심판을 피할 수는 없습니다. 반드시 하나님 앞에서 그 몸이 행한 대로 계산할 날이 옵니다. 그러므로 청년들에게 필요한 것은 절제입니다. 절제란 하나님을 의식하며 행동할 때 나옵니다. 하나님의 심판을 두려워하는 사람에게 생기는 것이 절제입니다.

그런데 이것은 비단 어린아이나 젊은이들만 들어야 하는 말이 아닙니다. 모든 세대의 사람이 들어야 할 교훈입니다. 우리가 자유를 가지고 말하고 행동하지만 하나님 앞에서 그 말과 행동에 대한 심판을 받습니다. 하나님의 심판을 피할 수 있는 사람은 없습니다.

따라서 우리는 십계명을 삶의 기준으로 삼고 사는 것이 가장 좋습니다. 십계명을 우리 삶에 대한 잣대로 삼고 내가 지금 하는 말과 행동이 하나님의 뜻에 맞는지를 항상 살펴보아야 합니다. 보통 사람들은 계명이라고 하면 부담스러워하고 어려운 것으로 생각합니다. 그러나 하나님의 계명은 우리 삶을 안전하게 지켜주는 울타리입니다. 또한 하나님의 뜻 안에서 바르고 안전한 길을 가게 하는 경계선입니다. 울타리와 경계선을 넘어가면 낭떠러지가 있고, 고통과 괴로움에 빠지게 하는 함정이 즐비합니다. 그래서 하나님의 계명을 생각하지 않고 마음대로만 살다가는 고통과 괴로움을 당하게 되고, 결국 회개하고 돌아올 수밖에 없습니다. 돌아와도 그냥 돌아오는 것이 아니라 많은 상처를 입고 돌아오게 되는 것입니다. 그러므로 하나님의 계명을 축복으로 받으시기를 바랍니다. 물론 계명을 지킴으로 구원을 받는 것은 아닙니다. 구원은 예수님을 믿음으로 받습니다. 하지만 예수님을 믿었으면 계명을 따라 살아야 합니다. 계명을 따라 살면 하나님께서 잘 닦아 놓아 주신 포장도로 위를 달려가게 됩니다.

10절 그런즉 근심이 네 마음에서 떠나게 하며 악이 네 몸에서 물러가게 하라 어릴 때와 검은 머리의 시절이 다 헛되니라

하나님의 계명대로 살면 죄에 빠지지 않고 근심 걱정이 없습니다. 하나님께서 우리로 의의 길을 가게 하시고, 항상 지키시고 보호하시기 때문입니다. 따라서 항상 예수님 중심으로 살고, 하나님을 마음과 정성을 다해 섬기고 살면 참으로 가치와 의미가 있는 인생을 살 수 있습니다. 그러나 어려서부터 하나님을 알지 못해 세상 죄에 빠지고 근심 걱정하면서 살면 헛되고 헛된 인생이 되고 맙니다. 하나님 없이 사는 것은 일장춘몽에 불과합니다. 고급 레스토랑에 가서 좋은 음식을 먹는 꿈을 꾸었다고 해서 아침에 일어나면 배가 부릅니까? 넓은 집에서 예쁜 아내와 호화스러운 삶을 사는 꿈을 꾸었다고 해서 깨고 나서도 행복합니까? 꿈에서 깨고 나면 아무 것

도 남지 않습니다. 하나님을 외면하고 세상일에 취해 사는 인생이 그와 같습니다. 그러므로 오직 하나님의 영광을 위해서 살고, 또한 죄를 멀리하여 하나님께서 기뻐하시는 삶을 살아야합니다.

오산리기도원에 가서 최자실 목사님 묘지 앞에 서면 목사님과 함께 했던 세월이 주마등처럼 스쳐갑니다. 제 나이 스무 살, 신학교 시험을 칠 때 최 목사님이 제 옆자리였습니다. 그때 목사님 나이가 마흔 두 살이었는데도 얼마나 예뻤는지 모릅니다. 쌍꺼풀 진 동그란 눈, 웃으면 보조개가 들어가는 얼굴, 살결은 얼마나 하얗고 고운지 그런 목사님이 저를 보면서 생글생글 웃으면서 시험을 쳤습니다. 저는 속으로 '저렇게 예쁘고 인텔리로 보이는 아주머니가 팔자가 얼마나 사나웠으면 여기 와서 시험을 볼까?'라고 생각을 했었습니다.

신학교를 다니면서는 성경 구절을 외우는 시간이 있었는데 최 목사님은 항상 백점이었습니다. 그러면 선생님이 나이 먹은 사람도 다 외워오는데 젊은 사람들이 왜 못 외우냐고 타박하셔서 그 시간이 되면 최 목사님이 늘 마음에 안 들었습니다.

어느 한겨울에는 제가 양말도 못 신고 목사님한테 가니 목사님은 신고 있던 버선을 벗어서 주었습니다. 또 한 번은 남대문 시장에 있는 양장점에 저를 데리고 가서 도둑이 훔쳐 놓은 양복 한 벌을 사 주시기도 했습니다.

불광동에서 울면서 개척할 때는 살기가 어려워서 목사님과 제가 벽돌 찍는 데에 가서 일을 했습니다. 저는 벽돌을 찍고, 최 목사님은 벽돌을 날랐습니다. 그런데 작업장 반장이 최 목사님한테 일 못한다고 욕을 해대는데 제가 그 소리를 듣고는 화가 나서 반장과 싸우다가 일당도 못 받고 쫓겨난 적도 있었습니다. 교회가 불광동에서 서대문으로 이사를 했을 때 아내가 첫 아들을 낳았습니다. 최 목사님하고 저하고 산파 집에 갔습니다. 제가 아내의 한쪽 손을 꼭 잡고 "하나님, 살려주세요!"라고 기도했었습니다.

지금은 때때로 최 목사님이 미국에 가셨다가 관에 실려서 오시던 그 모습이 영화의 한 장면처럼 떠오릅니다. 최 목사님과 함께했던 그 고된 세월들도 다 지난 일입니다. 하지만 하나님께서는 주님을 위해 살았던 최 목사님의 생애를 잊지 않으시고 천국에서 보상해 주셨을 것입니다. 하나님을 위해 산 세월은 어디로 가지 않고 다 기록되어 남아있기 때문입니다.

청년이 세상에서 부귀영화를 얻으려고 애를 쓰고, 또 그것을 얻는다고 해도 하나님 앞에서는 아무 것도 아닙니다. 이 세상에서 나를 위해 부귀영화를 누린 것은 하나님께서 인정해 주시지 않습니다. 하나님을 위해서 사는 사람만이 하나님께 인정을 받습니다. 그러므로 헛되고 헛된 세상일에 매여 근심 걱정하고 죄에 빠져 그릇된 길로 가지 말고, 어릴 때와 청년일 때뿐만 아니라 모든 생애 가운데 하나님께서 기억하시는 의미 있고 가치 있는 일들을 하며 살아가시기를 바랍니다.

전도자의
노래

Chapter 12

청년의 때에 기억할 것

1. 결단의 촉구(12:1-8)
2. 사람의 본분(12:9-14)

전도자는 사람의 인생과 하나님에 대해 말합니다. 사람은 즐거운 인생을 살기 위해 노력합니다. 그러나 창조주 하나님을 잊어서는 안 됩니다. 왜냐하면 즐거움을 따라 사는 일도 영원하지 않기 때문입니다. 그리고 세월이 흐르면 사람은 젊음과 패기를 점점 잃어가고 몸은 쇠약해져 젊었을 때의 기쁨은 느낄 수 없게 됩니다. 하나님의 자녀들은 모든 행위와 은밀한 일을 판단하시는 하나님을 의식하며 하나님 보시기에 합당한 삶을 살아야 합니다.

1. 결단의 촉구 (12:1-8)

1너는 청년의 때에 너의 창조주를 기억하라 곧 곤고한 날이 이르기 전에, 나는 아무 낙이 없다고 할 해들이 가깝기 전에 2해와 빛과 달과 별들이 어둡기 전에, 비 뒤에 구름이 다시 일어나기 전에 그리하라 3그런 날에는 집을 지키는 자들이 떨 것이며 힘 있는 자들이 구부러질 것이며 맷돌질 하는 자들이 적으므로 그칠 것이며 창들로 내다 보는 자가 어두워질 것이며 4길거리 문들이 닫혀질 것이며 맷돌 소리가 적어질 것이며 새의 소리로 말미암아 일어날 것이며 음악하는 여자들은 다 쇠하여질 것이며 5또한 그런 자들은 높은 곳을 두려워할 것이며 길에서는 놀랄 것이며 살구나무가 꽃이 필 것이며 메뚜기도 짐이 될 것이며 정욕이 그치리니 이는 사람이 자기의 영원한 집으로 돌아가고 조문객들이 거리로 왕래하게 됨이니라 6은줄이 풀리고 금 그릇이 깨지고 항아리가 샘 곁에서 깨지고 바퀴가 우물 위에서 깨지고 7흙은 여전히 땅으로 돌아가고 영은 그것을 주신 하나님께로 돌아가기 전에 기억하라 8전도자가 이르되 헛되고 헛되도다 모든 것이 헛되도다

1-2절 너는 청년의 때에 너의 창조주를 기억하라 곧 곤고한 날이 이르기 전에, 나는 아무 낙이 없다고 할 해들이 가깝기 전에 해와 빛과 달과 별들이 어둡기 전에, 비 뒤에 구름이 다시 일어나기 전에 그리하라

사람에게는 젊음이 넘치는 청년의 때가 있고, 한창 일하는 장년의 때가 있고, 모든 것을 마무리 짓는 노년의 때가 있습니다. 이것은 하나님께서 이미 정해 놓은 것이므로 사람이 절대로 거스를 수가 없습니다. 그런데 청년의 때에 야훼 하나님을 모르면 허송세월하게 됩니다. 성경은 "내 형질이 이루어지기 전에 주의 눈이 보셨으며 나를 위하여 정한 날이 하루도 되기 전에 주의 책에 다 기록이 되었나이다"(시 139:16)라고 말씀합니다. 하나님께서는 우리가 태어나기도 전에 우리의 일생을 다 계획하시고 예비하셨습니다. 그러므로 청년이 창조주 하나님을 알고, 하나님을 섬기며, 하나님의 정하신 뜻대로 살아가면 많은 열매를 맺는 알찬 삶을 살 수 있습니다. 또한 많은 세월을 하나님을 위해서 살 수 있기 때문에 그만큼 천국에서의 상급도 많이 받을 수 있습니다.

그러나 청년 시절을 세상에서 다 보내고 나서야 하나님을 만나게 되면 뒤를 돌아보아도 남는 것은 세상의 가시와 엉겅퀴를 덮어쓰고 살다가 받는 상처 밖에 없게 됩니다. 하나님을 만나고 뒤를 돌아보면 상처투성이의 인생을 살았다는 것을 알게 됩니다. 하나

님 없이 살아온 모든 세월이 헛되고 죄 밖에 지은 것이 없고, 하나님을 섬기고 살 수 있는 날도 별로 많지 않게 되니 너무나 안타깝고 불쌍한 일인 것입니다.

하나님을 모르고 살다가 나이가 들면 마음도 궁핍하고, 육체도 피곤하고, 죽음을 목전에 둔 곤고한 날이 이르러 이제는 세상에 낙이 없습니다. 맛있는 것을 먹어도 맛이 있는지도 모르고, 기쁜 일이 생겨도 기쁜지도 모릅니다. 따라서 이러한 날이 이르기 전에 창조주 하나님을 기억해야 합니다.

우리는 하나님의 종으로서 일생을 살아야 됩니다. 하나님께서 우리를 지으셨고, 타락한 우리를 그리스도의 보혈로써 값 주고 사셨으니 우리는 하나님의 것입니다. 또한 우리의 몸과 마음, 일생이 하나님의 것이기 때문에 우리의 모든 소유도 하나님의 소유입니다. 그럼에도 불구하고 하나님을 버리고 자기가 삶의 주인이 되어서 자기의 생각과 자기의 노력과 자기의 수단으로 인생을 살면 그 인생은 완전히 하나님께 버림받은 삶이요, 죄악뿐인 삶입니다. 이 세상에서 아무런 열매를 맺지 못하는 헛된 삶이 되고 맙니다.

이 세상에는 두 종류의 사람밖에 없습니다. 자기를 섬기고 사는 사람과 하나님을 섬기고 사는 사람입니다. 하나님을 안 믿는 사람은 모두 다 자기를 섬기고 삽니다. 육신의 정욕을 섬기고, 안목의 정욕을 섬기고, 이 세상의 자랑을 섬깁니다. 자기 쾌락을 섬기면서 자기 뜻대로 삽니다. 그러나 주를 믿는 사람은 하나님을 섬기고 삽니다. 마음을 다하고, 뜻을 다하고, 정성을 다하고, 목숨을 다하여 하나님을 섬기고 삽니다.

그런데 예수님을 영접하고 하나님의 자녀가 되어서도 반은 자기를 섬기고, 반만 하나님을 섬기는 사람도 있습니다. 온전히 하나님을 섬기는 삶을 살지 않는 것입니다. 그러다가 세상 풍파를 만나면 그제야 자기 우상을 깨트리고 온전히 하나님을 섬기게 됩니다.

그래서 세상 풍파를 만나는 것도 유익이 있습니다. 세상에 빠져 편안한 삶을 사는 사람은 세상 밧줄에 얽히고 얽혀 하나님의 뜻대로 살 수가 없습니다. 마음은 원이지만 육신이 약해서 하나님을 위해 헌신할 수가 없습니다. 그러나 세상 풍파를 만나면 기도에 중심이 잡히고 믿음을 회복해서 세상 줄을 다 끊어버립니다. 또한 하나님 편에서 확실히 서서 하나님께 영광 돌리는 삶을 살 수 있습니다. 세상에서 환난과 곤고를 만나면 인생이 후퇴하는 것 같지만 영적으로는 전진하게 됩니다. 당시는 죽을 것 같아도 기도로 힘써 싸워 이기면 하나님의 은혜 속에 깊이 들어갑니다. 마귀는 시험과 환난을 보내면 우리가 약해질 줄 알지만, 하나님의 자녀들은 시험과 환난이 오면 더 강해집니다. 믿음이 더욱 깊어지고 강해집니다.

전도자는 사람이 왜 인생의 종착역에 다다르기 전에 하나님을 섬기고 살아야 하는지 신체의 변화를 이유로 들어 거듭 강조합니다. 사람이 나이를 먹으면 어쩔 수 없이 신체기능이 떨어집니다. 그 중에서도 가장 먼저 변하는 것이 해와 빛과 달과 별들이 어두워지는 것처럼 눈이 침침해지는 것입니다. 지금은 저도 안경을 안 쓰면 맹인이나 마찬가지입니다. 40대 말까지만 해도 안경 없이 작은 글자까지 다 읽을 수 있었는데, 그만 50대 중반에 들어서기 시작하니까 글자가 희미해지고 안경이 없으면 아무 것도 못 읽습니다. "늙는 길 가시로 막고 오는 백발 막대로 치렸더니 백발이 제 먼저 알고 지름길로 오더라."는 말처럼 사람이 늙는 것은 별 도리가 없습니다.

그리고 나이가 먹어서 몸도 마음도 허약해지면 무언가 새롭게 시작하는 것이 어렵습니다. 나이를 먹어서는 추수를 해야 합니다. 젊어서 열심히 뿌리고 나이가 들어서는 심은 것을 거두어야 합니다. 그래서 전도자는 비 뒤에 구름이 다시 일어나기 전에 하나님을 기억하라고 말했습니다. 이른 비를 맞고 시작한 농사는 늦은 비가 내리는 때가 되면 추수를 시작합니다. 청년의 때는 이른 비를 맞으며 열심히 뿌리고 심는 시기입니다.

그런데 그 시절에 하나님을 모르고 세상적인 것만 뿌리고 심으면 추수할 때가 왔을 때 하나님 앞에 거둘 것이 아무 것도 없게 됩니다. 젊고 좋을 때 하나님을 기억하고 나와야지 늙고 병들어 아무 힘도 없을 때 "주여!" 하고 나오면 하나님 앞에 부끄러운 일입니다.

제가 스무 살에 신학교에 갔을 때 최자실 목사님은 당시 마흔 두 살이었습니다. 최자실 목사님은 학교에 오면 가장 먼저 하는 일이 방언으로 기도하는 일이었습니다. 그리고 목사님은 방언으로 기도만 하고 끝나는 것이 아니라, 삶에서 기쁨과 평안이 넘쳐나고 기도의 능력이 나타났습니다. 그래서 저도 성령 침례 받고 방언으로 기도하고 싶었습니다. 하루는 삼각산에 올라가서 이렇게 기도 했습니다. "하나님, 마흔 넘어서 주님께 나온 사람한테는 성령을 주시면서 저같이 새파란 20대 청춘에게는 왜 성령을 주시지 않습니까? 저 같은 젊은 사람한테 성령을 주시지 않으면 하나님께 손해입니다. 제가 성령을 받으면 최 전도사님보다 훨씬 많은 세월을 주님을 위해 살 수 있지 않습니까?"라고 기도했습니다. 이렇게 떼를 쓰듯 기도하다가 성령 받고 지금까지 50년 넘게 하나님을 위해서 살고 있습니다.

시간은 흐르고 사람이 늙는 것은 막을 수가 없습니다. 젊은 날이 영원하지 않습니다. 하루라도 빨리 하나님을 만나고 성령의 능력을 받아야 하나님을 위해 많은 일을 할 수가 있습니다.

3절 그런 날에는 집을 지키는 자들이 떨 것이며 힘 있는 자들이 구부러질 것이며 맷돌질 하는 자들이 적으므로 그칠 것이며 창들로 내다 보는 자가 어두워질 것이며

여기서 '그런 날'이란 해와 빛과 달과 별들이 어두워지는 노년의 때, 곧 인생의 말년을 말합니다. 전도자는 이 때 집을 지키는 자들

이 떨 것이라고 말합니다. 집은 우리의 몸입니다. 따라서 나이를 먹고 인생의 말년이 되면 스스로 자기 몸을 지키기가 어렵다는 것입니다. 손이 떨리고 허리는 구부러져 힘이 없습니다. 무거운 짐을 들 수도 없습니다. 잇몸도 약해지고 이도 빠집니다. 이가 음식을 맷돌질 하듯 잘게 부수어 위로 내려 보내야 하는데 그렇게 하지 못하니 소화불량에 걸립니다.

예로부터 이가 건강한 사람이 장수한다고 했습니다. 이가 맷돌질을 제대로 못하면 영양을 충분히 흡수할 수가 없습니다. 그리고 제대로 먹을 수가 없으니 힘도 없습니다. 저는 어려서부터 멸치를 참 좋아했습니다. 그래서인지 지금도 이도 건강하고 허리도 곧습니다. 또한 앞서 말한 것처럼 나이를 먹으면 눈이 어두워집니다. 눈은 우리 몸의 창문입니다. 눈이 어두워지니까 세상이 다 어둡습니다. 이삭도 나이 많아서 시력이 나빠졌는데 쌍둥이 아들인 에서와 야곱도 구분 못할 정도로 나빠졌습니다. 야곱이 어머니 리브가와 짜고 에서처럼 꾸며서 이삭에게 갔는데 이삭은 목소리가 야곱 같다고 의심을 하면서도 속아 넘어가 버렸습니다. 눈이 잘 안 보이니 속지 않을 수가 없는 것입니다.

4절 길거리 문들이 닫혀질 것이며 맷돌 소리가 적어질 것이며 새의 소리로 말미암아 일어날 것이며 음악하는 여자들은 다 쇠하여질 것이며 나이를 먹으면 길거리로 난 문들이 닫혀 있는 것처럼 바깥 소리를 잘 듣지 못합니다. 길거리로 난 문들이 열려 있으면 사람이 오고 가는 소리도 들리고 물건 사라는 소리도 들리고 온갖 소리가 다 들립니다. 그러나 문을 닫으면 안 들립니다. 마찬가지로 귀가 잘 안 들리면 아름다운 음악 소리도 못 듣고, 다른 사람과 대화도 잘 할 수가 없으니 답답하기 그지없습니다. 그래서 노년에 하나님과 대화하지 못하면 너무 외롭고 불쌍한 일입니다.

여기서 맷돌 소리가 적어진다는 말은 먹는 양이 줄어든다는 말입니다. 늙으면 미각이 둔해져서 맛있는 음식인지 맛없는 음식인지 구분도 잘 못하고, 소화도 잘 안 되기 때문에 음식을 많이 먹지 않습니다. 그러니 음식을 만들기 위해 돌리는 맷돌 소리가 줄어드는 것입니다. 또한 잠이 적어져서 새벽에 새들이 울 때 일어납니다. 젊을 때는 여덟 시간은 자야 충분한데 나이를 먹으면 다섯 시간만 자도 더 잠이 안 옵니다. 나이가 들수록 수면 시간은 점점 짧아지고 깊은 잠도 못 자기 때문에 작은 소리에도 깨기 마련입니다.

그리고 음악을 하는 여자들이 다 쇠하여진다는 것은 목소리가 쇠한다는 것입니다. 노인들하고 대화를 해 보면 발음이 분명하지 않기 때문에 무슨 말인지 알아들을 수가 없습니다. 젊었을 때의 맑고 깨끗하고 우렁찬 목소리는 다 사라지고 쇠약한 목소리로 변해 버렸기 때문입니다.

5절 | 또한 그런 자들은 높은 곳을 두려워할 것이며 길에서는 놀랄 것이며 살구나무가 꽃이 필 것이며 메뚜기도 짐이 될 것이며 정욕이 그치리니 이는 사람이 자기의 영원한 집으로 돌아가고 조문객들이 거리로 왕래하게 됨이니라

전도자는 계속해서 노년의 때를 묘사합니다. 사람이 나이를 먹으면 높은 곳을 두려워합니다. 조금만 오르막길이어도 다리가 떨려 올라갈 수가 없습니다. 그리고 길을 가다가 별 것 아닌 일에도 깜짝 놀랍니다. 왜냐하면 작은 위험이라 해도 몸을 쉽게 피할 수 없기 때문입니다. 노년의 머리에는 하얀 살구나무 꽃이 핍니다. 백발이 성성해지는 것입니다. 그리고 기력이 쇠하기 때문에 메뚜기도 짐이 됩니다. 정욕도 시듭니다. 이처럼 노년의 때가 되면 젊었을 때는 아무렇지도 않게 가지고 누렸던 것들이 다 사라집니다. 그리고 영원한 집으로 떠나게 됩니다.

사람이 세상을 떠나면 천국으로 가든지 지옥으로 갑니다. 이 세상의 삶은 영원한 처소에 들어가기 위해 준비하는 단계일 뿐입니다. 제가 신학교를 졸업한 때가 1958년도인데 그때 같이 졸업한 동기들이 30명입니다. 이제는 그 동기들이 거의 다 세상을 떠났습니다. 어느 순간에 누가 먼저라고 할 것 없이 하나 둘씩 영원한 집으로 떠나 버렸습니다. 이처럼 우리도 하나님께서 정하신 때가 되

면 이 세상에서의 삶을 정리해야 할 때가 반드시 옵니다. 그러므로 살아있는 매 순간 예수님을 꽉 붙잡고 있어야 합니다. 그러면 영원한 집으로 언제 어떻게 가다라도 조금도 후회할 것이 없습니다.

제가 아는 구역장님 한 분은 남편이 60여세 되었을 때 세상을 떠나서 그 후로 시어머니와 자녀들과 함께 살았습니다. 시어머니는 굉장히 까다로운 분이었고, 구역장님은 혼자서 자녀들을 기르느라 몹시 고생스러웠습니다. 그런데 하루는 새벽에 배가 너무 아파왔습니다. 움직일 수 없을 정도로 아파서 그 자리에서 소리를 지르며 쓰러졌습니다. 그 소리를 듣고 놀란 아이들이 달려와 엄마를 붙잡고 기도를 했습니다. 구역장님도 배를 붙잡고 진땀을 흘리면서 비몽사몽간에 기도를 했습니다. 그때 구역장님은 환상 중에 예수님을 잘 믿다가 세상을 떠난 남편을 보았습니다. 그런데 구역장님이 본 남편은 60대 남자가 아니라 30대의 아주 젊은 청년의 모습이었습니다. 청년의 모습으로 나타난 남편이 구역장님의 배에 얼굴을 대보고는 "괜찮아. 썩은 냄새가 안 나는데 괜찮아."라고 말했습니다. 그리고 다시 귓속말로 "사람들은 내가 죽었다고 하지만 몰라서 그러는 거야. 나는 죽은 게 아니야. 이것 봐. 살아있잖아."라고 말했습니다. 구역장님이 너무 놀라서 남편을 붙잡으려고 하다가 깨어났는데 정신을 차리고 보니 배가 하나도 아프지 않았습니다.

사람이 죽으면 육신의 장막을 벗어 버리고 영적인 존재로 사는 것입니다. 사람이 육신의 장막을 벗어 버린다고 해서 없어지는 것이 절대로 아닙니다. 봄이 되면 겨울옷을 다 벗어 버리는 것처럼 세상에서 입고 살던 육신을 벗어 버리게 되는 것입니다. 육신이란 옷만 벗은 것이지 사람이 없어지는 것은 아닙니다. 천국이든지 지옥이든지 그곳에 가서 영원히 사는 것입니다.

예수 믿은 우리는 천국에 가서 영원히 삽니다. 이 놀라운 지혜를 깨닫고 사는 사람들은 죽음이 다가와도 두렵지 않습니다. 예수님이 준비해 놓으신 영원한 천국 집에 들어갈 것을 알고, 영원한 영광에 들어갈 것을 알기 때문입니다. 살아 있을 때는 모르지만 세상을 떠나 천국에 가는 날에는 예수 믿은 것을 정말로 감사하고 감격하게 될 것입니다. 그러나 지옥은 영원한 감옥입니다. 지옥에 들어간 사람은 심판을 받고, 불과 유황으로 타는 못에 떨어져 영원히 다시 나오지 못합니다. 이렇게 구원 받지 못한 것은 무시무시한 결과를 가져옵니다. 그러므로 우리는 하루라도 쉬지 말고 절망적인 죽음을 모른 채 세상을 향해 가는 사람들에게 전력을 다해 복음을 전해야 합니다.

6-7절 | 은줄이 풀리고 금 그릇이 깨지고 항아리가 샘 곁에서 깨지고 바퀴가 우물 위에서 깨지고 흙은 여전히 땅으로 돌아가고 영은 그것을 주신 하나님께로 돌아가기 전에 기억하라

전도자는 사람이 죽은 다음에 어떻게 되는지 묘사합니다. 사람의 몸에서 생명이 떠나면 은줄이 풀립니다. 여기서 '은줄'이란 온 몸에 있는 신경을 말합니다. 죽은 사람의 몸은 아무 것도 느끼지 못합니다. 금 그릇이 깨어진다는 것은 심장이 멈추는 것을 말합니다. 사람이 죽으면 살아 있는 동안 항상 일정한 북소리를 내던 심장이 더 이상 뛰지 않고 피를 담아내지 못합니다. 항아리는 사람의 위장을 말합니다. 사람이 죽으면 음식물을 더 이상 섭취할 수 없습니다. 항아리가 깨어지면 샘 곁에 있어도 물을 담아낼 수 없는 것처럼 아무리 좋은 음식이 옆에 있어도 죽은 사람의 위장은 음식을 담아낼 수 없습니다. 바퀴는 두 다리입니다. 두 다리는 더 이상 걸을 수 없게 됩니다.

이처럼 사람이 죽으면 흙으로 빚어진 육신은 힘을 잃고 다시 흙으로 돌아갑니다. 그런데 하나님께서 사람을 흙으로 지으신 다음에 그 코에 생기를 불어넣으셨습니다. 영혼을 주신 것입니다. 하나님께서 짐승에게는 영혼을 불어넣지 않으셨습니다. 그래서 육혼만 가지고 있는 짐승은 죽으면 혼도 사라집니다. 그러나 사람은 육혼이 아니라 영혼이 있습니다. 사람이 짐승과 다른 점입니다. 사람은 아무리 못나도 그 속에 영혼이 있습니다. 그래서 육신은 없어져도 하나님께서 불어넣으신 그 영혼은 모두 다 하나님 앞으로 돌아가는 것입니다.

그리고 사람은 영혼을 만들지 못합니다. 현대 과학이 발달하면서 과학자들은 이제 복제 인간을 만들 수 있다고 말합니다. 그러나 그것은 어디까지나 사람의 몸을 만드는 것입니다. 그 몸속에 있는 영혼은 만들 수가 없습니다. 일란성 쌍둥이가 태어나면 겉모습은 정말 비슷합니다. 그러나 속사람은 전혀 다릅니다. 왜냐하면 그 속에 들어온 영이 같지 않기 때문입니다. 눈에 보이지는 않지만 각 사람에게는 하나님께서 주신 영혼이 있습니다. 성도님들도 저를 볼 때 조용기 목사의 육체를 볼 뿐 저의 영혼은 볼 수 없습니다. 그러므로 우리의 참 존재는 눈으로 볼 수 없습니다. 육신의 눈으로 볼 수 없습니다. 그러나 눈에 보이는 육신의 장막이 무너지면 그 영혼은 천국과 지옥 중 어느 곳으로 가는지 결정됩니다.

8절 | 전도자가 이르되 헛되고 헛되도다 모든 것이 헛되도다

영원한 천국에 들어가지 못하는 인생은 이 세상에서 아무리 좋은 것을 누리고 산다고 한들 다 헛되고 헛된 것입니다. 한번 가 버린 세월은 돌아오지 않습니다. 저 천국에 올라가 영원히 살지 못하는 사람에게는 그 모든 세월이 일장춘몽과 같습니다. 우리가 아무리 황홀한 꿈을 꾸어도 깨고 나면 말짱 헛것인 것과 마찬가지입니다. 끝나는 날이 존재하는 인생은 사는 것이 무의미하고 헛됩니다.

 지난 세월 동안 서슬 퍼런 권력을 휘두른 권세자들도 세월의

무덤에 다 갇혀서 이제는 온데간데없습니다. 온 나라를 떠들썩하게 하던 올림픽이나 월드컵의 함성도 이제는 다 사라져 버리고 들리지 않습니다. 옛 속담에 "남의 말 사흘 안 간다."라는 말이 있습니다. 다른 사람이 내 욕을 아무리 해도 시간이 지나면 다 사라지고 사람들의 기억에서 지워집니다. 그러니 다른 사람이 하는 험담에 괴로워할 필요도 없습니다. 세월이라는 무덤이 다 가지고 가는 것입니다.

우리 예수 믿는 사람들은 세월의 무덤을 건너서 영원에 연결되어 있습니다. 성경은 "하나님이 세상을 이처럼 사랑하사 독생자를 주셨으니 이는 그를 믿는 자마다 멸망하지 않고 영생을 얻게 하려 하심이라"(요 3:16)고 말씀합니다. 하나님께서 주신 영생이 우리 속에 들어와 있습니다. 그러므로 우리의 모든 것이 가치와 의미가 있습니다. 우리가 이 세상에서 먹고 마시고 자고 깨고 일하는 모든 것이 죽음으로 끝나는 것이 아니라 영원한 세계와 연결되어 있습니다. 지금 내가 보낸 시간과 내가 지금 사용하는 물질이 영원한 세계와 연결되어 있습니다. 우리 예수님을 믿는 사람들의 삶에는 조금도 헛되이 사라지는 것이 없습니다.

2. 사람의 본분(12:9-14)

9전도자는 지혜자이어서 여전히 백성에게 지식을 가르쳤고 또 깊이 생각하고 연구하여 잠언을 많이 지었으며 10전도자는 힘써 아름다운 말들을 구하였나니 진리의 말씀들을 정직하게 기록하였느니라 11지혜자들의 말씀들은 찌르는 채찍들 같고 회중의 스승들의 말씀들은 잘 박힌 못 같으니 다 한 목자가 주신 바이니라 12내 아들아 또 이것들로부터 경계를 받으라 많은 책들을 짓는 것은 끝이 없고 많이 공부하는 것은 몸을 피곤하게 하느니라 13일의 결국을 다 들었으니 하나님을 경외하고 그의 명령들을 지킬지어다 이것이 모든 사람의 본분이니라 14하나님은 모든 행위와 모든 은밀한 일을 선악 간에 심판하시리라

9-10절 | 전도자는 지혜자이어서 여전히 백성에게 지식을 가르쳤고 또 깊이 생각하고 연구하여 잠언을 많이 지었으며 전도자는 힘써 아름다운 말들을 구하였나니 진리의 말씀들을 정직하게 기록하였느니라

전도자 솔로몬은 하나님께 받은 계시로 백성들을 가르쳤고, 또 그 계시를 묵상하고 깊이 기도하면서 많은 잠언을 남겼습니다. 그리고 진리의 말씀들을 하나님께 받은 그대로 기록하였습니다. 전도자는 하나님 없이 사는 인생은 절망뿐이며, 하는 모든 일이 헛되고 헛되다는 실상을 가르치기 위해 애를 많이 썼습니다.

11절 | 지혜자들의 말씀들은 찌르는 채찍들 같고 회중의 스승들의 말씀들은 잘 박힌 못 같으니 다 한 목자가 주신 바이니라

하나님께서는 지혜를 구하는 전도자와 스승들에게 목자가 되셔서 그들로 하여금 백성들을 가르쳐 깨닫게 하십니다. 따라서 지혜자와 스승들이 하나님으로부터 받은 말씀은 백성들을 찌르는 채찍과도 같은 것입니다. 채찍으로 맞으면 온 몸에 소름이 돋고 뼛속까지 그 아픔이 전달되는 것처럼 하나님의 말씀이 떨어지면 우리 영혼이 바로 서고 정신이 바짝 드는 것입니다. 하나님의 말씀은 깊은

감동으로 우리의 마음을 울리고 우리의 죄와 허물을 도려냅니다. 뿐만 아니라 우리의 어리석음을 제거하고 하나님의 지혜로 가득 채워줍니다. 따라서 이러한 과정을 통해 하나님의 지혜가 우리 마음에 쌓이면 이 세상의 어리석음을 통해서 오는 낭패와 실망을 피할 수가 있습니다. 하나님의 말씀은 세상의 거짓된 가르침에서 벗어나게 해 주고 잘 박힌 못처럼 흔들리지 않고 인생을 바로 살아가게 합니다.

12절 내 아들아 또 이것들로부터 경계를 받으라 많은 책들을 짓는 것은 끝이 없고 많이 공부하는 것은 몸을 피곤하게 하느니라

하나님의 지혜는 무한하기 때문에 그 지혜의 말씀을 다 받아 적어 책으로 만들려면 끝이 없을 것입니다. 그리고 하나님의 끝없는 지혜를 알기 위해 공부하는 일 또한 사람이 다 감당할 수 없습니다. 도서관에 가보면 사람이 지은 책도 얼마나 많은지 모릅니다. 옛 성현에서부터 지금의 학자들에 이르기까지 지은 책이 셀 수도 없이 많습니다. 그리고 앞으로도 더 많은 책이 지어질 것입니다. 사람이 스스로 궁구하면서 지은 책도 이렇게 끝이 없이 나오는데, 영원하신 하나님의 지혜와 지식을 사람이 조금씩 알아가면서 책을 펴낸다면 그 책의 수가 셀 수도 없는 것은 당연한 것입니다.

그리고 전도자는 많이 공부하는 것은 몸을 피곤하게 한다고 말합니다. 아무리 공부하는 것을 좋아하는 사람도 많이 공부하면 피곤해집니다. 공부하는 일은 에너지를 많이 필요로 하기 때문입니다. 저도 설교하고, 부흥회 다니고, 심방하고, 선교 여행하는 것은 얼마든지 견뎌낼 수 있습니다. 그런데 하루에 7, 8시간씩 앉아서 공부하라고 하면 못합니다. 그만큼 하려고 들면 너무 지쳐서 정신이 하나도 없습니다. 그래서 수험생이 있는 가정은 자녀들에게 음식을 더 잘해 먹여야 합니다. 영양이 잘 공급되지 않으면 공부를 멀리하게 됩니다. 책만 펴도 졸리게 됩니다. 책 읽고 공부하는 것이 많은 에너지와 집중력을 필요로 하기 때문에 몸이 휴식을 취하려고 하는 것입니다. 이처럼 공부를 한다는 것은 고달픈 것입니다.

이처럼 공부하는 것이 에너지가 많이 소모되고 고된 일이지만, 공부를 많이 하면 할수록 세상을 살아가는데 있어서 더 많은 힘을 얻게 됩니다. 다른 사람보다 더 많은 지식과 지혜를 얻으면 더 많은 일을 할 수 있고, 더 큰 발전을 이룰 수 있습니다. 그러나 공부를 하지 않은 사람은 힘이 없기 때문에 많은 일을 하지 못합니다. 신앙생활에서도 마찬가지입니다. 성경 말씀을 많이 배우고 신앙의 경륜을 쌓으면 그만큼 신앙에 힘이 생겨서 다른 사람들을 가르칠 수 있고 진리로 인도할 수 있습니다. 하나님의 일을 더 많이 감당할 수 있습니다. 따라서 신앙생활이 즐겁고 기쁨이 넘칩니다. 또한 이렇게 공부하는 것으로 말미암아 유익과 기쁨을 얻으면 공부하면서 겪는 피곤함을 이겨 낼 수 있습니다.

13절 | 일의 결국을 다 들었으니 하나님을 경외하고 그의 명령들을 지킬지어다 이것이 모든 사람의 본분이니라

전도자는 다시 전도서를 기록하던 처음으로 화제를 돌립니다. 그리고 일의 결국을 상기시킵니다. 하나님 없이 사는 인생이 하는 일의 결국은 헛되고 헛된 것입니다. 시작과 끝 모두가 헛된 것뿐입니다. 하나님 없이 해 아래 사는 인생이 한 모든 일은 안개와 구름을 잡으려고 한 것에 불과하고 아무리 화려한 인생을 살았다고 할지라도 일장춘몽일 뿐입니다.

지혜를 잃어버려서는 안 됩니다. 우리가 붙잡아야 할 지혜는 바로 하나님을 경외하고 하나님의 명령을 따라 사는 것입니다. 이것이 사람이 마땅히 행해야 할 본분입니다. 하나님을 경외하고 하나님의 말씀대로 사는 사람만이 인생을 헛되게 살지 않고 헛되게 죽지 않습니다. 인간으로서 참 의미와 가치를 누리고 살 수 있습니다.

14절 | 하나님은 모든 행위와 모든 은밀한 일을 선악 간에 심판하시리라

　마지막으로 전도자는 하나님의 심판에 대해서 말합니다. 하나님께서는 사람이 행한 모든 일을 선악 간에 심판하십니다. 과정이 있으면 결과가 있습니다. 하나님께서는 해 아래에서 사는 인생이 행한 모든 과정에 대해 결과를 물으십니다. 사람이 알지 못하는 은밀한 일도 다 판단하십니다. 하나님의 눈은 피할 수 없습니다. 하나님 없이 헛되게 산 사람은 지옥으로 떨어지고, 하나님을 믿고 가치 있게 산 사람은 영원한 천국에 올라가 영생을 누립니다.

　전도자는 하나님 없이 사는 인생에 대해 '헛되다'는 말을 반복했습니다. 그러나 예수님을 믿고 하나님 안에 사는 사람에게는 헛된 일이란 없습니다. 예수님 밖에서는 다 헛되지만, 예수님을 믿고 나면 인생이 가치와 의미가 있습니다. 그래서 예수님을 믿는 사람은 헛된 인생 속에서 가치 있는 삶을 살아가는 사람입니다. 얼마나 감격스럽고 감사한 일인지 모릅니다.

　또한 예수님 안에서 가치 있고 의미 있는 삶을 사는 우리는 여전히 헛된 삶을 사는 세상 사람들을 진리로 인도해야 할 책임이 있습니다. 헛된 인생에서 헛된 발걸음을 재촉하는 그들에게 예수님을 믿고 가치 있는 인생을 살라고 초청해야 합니다. 이것이 바로 헛되고 헛된 것을 깨달은 전도자가 우리에게 가르쳐 주는 것입니다.

하나님 없는 인생이 헛되고 헛된 것을 온전히 깨달아 세상일에 얽매이지 않고 구원의 복음을 전파하는 일에 최선을 다하는 여러분 모두에게 하나님의 은혜와 축복이 가득하기를 간절히 축원합니다.